Diogenes Taschenbuch 21698

Bertrand Russell

Lob des Müßiggangs

und andere Essays

Aus dem Englischen von

Elisabeth Fischer-Wernecke

Diogenes

Titel der Originalausgabe:
›In Praise of Idleness and Other Essays‹, London, 1935
Umschlagillustration: Pieter Bruegel d. Ä.
›Das Schlaraffenland‹, 1567
(Ausschnitt)

Veröffentlicht als Diogenes Taschenbuch, 1989
Lizenzausgabe mit freundlicher Genehmigung

60/89/8/1
ISBN 3 257 21698 X

INHALT

VORWORT

Dieses Buch enthält Essays über soziale Fragen nach Gesichtspunkten, die im Wirbel des politischen Geschehens leicht übersehen werden. Es weist nachdrücklich auf die Gefahren der Überorganisation im geistigen Raum und übertriebener Tüchtigkeit in der Arbeit hin. Es erklärt, warum ich mich weder mit dem Kommunismus noch mit dem Faschismus befreunden kann, und worin ich in meiner Auffassung von dem, was beiden gemeinsam ist, abweiche. Es behauptet, daß der Wert des Wissens nicht nur in seinem unmittelbaren praktischen Nutzen besteht, sondern auch darin, daß es eine aufgeschlossene, kontemplative geistige Einstellung bewirkt; aus diesem Grunde muß ein Großteil des Wissens, das man heute „unnütz" nennt, als nützlich gelten. Auch der Zusammenhang zwischen Architektur und verschiedenen sozialen Fragen wird erörtert, speziell im Hinblick auf die Wohlfahrt der Kleinkinder und die Stellung der Frau.

Noch weiter entfernen sich von politischen Fragen die Beiträge, die sich mit den charakteristischen Merkmalen der abendländischen Zivilisation und der Möglichkeit beschäftigen, daß die Insekten vielleicht einmal den Sieg über die Menschheit davontragen werden; der Band schließt mit einer Untersuchung des Wesens der Seele. Alle Essays sind miteinander durch die These verbunden, daß die Welt unter Intoleranz, blindem Eifer und der Überzeugung leidet, intensives Arbeiten, und zwar selbst unsinniges und irregeleitetes, sei in jedem Falle bewundernswert; daher bedarf es in unserer sehr komplizierten modernen menschlichen Gesellschaft der ruhigen Erwägung, der Bereitschaft, dogmatische Auffassungen zu überprüfen, und der geistigen Unvoreingenommenheit, um den verschiedensten Gesichtspunkten gerecht werden zu können.

Einige der weiteren Essays in diesem Buch sind neu, während andere, bereits früher in Zeitschriften veröffentlichte Beiträge mit freundlicher Genehmigung der Herausgeber hier nachgedruckt wurden. „Lob des Müßiggangs" und „Der moderne Midas" sind in *Harper's Magazine* erschienen; „Die geistigen Väter des Faschismus" wurden (unter anderem Titel) in England in *The Political Quarterly* und in Amerika in *The Atlantic Monthly* veröffentlicht; „Scylla und Charybdis oder Kommunismus und Faschismus" sind in *The Modern Monthly*, „Moderne Gleichförmigkeit" in New York in *The Outlook* (jetzt *The New Outlook)* erschienen; „Erziehung und Disziplin" wurde in *The New Statesman and Nation* veröffentlicht. Außerdem möchte ich Peter Spence dafür danken, daß er durch Anregung und Diskussion zu vielen Themen beitrug.

I

LOB DES MÜSSIGGANGS

Wie die meisten meiner Generation bin ich nach dem Sprichwort „Müßiggang ist aller Laster Anfang" erzogen worden. Da ich ein sehr braves Kind war, glaubte ich alles, was man mir sagte; und so entwickelte sich mein Pflichtgefühl derart, daß ich zeit meines Lebens und bis zum heutigen Tage nicht umhin konnte, immer schwer zu arbeiten. Aber wenn mir auch mein *Handeln* vom Gewissen vorgeschrieben war, so hat sich doch in meinen *Ansichten* eine Revolution vollzogen. Ich glaube nämlich, daß in der Welt viel zuviel gearbeitet wird, daß die Überzeugung, Arbeiten sei an sich schon vortrefflich und eine Tugend, ungeheuren Schaden anrichtet, und daß es nottäte, den modernen Industrieländern etwas ganz anderes zu predigen, als man ihnen bisher immer gepredigt hat. Allgemein bekannt ist ja die Geschichte von dem Reisenden, der in Neapel zwölf Bettler in der Sonne liegen sah (vor Mussolinis Zeit natürlich) und der dem Faulsten eine Lira schenken wollte. Elf sprangen auf und streckten die Hand nach dem Geld aus, weshalb er es dem zwölften gab. Dieser Reisende hatte das Wesentliche erfaßt. Aber in Ländern, denen nicht die Sonne des Südens lacht, ist es schwieriger, müßig sein zu können, und es wird umfassender allgemeiner Propaganda bedürfen, um damit einen Anfang zu machen. Ich hoffe aber, die führenden Persönlichkeiten der Y. M. C. A. (Christlicher Verein junger Männer) werden nach der Lektüre der folgenden Seiten eine Kampagne starten, um die tugendhaften jungen Männer endlich zu lehren, nichts zu tun. In diesem Falle werde ich wenigstens nicht umsonst gelebt haben.

Bevor ich meine eigenen Argumente zugunsten der Faulheit vorbringe, muß ich erst eine andere Begründung widerlegen, die ich nicht anerkennen kann. Sooft jemand, der ohnedies genug zum Leben hat, beabsichtigt, irgendeine landläufige Berufstätigkeit aufzunehmen wie Schulunterricht zu geben oder Schreibmaschine zu schreiben, erklärt man, er oder sie würde damit jemand anderem das Brot wegnehmen, was doch sehr häßlich sei. Aber wenn das ein gültiges Argument wäre, dann brauchten wir doch nur alle nichts zu tun, damit wir auch alle Brot die Hülle und Fülle hätten. Die Leute, die so etwas daherreden, vergessen nämlich, daß der Mensch in der Regel auch ausgibt, was er verdient, und durch dieses Ausgeben wieder anderen Beschäftigung gibt. Solange ein Mensch sein Einkommen ausgibt, schafft er damit ebensoviel Brot und Arbeit für andere Leute, wie er anderen Leuten wegnimmt, indem er verdient. So betrachtet ist nur der Mann, der spart, der echte Bösewicht. Wenn er, wie der sprichwörtliche französische Bauer, seine Ersparnisse bloß in den Strumpf steckt, ist es klar, daß er damit keine Arbeit schafft. Investiert er seine Spargroschen, dann ist die Sache nicht ganz so klar und andere Umstände treten ein.

Einer der gebräuchlichsten Verwendungszwecke für Ersparnisse ist, sie einer Regierung zu leihen. Angesichts der Tatsache, daß die öffentlichen Ausgaben der meisten zivilisierten Staaten in der Hauptsache aus Zahlungen für vergangene Kriege oder für die Vorbereitung künftiger Kriege bestehen, ist der Mann, der sein Geld einer Regierung leiht, vergleichbar dem Schurken in Shakespeares Dramen, der Mörder dingt. Aus dieser seiner wirtschaftlichen Gepflogenheit ergibt sich rein netto eine gesteigerte militärische Macht des Staates, dem er seine Ersparnisse leiht. Es wäre daher unverkennbar besser, wenn er sein Geld ausgeben wollte, selbst wenn er es vertrinken oder verspielen würde.

Aber, so wird man mir erklären, die Sache liegt doch ganz anders, wenn Ersparnisse in industriellen Unternehmen investiert werden. Wenn solche geschäftlichen Unternehmen glücken und etwas Nützliches produzieren, kann man das zugeben. Aber wer würde wohl leugnen wollen, daß heutzutage die meisten Unternehmen fehlschlagen. Das heißt, ein großer Aufwand an menschlicher Arbeitskraft, die sich für die Produktion erfreulicher Dinge hätte einsetzen lassen, wurde verschwendet, um Maschinen zu bauen, die nach Fertigstellung still lagen und niemandem zugute kamen. Der Mann, der seine Ersparnisse in einen Konzern investiert, der bankrott macht, schädigt daher sowohl andere als sich selbst. Hätte er aber sein Geld für — sagen wir — gesellige Abende mit seinen Freunden ausgegeben, dann hätten sie (hoffentlich) ihre Freude daran gehabt, desgleichen aber auch alle anderen, die daran verdient hätten, wie der Schlächter, der Bäcker und der Alkoholschmuggler. Aber angenommen, er gibt sein Geld dafür aus, in irgendeiner Stadt Straßenbahnschienen legen zu lassen, und es stellt sich heraus, daß diese Stadt gar keine Straßenbahnen braucht, dann hat er eine Menge Arbeit in Kanäle geleitet, an denen niemand Freude hat. Nichtsdestoweniger wird man ihn für das beklagenswerte Opfer eines unverdienten Mißgeschicks halten, wenn er auf Grund dieser falschen Kapitalsanlage verarmt, während der heitere Verschwender, der sein Geld menschenfreundlich ausgegeben hat, verächtlich als Narr und Bruder Leichtfuß bezeichnet wird.

Aber das alles waren nur Vorbemerkungen. Ich möchte jedoch jetzt in vollem Ernst erklären, daß in der heutigen Welt sehr viel Unheil entsteht aus dem Glauben an den überragenden Wert der Arbeit an sich, und daß der Weg zu Glück und Wohlfahrt in einer organisierten Arbeitseinschränkung zu sehen ist.

Zunächst: was ist eigentlich Arbeit? Es gibt zweierlei Arten: einmal, Verlagern der Materie auf oder nahe der Erdoberfläche in bezug auf andere derartige Materien; zweitens, andere Leute anweisen, es zu tun. Arbeit der ersten Art ist unangenehm und schlecht bezahlt, der zweiten angenehm und hoch bezahlt. Außerdem läßt sich die zweite Art unbegrenzt erweitern: es gibt nicht nur Leute, die befehlen, sondern auch welche, die Ratschläge geben, was zu befehlen sei. Gewöhnlich werden zwei gegensätzliche Arten von Ratschlägen von zwei organisierten Gruppen von Menschen gleichzeitig erteilt; das nennt man Politik. Die Befähigung für diese Art von Arbeit braucht nicht auf Kenntnis der Personen, denen der Rat erteilt wird, zu beruhen, vielmehr nur auf der Beherrschung der Kunst, durch Wort und Schrift zu überzeugen, das heißt, auf Beherrschung der Werbung und Propaganda.

In ganz Europa, wenn auch nicht in Amerika, gibt es noch eine dritte Gesellschaftsklasse, die höher geachtet wird als beide arbeitenden Klassen. Es sind Menschen, denen ihr Grundbesitz erlaubt, andere Leute für das Vorrecht, existieren und arbeiten zu dürfen, zahlen zu lassen. Diese Grundbesitzer tun nichts, und man könnte daher vielleicht annehmen, ich würde ihr Loblied singen. Unglücklicherweise wird ihnen dieses Nichtstun aber nur durch den Fleiß anderer ermöglicht; und tatsächlich ist ihr Streben nach angenehmem Müßiggang der historische Ursprung des ganzen Evangeliums der Arbeit. Und daß andere Menschen ihrem Beispiel folgen könnten, wäre das letzte, was sie sich jemals wünschen würden.

Von Beginn der Zivilisation an bis zur industriellen Revolution konnte ein Mann in der Regel mit schwerer Arbeit kaum mehr als seinen und seiner Familie Unterhalt verdienen, obwohl seine Frau mindestens ebenso schwer arbeitete und die Arbeit der Kinder auch noch hinzukam, sobald sie nur irgend arbeitsfähig waren. Das Wenige, was den Bedarf für die nackte Notdurft überstieg, verblieb aber nicht dem, der es erarbeitet hatte, sondern die Soldaten und Priester eigneten es sich an. In Zeiten der Hungersnot gab es keinen Überschuß; die Soldaten und Priester verschafften sich aber genau soviel wie sonst, mit dem Ergebnis, daß viele der Arbeitenden verhungerten. Dieses System bestand in Rußland bis 1917*) und besteht noch im Osten; in England blieb es ungeachtet der industriellen Revolution in Kraft während der Napoleonischen Kriege und bis vor hundert Jahren, als die neue Fabrikantenklasse zur Macht kam. In Amerika setzte die Revolution diesem System ein Ziel, nur im Süden erhielt es sich bis zum Bürgerkrieg. Ein System, das so lange galt und erst vor so kurzer Zeit sein Ende fand, hat natürlich einen tiefen Eindruck im Denken und Meinen der Menschen hinterlassen. Vieles an unserer, vermeintlich selbstverständlichen Auffassung vom Wert der Arbeit an sich ist ein Erbe dieses Systems und der modernen Welt nicht gemäß, da es aus der vorindustriellen Zeit stammt. Dank der modernen Technik brauchte heute Freizeit und Muße, in gewissen Grenzen, nicht mehr das Vorrecht kleiner bevorzugter Gesellschaftsklassen zu sein, könnte vielmehr mit Recht gleichmäßig allen Mitgliedern der Gemeinschaft zugute kommen. Die Moral der Arbeit ist eine Sklavenmoral, und in

*) Seither haben die Mitglieder der kommunistischen Partei bezüglich dieses Vorrechts die Nachfolge der Soldaten und Priester angetreten.

der neuzeitlichen Welt bedarf es keiner Sklaverei mehr.

Es ist klar, daß die Bauern in primitiven Gemeinschaften, sich selbst überlassen, sich von dem spärlichen Überschuß, von dem die Soldaten und Priester lebten, nicht getrennt und trotzdem weder weniger produziert noch mehr verbraucht hätten. Anfangs wurden sie mit nackter Gewalt gezwungen, mehr zu produzieren und den Überschuß herzugeben. Allmählich aber fand man die Möglichkeit, viele dazu zu bewegen, sich eine Ethik anzueignen, die ihnen harte Arbeit zur Pflicht machte, obwohl ein Teil dieser Arbeit dazu diente, anderen Leuten ein müßiges Leben zu erhalten. Auf diese Weise war weniger äußerer Zwang erforderlich und der Staat hatte geringere Ausgaben. Heute wären noch 99 Prozent der britischen Lohnempfänger ernstlich entsetzt, wollte man anregen, daß der König kein höheres Einkommen beziehen solle als jeder Arbeiter. Historisch gesehen war der Begriff der Pflicht ein Mittel, das die Machthaber dazu benützten, andere Menschen dazu zu veranlassen, zum Nutzen ihrer Herren statt zum eigenen Vorteil zu leben. Natürlich täuschen sich die Machthaber über diese Tatsache hinweg, indem sie sich einreden, ihre Interessen seien identisch mit den höheren Interessen der Menschheit. Zuweilen stimmt das sogar; die sklavenhaltenden Athener beispielsweise verwendeten ihre Muße zum Teil dazu, einen bleibenden Beitrag zur Zivilisation zu leisten, was unter einem gerechten Wirtschaftssystem nicht möglich gewesen wäre. Muße ist wesentlich für die zivilisatorische Entwicklung, und in früherer Zeit wurde die Muße weniger nur möglich durch die Arbeit vieler. Aber ihre Leistungen waren wertvoll, nicht weil Arbeit an sich, sondern weil Muße etwas Gutes ist. Und bei dem Stand der modernen Technik wäre es möglich, allen Menschen Freizeit und Muße gleichmäßig zuzuteilen, ohne Nachteil für die Zivilisation.

Dank der modernen Technik läßt sich der Arbeitsaufwand, der zum Erstellen des Lebensbedarfs für jedermann erforderlich ist, ungeheuer herabsetzen. Das zeigte sich besonders klar während des Krieges. Damals fielen alle zum Militär eingezogenen Männer, alle in Rüstungsbetrieben arbeitenden Männer und Frauen und alle mit Spionage, Kriegspropaganda oder in kriegsbedingten Behörden beschäftigten Personen für jede produktive Tätigkeit aus. Dessenungeachtet war der durchschnittliche Gesundheitszustand der ungelernten Arbeiter auf seiten der Alliierten besser als je zuvor oder seither. Die Bedeutung dieser Tatsache wurde von der Finanzwissenschaft verschleiert: Anleihen gaben der Sache den Anschein, als ernähre sich die Gegenwart von der Zukunft. Aber das war natürlich ein Ding der Unmöglichkeit; niemand kann von einem Brot satt werden, das es noch gar nicht gibt. Der Krieg hat zwingend bewiesen, daß sich moderne Völker durch wissenschaftlich organisierte Produktion auf der Basis eines geringen Teils der tatsächlichen Arbeitskapazität der neuzeitlichen Welt angemessen versorgen lassen. Hätte man nach Kriegsende die wissenschaftliche Organisation, die geschaffen worden war, um die Menschen für die Front und die Rüstungsarbeiten freizustellen, beibehalten und die Arbeitszeit auf vier Stunden herabgesetzt, dann wäre alles gut und schön gewesen. Stattdessen wurde das alte Chaos wiederhergestellt; diejenigen, deren Leistungen gefragt waren, mußten viele Stunden arbeiten und der Rest durfte unbeschäftigt bleiben und verhungern. Warum? Weil Arbeit Ehrensache und Pflicht ist und der Mensch nicht gemäß dem Wert dessen, was er produziert hat, bezahlt werden soll, sondern entsprechend seiner tugendhaften Tüchtigkeit, die in rastlosem Fleiß ihren Ausdruck findet.

Das ist die Moral eines Sklavenstaates und sie wurde unter Verhältnissen angewandt, die denen, unter denen sie entstanden ist, in nichts mehr gleichen. Kein Wunder, daß das Ergebnis verheerend war. Wir wollen das an einem Beispiel verdeutlichen. Angenommen, zu einem bestimmten Zeitpunkt sei eine bestimmte Anzahl von Leuten damit beschäftigt, Nadeln herzustellen. Sie fertigen in — sagen wir — achtstündiger täglicher Arbeitszeit den ganzen Weltbedarf an Nadeln an. Nun erfindet jemand ein Verfahren, wonach die gleiche Anzahl von Menschen doppelt soviel Nadeln herstellen kann wie zuvor. Die Welt kann aber nicht doppelt soviel Nadeln gebrauchen. Die Nadeln sind schon so billig, daß sie auch zu noch geringerem Preise kaum mehr gekauft würden. Unter vernünftigen Menschen würde jeder, der sich mit Nadelfabrikation beschäftigt, anfangen, nur noch vier statt acht Stunden zu arbeiten, und alles ginge weiter wie bisher. Aber in der heutigen Welt würde man das für demoralisierend halten. Es wird weiter acht Stunden gearbeitet, es gibt viel zuviel Nadeln, einige Unternehmer machen bankrott und fünfzig Prozent der früher mit Nadelfabrikation beschäftigten Menschen werden arbeitslos. Zum Schluß ergibt sich daraus genau soviel Freizeit und Muße wie nach dem anderen Plan, nur daß jetzt die Hälfte der Leute völlig untätig ist, während die andere Hälfte überbeschäftigt bleibt. Auf diese Weise ist dafür gesorgt, daß die unumgängliche Muße nichts als Elend bewirkt, statt zur Quelle von Glück und Freude für alle zu werden. Kann man sich etwas Wahnsinnigeres vorstellen?

Der Gedanke, daß die Unbemittelten eigentlich auch Freizeit und Muße haben sollten, hat die Reichen stets empört. Zu Beginn des neunzehnten Jahrhunderts war ein fünfzehnstündiger Arbeitstag für den Mann das Normale; Kinder arbeiteten zuweilen ebensolange und sehr häufig zwölf Stunden täglich. Als vorwitzige Wichtigtuer darauf hinwiesen, daß das doch eigentlich eine recht lange Arbeitszeit sei, wurde ihnen erklärt, die Arbeit hindere die Erwachsenen daran, sich zu betrinken, und die Kinder, Unfug zu treiben. In meiner frühen Jugend wurden, kurz nachdem die Arbeiter in den Städten das Wahlrecht erlangt hatten, gewisse arbeitsfreie Tage allgemein gesetzlich festgelegt, zur großen Entrüstung der oberen Gesellschaftsschichten. Ich höre noch eine alte Herzogin sagen: „Was wollen denn die Habenichtse mit Freizeit anfangen? *Arbeiten* sollen sie!" So offen äußern sich die Leute heute nicht mehr, aber die Gesinnung ist noch die gleiche geblieben und hat weitgehend unsere chaotische Wirtschaftslage verschuldet.

Wir wollen einen Augenblick die Ethik der Arbeit offen und ohne Aberglauben betrachten. Jeder Mensch verbraucht im Laufe seines Lebens zwangsläufig einen bestimmten Anteil des Arbeitsprodukts aller Menschen. Wenn Arbeit, wie man wohl als gegeben voraussetzen darf, im großen und ganzen etwas Unangenehmes ist, muß man es als ungerecht bezeichnen, daß ein Mensch mehr verbrauchen darf, als er produziert. Selbstverständlich kann diese Arbeit, wie beispielsweise beim Arzt, in Dienstleistungen statt im Produzieren von Waren bestehen; doch sollte jeder Mensch etwas zum Ausgleich für Kost und Wohnung leisten. Insoweit muß man die Verpflichtung zu arbeiten anerkennen, aber auch nur insoweit.

Ich möchte nicht dabei verweilen, daß sich in allen modernen Gesellschaften außer der UdSSR viele Leute selbst diesem Mindestmaß an Arbeit noch entziehen, nämlich all jene, die Geld erben, und jene, die Geld erheiraten. Ich halte aber die Tatsache, daß es diesen Leuten möglich ist, nichts zu tun, für nicht annähernd so nachteilig wie die Tatsache, daß man von den Lohnempfängern erwartet, sich zu überarbeiten oder zu verhungern.

Wenn der normale Lohnempfänger vier Stunden

täglich arbeitete, hätte jedermann genug zum Leben und es gäbe keine Arbeitslosigkeit — unter der Voraussetzung einer gewissen, sehr maßvollen und vernünftigen Organisation. Dieser Gedanke stößt bei den Wohlhabenden auf entrüstete Ablehnung, weil sie davon überzeugt sind, die Armen wüßten nichts Rechtes mit soviel Freizeit anzufangen. In Amerika arbeiten selbst Leute, die schon vermögend sind, viele Stunden lang; solche Leute sind natürlich ungehalten, wenn von Muße für Arbeiter die Rede ist, es sei denn in Form der harten Strafe der Arbeitslosigkeit; tatsächlich mißbilligen sie sogar die Freizeit ihrer eigenen Söhne. Aber während sie ihre Söhne so schwer arbeiten sehen möchten, daß ihnen keine Zeit für ihre kulturelle Entwicklung bleibt, sind sie seltsamerweise durchaus damit einverstanden, daß ihre Frauen und Töchter überhaupt nichts zu tun haben. Die versnobte Bewunderung für alles Nutzlose, die sich in einer aristokratischen Gesellschaft auf beide Geschlechter verteilt, ist in der Plutokratie auf die Frauen beschränkt; aber auch so läßt sich diese Einstellung noch nicht leichter mit gesundem Menschenverstand vereinbaren.

Man muß wohl zugeben, daß kluges Nützen von Freizeit und Muße das Ergebnis von Zivilisation und Erziehung ist. Wer zeit seines Lebens täglich lange gearbeitet hat, wird sich langweilen, wenn er plötzlich untätig sein muß. Aber ohne beträchtlich viel Muße bleiben dem Menschen viele schönste Dinge vorenthalten. Es liegt jedoch kein Grund mehr vor, die Masse des Volkes weiterhin diese

Entbehrung erleiden zu lassen; nur törichte, meist verdrängte Askese veranlaßt uns, weiterhin auf einem Übermaß an Arbeit zu bestehen, nachdem es heute gar nicht mehr nötig ist.

In dem neuen Glauben, der die russische Staatsführung beherrscht, unterscheidet sich zwar vieles stark von der traditionellen Lehre des Westens, und doch ist manches völlig unverändert. Die Einstellung der herrschenden Klassen und speziell derer, die in der pädagogischen Propaganda führend sind, gleicht, was den Adel der Arbeit betrifft, haargenau allem, was die herrschenden Klassen der Welt stets den sogenannten „armen aber ehrlichen Leuten" gepredigt haben. Fleiß, Mäßigkeit, Bereitschaft, viele Stunden für ungewissen, in der Ferne liegenden Nutzen zu arbeiten, selbst gehorsame Unterordnung unter die Obrigkeit, das alles erscheint hier wieder; überdies verkörpert die Obrigkeit noch den Willen des Höchsten, des Herrn der Welt, der jedoch jetzt den neuen Namen „Dialektischer Materialismus" trägt.

Der Sieg des Proletariats in Rußland hatte einiges gemeinsam mit dem Sieg der Frauenrechtlerinnen in manchen anderen Ländern. Lange Zeit hatten die Männer der Frau die überlegene Veranlagung zur Heiligen zugestanden und die Frauen über ihre sonstige untergeordnete Stellung mit der Behauptung hinweggetröstet, Heiligkeit sei erstrebenswerter als Macht. Schließlich beschlossen aber die Frauenrechtlerinnen, daß sie gern beides hätten, weil ihre Pioniere zwar alles glaubten, was ihnen die Männer vom Wert der Tugend erzählt, nicht aber, was sie ihnen vom Unwert der politischen Macht vorgeredet hatten. Etwas Ähnliches trug sich in Rußland mit Bezug auf die Werktätigkeit zu. Jahrhundertelang haben die Begüterten und ihre Schmarotzer das Lob der „ehrlichen, harten Arbeit" gesungen, haben das einfache Leben gepriesen, haben sich zu der Religion bekannt, die da lehrt, daß der Arme weit mehr Aussicht hat, in den Himmel zu kommen als der Reiche, und im allgemeinen versucht, den Handarbeitern einzureden, daß der Verlagerung der Materie im Raum ein besonderer Adel innewohne, genau so wie die Männer sich bemühten, die Frauen glauben zu machen, ihre sexuelle Versklavung adele sie ganz besonders. In Rußland nahm man die ganze Lehre vom Vorrang der Handarbeit ernst, und tatsächlich steht dort der Handarbeiter in höherem Ansehen als alle anderen. Womit im wesentlichen nur ein alter Appell wieder aufgegriffen wird, jedoch nicht zu dem einstigen Zweck: man appelliert an die Menschen, damit sie bereitwillig Akkordarbeit auf Spezialgebieten leisten. Werktätigkeit wird von den jungen Menschen als Ideal hingestellt und ist der gesamten ethischen Lehre zugrunde gelegt.

Im Augenblick wirkt sich das alles möglicherweise noch gut aus. Ein riesiges Land voller Naturschätze wartet darauf, sich entfalten zu können, und soll sich entwickeln, ohne viel Kredit aufzunehmen. Unter diesen Umständen muß hart gearbeitet werden, was Aussicht auf großen Ertrag hat. Was aber wird geschehen, wenn der Punkt erreicht ist, wo jedermann bequem leben könnte, ohne den ganzen Tag lang arbeiten zu müssen?

Wir im Westen haben verschiedene Möglichkeiten, mit diesem Problem fertigzuwerden. Wir sind nicht versucht, wirtschaftliche Gerechtigkeit einzuführen, so daß ein großer Teil des Gesamtprodukts einer kleinen Minderheit der Bevölkerung zugute kommt, von der viele überhaupt nicht arbeiten. Da es keinerlei zentrale Produktionskontrolle gibt, produzieren wir haufenweise Dinge, die gar nicht gebraucht werden. Wir halten einen hohen Prozentsatz der arbeitsfähigen Bevölkerung unbeschäftigt, denn wir können auf ihre Arbeit verzichten, indem wir die anderen Überstunden machen lassen. Wenn all diese Methoden sich als unzulänglich erweisen, haben wir immer noch den Krieg: wir veranlassen eine Reihe von Leuten, Sprengstoffe herzustellen, und eine Reihe anderer, sie zur Explosion zu bringen, wie Kinder, die gerade das Feuerwerk erfunden haben. Mit Hilfe all dieser Kunstgriffe gemeinsam gelingt es uns, wenn auch mit Schwierigkeiten, die Vorstellung aufrecht zu erhalten, der Durchschnittsmensch sei dazu bestimmt, viel und schwer mit der Hand zu arbeiten.

Auf Grund größerer wirtschaftlicher Gerechtigkeit und zentraler Produktionslenkung wird das Problem in Rußland anders gelöst werden müssen. Die vernünftige Lösung wäre, die Arbeitsstunden allmählich herabzusetzen, sobald genug für den Bedarf und den elementaren Komfort aller produziert wird; dabei sollte das Volk auf jeder Entwicklungsstufe bestimmen, ob ihm mehr Freizeit oder mehr Verbrauchsgüter erwünscht wären. Da aber stets von oben her die Schwerarbeit als höchste Tugend hingestellt wurde, ist kaum vorstellbar, wie es die Behörden anstellen sollten, plötzlich ein Paradies anzustreben, in dem es viel Muße und wenig Arbeit geben würde. Es liegt näher, daß sie beständig neue Pläne erfinden werden, wonach die mögliche gegenwärtige Freizeit einer künftigen Produktivität zum Opfer gebracht werden muß. Ich las kürzlich von dem geistreichen Plan russischer Ingenieure, das Weiße Meer und die nordsibirischen Küsten durch einen Dammbau quer durch das Karische Meer zu erwärmen. Ein bewunderungswürdiges Projekt, nur würde mit seiner Durchführung wahrscheinlich dem Proletariat noch auf eine weitere Generation hinaus ein angenehmes Leben versagt bleiben, während der Adel der Schwerarbeit inmitten der Eiswüsten und Schneestürme der Arktis Triumphe feiern könnte. Wenn es dazu käme, wäre es das Ergebnis der Auffassung, die in der Tugend der Werktätigkeit einen Selbstzweck sieht und nicht ein Mittel, um einen Zustand zu erreichen, wo Schwerarbeit nicht mehr nötig ist.

Tatsache ist, daß das Bewegen von Materie zwar bis zu einem gewissen Grade zur Erhaltung unserer Existenz notwendig, aber ganz gewiß keines der Zwecke und Ziele ist, zu denen die Menschen bestimmt sind. Andernfalls müßten wir ja jeden Erdarbeiter über Shakespeare stellen. Zweierlei hat uns auf diesen Irrweg geführt. Einmal durften die Armen nicht unzufrieden werden, was die Reichen veranlaßte, jahrtausendelang Wert und Würde der Arbeit zu predigen, indes sie selbst darum bemüht waren, in dieser Beziehung auf jede Würde zu verzichten. Zum andern ist es die neue Freude an der Technik und unser Schwelgen in erstaunlichen Möglichkeiten, das Antlitz der Erde kunstvoll zu verändern. Keines dieser Motive spricht aber den richtigen Arbeiter groß an. Fragt man ihn, was er für die Krone seines Lebens hält, wird er wohl schwerlich antworten: „Ich liebe die Arbeit der Faust, weil sie mir das Gefühl gibt, die edelste Aufgabe des Menschen zu erfüllen, und weil mich der Gedanke freut, wie stark der Mensch seinen Planeten umzuwandeln vermag. Zwar verlangt mein Körper periodisch nach Ruhezeit, die ich nach bestem Wissen ausnützen muß, aber am glücklichsten bin ich doch, wenn der Morgen kommt und ich wieder an meine schwere Arbeit gehen kann, die meine ganze Befriedigung ist." Ich habe nie gehört, daß Arbeiter so etwas sagen. Sie halten die Arbeit, wofür man sie halten soll, nämlich für ein unumgängliches Mittel, sich den Lebensunterhalt zu sichern, und alles, was es an Freude für sie gibt, beziehen sie aus ihrer Freizeit.

Man wird behaupten, daß wohl ein wenig Muße angenehm sei, daß die Leute aber nicht wüßten, womit ihre Tage ausfüllen, wenn sie nur vier von vierundzwanzig Stunden arbeiten würden. Soweit das in der modernen Welt zutrifft, ist damit unserer Zivilisation das Urteil gesprochen; für jedwede frühere Epoche hätte es nicht gegolten. Früher waren die Menschen noch fähig, sorglos und verspielt zu sein, was bis zu einem gewissen Grade durch den Kult mit der Tüchtigkeit verschüttet wurde. Der moderne Mensch glaubt, alles, was geleistet wird, müsse zugunsten von etwas anderem getan werden, aber niemals um seinetwillen. Manche Leute verurteilen beispielsweise besorgt und ständig die Gewohnheit, ins Kino zu gehen, und erklären uns, daß die Jugendlichen dadurch zu Verbrechern würden. Aber die für die Produktion eines Films aufgewandte viele Arbeit ist doch aller Ehren wert, weil es ja Arbeit ist und finanziellen Profit bringt. Die Vorstellung, nur jede gewinnbringende Tätigkeit sei wünschens- und erstrebenswert, hat alles auf den Kopf gestellt. Der Schlächter, der uns mit Fleisch versorgt, und der Bäcker, der uns das Brot liefert, sind zu loben, weil sie Geld verdienen; wer aber mit Genuß verspeist, was sie uns liefern, ist nichts weiter als leichtsinnig, es sei denn, er äße, um sich für seine Arbeit zu stärken. Kurzum, man vertritt die Auffassung, Geld einzunehmen sei gut und Geld auszugeben schlecht. Darin nur die beiden Seiten *einer* Transaktion sehen zu wollen, ist natürlich absurd; und doch könnte man wahrhaftig mit gleichem Recht behaupten, Schlüssel seien gut, aber Schlüssellöcher schlecht. Was immer der Warenproduktion an Wert innewohnen mag, muß ausschließlich von dem Nutzen abgeleitet werden, der sich aus ihrem Verbrauch ergeben kann. In unserer Gesellschaftsordnung arbeitet der einzelne für Profit; der soziale Zweck seiner Arbeit liegt aber im Verbrauch dessen, was er produziert. Diese Trennung von individuellem und sozialem Zweck der Produktion erschwert es den Menschen so sehr, in einer Welt, wo Profitgier der Ansporn zu Fleiß und Betriebsamkeit ist, klar zu denken. Wir halten zuviel von der Produktion und zuwenig vom Verbrauch. Daraus ergibt sich unter anderem, daß wir dem Vergnügen und den einfachen Freuden zu wenig Bedeutung beimessen und daß wir die Produktion nicht danach beurteilen, welchen Genuß sie dem Verbraucher bereitet.

Meinen Vorschlag, die tägliche Arbeitszeit auf vier Stunden herabzusetzen, möchte ich aber nicht dahin verstanden wissen, daß die übrige Zeit unbedingt leichtsinnig vertan werden sollte. Ich meine, mit vierstündiger täglicher Arbeitszeit sollte sich der Mensch das Anrecht auf seinen Unterhalt und den elementaren Lebenskomfort erwerben können, während er den Rest seiner Zeit verwenden sollte, wie es ihm paßt. Wesentlichen Anteil an jedem derartigen Gesellschaftssystem würde eine fortgeschrittenere Erziehung und Bildung als die heute übliche haben; sie sollte unter anderem anstreben, Neigungen und Interessen zu wecken, die dem Menschen eine gescheite Verwendung seiner Mußezeit ermöglichen. Ich denke dabei nicht in erster Linie an Dinge, die man als „anspruchsvoll" bezeichnen könnte. Bauerntänze kennt man heute nur noch in entlegenen ländlichen Gebieten, aber die Impulse, die zur Entstehung und Pflege dieser Tänze führten, können in der menschlichen Natur noch nicht erstorben sein. Die Unterhaltung der Stadtbewohner ist überwiegend passiv geworden: man sieht sich Filme an, geht zu Fußballspielen, hört Radio und so fort. Das ergibt sich aus der Tatsache, daß ihre aktiven Kräfte völlig von der Arbeit absorbiert werden; bei mehr Muße würden sie auch wieder an Unterhaltungen Vergnügen finden, bei denen sie aktiv mitwirken.

In der Vergangenheit gab es eine kleine Klasse von Müßigen und eine größere arbeitende Klasse. Die Klasse der Müßigen genoß Vorteile, die auf sozialer Ungerechtigkeit beruhten; dadurch wurde sie zwangsläufig tyrannisch und gefühlsarm und mußte Theorien zur Rechtfertigung ihrer Vorrechte erfinden. Das alles schmälerte stark ihre Verdienste, aber trotz dieser Schattenseiten hat sie fast alles geschaffen, was wir Zivilisation nennen. Sie förderte die Künste und entdeckte die Wissenschaften; sie schrieb Bücher, entwickelte Philosophien und vervollkommnete die gesellschaftlichen Beziehungen. Selbst die Befreiung der Unterdrückten wurde gewöhnlich von oben her eingeleitet. Ohne die Klasse der Müßiggänger wären die Menschen heute noch Barbaren.

Es war jedoch eine außerordentlich verschwenderische Methode, daß sich in einer Klasse das Nichtstun, bar aller Pflichten, vererbte. Kein Mitglied dieser Klasse hatte je gelernt, fleißig zu sein, und im Ganzen gesehen war sie nicht ungewöhnlich intelligent. Jene Gesellschaftsklasse mochte wohl einmal einen Darwin hervorbringen, aber diesem einen standen ja Zehntausende von Landedelleuten gegenüber, die nie etwas Gescheiteres im Kopfe hatten als Fuchsjagden und Strafen für Wilddiebe. Gegenwärtig, nimmt man an, versorgen uns die Universitäten, auf systematischere Weise, mit allem, was die müßige Gesellschaftsklasse früher zufällig und nebenbei bewirkte. Das ist ein großer Fortschritt, hat aber auch gewisse Nachteile. Das Universitätsleben unterscheidet sich so sehr vom allgemeinen Leben draußen in der Welt, daß die Menschen, die in einem akademischen Milieu leben, meist keine Ahnung haben von den eigentlichen Vorurteilen und Problemen der normalen Männer und Frauen; außerdem haben sie gewöhnlich eine Ausdrucksweise, die ihre Ansichten jedes Einflusses auf das durchschnittliche Publikum beraubt. Ein anderer Nachteil ist, daß man an den Universitäten nur organisierte und vorgeschriebene Studienarbeit kennt, so daß jemand, der auf eigenen Wegen forschend vorgehen möchte, wahrscheinlich entmutigt werden wird. Akademische Einrichtungen können daher, so nützlich sie auch sind, nicht als angemessene Wahrer der zivilisatorischen Interessen gelten in dieser Welt, wo alle Menschen jenseits ihrer Mauern nur allzu eifrig dem reinen Nützlichkeitsprinzip huldigen.

Wenn auf Erden niemand mehr gezwungen wäre, mehr als vier Stunden täglich zu arbeiten, würde jeder Wißbegierige seinen wissenschaftlichen Neigungen nachgehen können und jeder Maler könnte malen, ohne dabei zu verhungern, und wenn seine Bilder noch so gut wären. Junge Schriftsteller brauchten nicht durch sensationelle Reißer auf sich aufmerksam zu machen, um wirtschaftlich so unabhängig zu werden, daß sie die monumentalen Werke schaffen können, für die sie heute, wenn sie endlich so weit gekommen sind, gar keinen Sinn und keine Kraft mehr haben. Menschen, die sich als Fachleute für eine besondere wirtschafts- oder staatspolitische Phase interessieren, werden ihre Ideen entwickeln können, ohne dabei im luftleeren akademischen Raum zu schweben, was der Arbeit der Volkswirtschaftler an den Universitäten so häufig einen wirklichkeitsfremden Anstrich gibt. Die Ärzte werden Zeit haben, sich mit den Fortschritten auf medizinischem Gebiet vertraut zu machen, die Lehrer werden sich nicht mehr erbittert bemühen müssen, mit routinemäßigen Methoden Dinge zu lehren, die sie in ihrer Jugend gelernt und die sich in der Zwischenzeit vielleicht als falsch erwiesen haben.

Vor allem aber wird es wieder Glück und Lebensfreude geben, statt der nervösen Gereiztheit, Übermüdung und schlechten Verdauung. Man wird genug arbeiten, um die Muße genießen zu können, und doch nicht bis zur Erschöpfung arbeiten müssen. Wenn die Menschen nicht mehr müde in ihre Freizeit hineingehen, dann wird es sie auch bald nicht mehr nach passiver und geistloser Unterhaltung verlangen. Mindestens ein Prozent wird sich wahrscheinlich in der Zeit, die nicht mit berufstätiger

Arbeit ausgefüllt ist, Aufgaben von allgemeinem Interesse widmen, und da ihr Lebensunterhalt nicht von dieser Beschäftigung abhängt, werden sie dabei ungehindert eigene Wege beschreiten können und nicht gezwungen sein, sich nach den Maßstäben zu richten, die ältere Pseudowissenschaftler aufgestellt haben. Aber die Vorteile der Muße werden nicht nur an diesen Ausnahmefällen zu erkennen sein. Die normalen Männer und Frauen werden, da sie die Möglichkeit haben, ein glückliches Leben zu führen, gütiger und toleranter und anderen gegenüber weniger mißtrauisch sein. Die Lust am Kriegführen wird aussterben, teils aus diesem Grunde und teils, weil Krieg für alle langdauernde, harte Arbeit bedeuten würde. Guten Mutes zu sein, ist die sittliche Eigenschaft, deren die Welt vor allem und am meisten bedarf, und Gutmütigkeit ist das Ergebnis von Wohlbehagen und Sicherheit, nicht von anstrengendem Lebenskampf. Mit den modernen Produktionsmethoden ist die Möglichkeit gegeben, daß alle Menschen behaglich und sicher leben können; wir haben es stattdessen vorgezogen, daß sich manche überanstrengen und die andern verhungern. Bisher sind wir noch immer so energiegeladen arbeitsam wie zur Zeit, da es noch keine Maschinen gab; das war sehr töricht von uns, aber sollten wir nicht auch irgendwann einmal gescheit werden?

II

„UNNÜTZES“ WISSEN

Francis Bacon, ein Mann, der durch Verrat an seinen Freunden zu Rang und Würden gelangte, behauptete — und stützt sich mit dieser weisen Lehre zweifellos auf eigene Erfahrung —, „Wissen ist Macht“. Das trifft aber nicht für *jedes* Wissen zu. Sir Thomas Browne hörte ebenfalls gern das Gras wachsen und brachte es doch zu nichts, nicht einmal zum Obersheriff seiner Grafschaft. Was Bacon unter Wissen verstand, war das, was wir heute Naturwissenschaften nennen. Wenn er die Bedeutung der Wissenschaft nachdrücklich hervorhob, so setzte er damit nachträglich die arabische und mittelalterliche Tradition fort, wonach Wissen hauptsächlich aus astrologischen, alchimistischen und pharmakologischen Kenntnissen bestand, die allesamt als Zweige der Wissenschaft galten. Gelehrt war, wer diese Studiengebiete beherrschte und dadurch magische Kräfte erlangt hatte. Im frühen elften Jahrhundert hielt man Papst Silvester II. allgemein für einen Schwarzkünstler, der mit dem Teufel im Bunde stand, und das nur, weil er Bücher las. Prospero, zu Shakespeares Zeiten eine reine Phantasiegestalt, verkörperte, was dann jahrhundertelang die allgemeine Auffassung von einem Gelehrten war, zumindest was seine Hexenkünste anging.

Bacon glaubte — mit Recht, wie wir heute wissen —, die Wissenschaft könne zu einem mächtigeren Zaubermittel werden als alles, was sich die Schwarzkünstler früherer Zeiten geträumt hatten.

Die Renaissance, die zur Zeit Bacons in England ihren Höhepunkt erreichte, brachte eine Revolte gegen die utilitaristische Auffassung vom Wissen mit sich. Den Griechen war Homer so vertraut geworden wie uns unsere Schlager, weil seine Werke ihnen Freude machten und nicht, weil sie sich daran fortzubilden glaubten. Aber im sechzehnten Jahrhundert konnten die Menschen erst anfangen ihn zu verstehen, wenn sie sich beträchtliche Sprachkenntnisse angeeignet hatten. Sie bewunderten die Griechen und wünschten an ihren Freuden teilhaben zu können; deswegen ahmten sie sie nach, indem sie die Klassiker lasen, und noch auf andere, weniger lobenswerte Weise. Lernen und Wissen gehörte zur Zeit der Renaissance genau so zur *Lebensfreude* wie das Trinken und Hofmachen. Und das galt nicht nur für die Literatur, sondern auch für die strengeren Studiengebiete. Die Geschichte von Hobbes' erster Berührung mit Euklid ist ja allgemein bekannt: er schlug das Buch zufällig beim Pythagoreischen Lehrsatz auf, rief aus: „Himmel, das ist ja unmöglich!", begann dann die Beweise von hinten beginnend zu lesen, bis er, bei den Axiomen angelangt, überzeugt war. Bestimmt war das für ihn ein beglückender und von keinem Gedanken an den Nutzen der Geometrie bei der Flächenberechnung getrübter Augenblick.

Zweifellos fand die Renaissance eine praktische Verwendungsmöglichkeit für die alten Sprachen in Verbindung mit der Theologie. Eines der ersten Ergebnisse der neuen Sympathie für das klassische Latein war die Diskreditierung der gefälschten Dekretalien und der Konstantinischen Schenkung. Auf Grund der Unstimmigkeiten, die man in der Vulgata und der Septuaginta entdeckte, wurden Griechisch und Hebräisch zum unentbehrlichen Rüstzeug der Geistlichen auf der gegnerischen protestantischen Seite. Man berief sich auf die republikanischen Maximen Griechenlands und Roms, um den Widerstand der Puritaner gegenüber den Stuarts und der Jesuiten gegenüber den Fürsten zu rechtfertigen, die ihrer Lehnspflicht gegenüber dem Papst entsagt hatten. Aber all das war mehr Wirkung als Ursache der wiedererweckten klassischen Bildung, die in Italien fast ein Jahrhundert lang vor Luthers Zeit in Blüte gestanden hatte. Das Hauptmotiv der Renaissance war Freude am Geistigen, das neue Aufleben einer fruchtbaren Freizügigkeit auf künstlerischem und geistigem Gebiet, die verlorengegangen war, solange Unwissen und Aberglaube die geistige Sicht mit Scheuklappen eingeengt hatten.

Man erkannte, daß die Griechen auch Gegenständen ihre Aufmerksamkeit zugewandt hatten, die nicht rein literarischer oder künstlerischer Art waren, wie Philosophie, Geometrie und Astronomie. Das waren daher achtbare Studiengebiete, während andere Wissenschaften als verdächtig und zweifelhaft galten. Die Medizin wurde allerdings durch

Namen wie Hippokrates und Galen geadelt; aber in der Zwischenzeit blieb sie fast ganz den Arabern und Juden überlassen und unauflöslich mit Magie verbunden. Daher der zweifelhafte Ruf von Männern wie Paracelsus. Die Chemie stand in noch schlechterem Ansehen und wurde erst knapp mit dem achtzehnten Jahrhundert zu einer respektablen Wissenschaft.

So kam es, daß griechische und lateinische Kenntnisse, mit einem Schuß Geometrie und vielleicht noch Astronomie, für das geistige Rüstzeug eines Gentleman gehalten wurden. Die Griechen verschmähten es, die Geometrie praktisch anzuwenden, und für die Astronomie fanden sie erst zur Zeit ihrer Dekadenz in der Tarnung der Astrologie Verwendung. Im sechzehnten und siebzehnten Jahrhundert vor allem studierte man Mathematik mit hellenistischer Objektivität und vernachlässigte meist jene Wissenschaften, die durch Verbindung mit Magie entwürdigt waren. Der allmähliche Übergang zu einer weniger begrenzten und praktischeren Auffassung vom Wissen, der sich während des ganzen achtzehnten Jahrhunderts vollzog, erhielt am Ende dieser Periode einen plötzlichen, beschleunigten Antrieb durch die Französische Revolution und die Entwicklung des Maschinenwesens, wobei die erste der gentlemanliken Kultur einen Schlag versetzte, indes die letztere der ungentlemanliken Handfertigkeit ein neues und überraschendes Tätigkeitsfeld eröffnete. Während der letzten hundertfünfzig Jahre haben die Menschen immer nachdrücklicher den

Wert des „unnützen“ Wissens angezweifelt und sind immer mehr zu der Überzeugung gekommen, daß nur jenes Wissen lohnend sei, das sich auf irgendeinem Gebiet des allgemeinen Wirtschaftslebens nutzbringend anwenden läßt.

In Ländern wie Frankreich und England mit ihrem traditionellen Erziehungs- und Bildungssystem hat sich die utilitaristische Auffassung vom Wissen nur teilweise durchsetzen können. Da gibt es beispielsweise an den Universitäten noch Professoren, die Chinesisch lehren und die chinesischen Klassiker lesen, aber die Werke Sun-Yat-Sens, des Schöpfers des heutigen China, nicht kennen. Da gibt es noch immer Männer, die in der antiken Geschichte zu Hause sind, soweit sie von Autoren reinen Sprachstils übermittelt ist, das heißt, in Griechenland bis zu Alexander und in Rom bis zu Nero; von der weit wichtigeren jüngeren Geschichte wollen sie jedoch nichts wissen, weil die entsprechenden Historiker sie literarisch zu minderwertig darstellen. Selbst in Frankreich und England ist jedoch die alte Tradition am Aussterben, und in modernen Staaten wie Rußland und den Vereinigten Staaten ist sie bereits völlig erloschen. In Amerika weisen beispielsweise pädagogische Kommissionen darauf hin, daß die meisten Leute in ihrer Geschäftskorrespondenz höchstens fünfzehnhundert Wörter gebrauchen, und empfehlen daher, alle übrigen Worte aus dem Schulunterricht auszumerzen. Das *Basic-English*, eine englische Erfindung, geht sogar noch weiter und beschränkt den notwendigen Sprachschatz auf achthundert Worte. Die Auffassung, daß die Sprache auch ästhetischen Wert haben könnte, stirbt aus; stattdessen kommt man zu der Überzeugung, Worte hätten den einzigen Zweck, nützliche Informationen zu übermitteln. In Rußland werden die praktischen Ziele noch konsequenter verfolgt als in Amerika: was immer an Bildungsanstalten gelehrt wird, soll einem offensichtlich erzieherischen oder staatspolitisch nützlichen Zweck dienen. Die einzige Ausnahme beansprucht die Theologie: die heiligen Schriften müssen im deutschen Original studiert werden, und einige Professoren müssen sich auch philosophische Kenntnisse aneignen, um den dialektischen Materialismus gegen die Kritik der bourgeoisen Metaphysiker verteidigen zu können. Wenn jedoch erst der orthodoxe Marxismus in Rußland stärker verwurzelt ist, wird auch noch diese schmale Hintertür vermauert werden.

Allenthalben beginnt man, im Wissen nicht mehr den Eigenwert oder einen Weg zu weltweiter und menschlicher Lebensauffassung im allgemeinen zu sehen, sondern vielmehr ein reines Ingrediens für technische Vervollkommnung. Das gehört zu der stärkeren gesellschaftlichen Integration, wie sie durch die naturwissenschaftliche Technik und die Kriegsgefahr entstanden ist. Wir haben heute größere wirtschaftliche und politische Verflechtungen als in früherer Zeit, und daraus ergibt sich auch eine stärkere soziale Forderung, die den Menschen zwingt, so zu leben, wie es seine Nächsten für nützlich halten. Alle Bildungsanstalten, mit Ausnahme der für die sehr Begüterten bestimmten, oder diejenigen (in England), die durch ehrwürdiges Alter vor Angriffen geschützt sind, dürfen ihr Geld nicht mehr nach Belieben verwenden, sondern müssen vielmehr dem Staat die Gewißheit geben, daß sie einen nützlichen Zweck verfolgen, indem sie praktisches Wissen und Können sowie Loyalität lehren. Das gehört untrennbar zu eben jener Bewegung, die zur Militärdienstpflicht, zur Pfadfinderbewegung, zur Organisation der politischen Parteien und zum Aufhetzen der politischen Leidenschaften durch die Presse geführt hat. Wir alle sind uns heute unserer Mitbürger weit mehr bewußt als früher, mehr bestrebt, ihnen Gutes zu tun, wenn wir anständige Menschen sind, und in jedem Falle bemüht, sie zu veranlassen, uns Gutes zu tun. Wir denken nicht gern an Leute, die sich eines müßigen Lebens erfreuen, selbst wenn diese Freude unter dem edelsten und vollkommensten Vorzeichen stünde. Wir meinen, jeder sollte irgend etwas tun, um an der großen Sache mitzuarbeiten (was auch immer sie sei), um so mehr, als so viele schlechte Menschen dem entgegenwirken und daran gehindert werden sollten. Wir haben daher nicht mehr die geistige Muße, uns Wissen irgendwelcher Art anzueignen, abgesehen von solchen Kenntnissen, die uns beim Kampf für etwas, das wir zufällig für wichtig halten, unterstützen könnten.

Es läßt sich viel zugunsten der begrenzten utilitaristischen Auffassung von Erziehung und Bildung anführen. Die Zeit reicht nicht aus, alles zu lernen, bevor man anfangen muß, sich sein Brot zu verdienen, und zweifellos ist „nützliches“ Wissen sehr nützlich. Es hat die moderne Welt geschaffen. Ohne dieses Wissen hätten wir keine Maschinen und Autos und Eisenbahnen oder Flugzeuge; man sollte allerdings nicht vergessen, daß wir dann auch keine moderne Werbung und keine neuzeitliche Propaganda hätten. Dank dem modernen Wissen hat sich der durchschnittliche Gesundheitszustand der Menschheit ungeheuer gehoben; gleichzeitig haben wir entdeckt, wie man Großstädte mit Hilfe von Giftgas ausrotten kann. Was immer unsere heutige Welt im Vergleich zu vergangenen Zeiten auszeichnet, hat seine Wurzeln in „nützlichem“ Wissen. Aber keine Gemeinschaft besitzt es bisher in ausreichendem Maße, und zweifellos müssen Erziehung und Unterricht es weiterhin noch stark fördern.

Wir müssen ebenfalls einräumen, daß die traditionelle kulturelle Ausbildung zum großen Teil unsinnig war. Die Jungen bemühten sich jahrelang, sich die lateinische und griechische Grammatik einzuprägen, ohne schließlich fähig zu sein oder den Wunsch zu empfinden (von einem kleinen Prozentsatz abgesehen), griechische oder lateinische Autoren zu lesen. Neue Sprachen und Geschichte sind in jeder Hinsicht dem Lateinischen und Griechischen vorzuziehen. Sie sind nicht nur nützlicher, sondern vermitteln auch in weit kürzerer Zeit weit mehr Kultur. Für einen Italiener des fünfzehnten Jahrhunderts war das Griechische oder Lateinische der unentbehrliche Schlüssel zur Kultur, da praktisch alles Lesenswerte, wenn nicht in seiner eigenen Sprache, griechisch oder lateinisch geschrieben war. Aber seit jener Zeit ist in verschiedenen Sprachen eine bedeutende Literatur entstanden und die Zivilisation hat sich so rasch entwickelt, daß die Kenntnis der Antike für das Verständnis unserer Probleme von viel geringerem Nutzen ist als die Kenntnis der modernen Völker und ihrer vergleichsweise nahe zurückliegenden Geschichte. Der traditionelle Schulmeister-Standpunkt, der wunderbar war zur Zeit der wieder auflebenden Gelehrsamkeit, wurde allmählich unangemessen eng und beschränkt, weil er unbeachtet ließ, was in der Welt seit dem fünfzehnten Jahrhundert vor sich gegangen ist. Und nicht nur Geschichte und neue Sprachen, sondern auch die Naturwissenschaft, wenn sie richtig gelehrt wird, tragen zur Kultur bei. Man kann sich daher durchaus dafür einsetzen, daß Erziehung und Unterricht neben dem unmittelbar Nützlichen auch noch andere Ziele verfolgen sollten, ohne damit die traditionelle Unterrichtsweise zu verteidigen. Wenn Nützlichkeit und Kultur liberal und umfassend aufgefaßt werden, wird sich herausstellen, daß sie durchaus miteinander vereinbar sind, auch wenn es die fanatischen Vorkämpfer der einen wie der anderen Seite noch so heftig bestreiten.

Aber neben den Fällen, in denen sich kulturelle Bedeutung und unmittelbare Nützlichkeit vereinen lassen, hat der Besitz jenes Wissens, das nicht zur technischen Leistungsfähigkeit beiträgt, auch mittelbaren Nützlichkeitswert verschiedener Art. Ich glaube, einige der schlimmsten charakteristischen Merkmale der modernen Welt würden weniger stark hervortreten, wollte man dieses Wissen stärker fördern als das rücksichtslose Streben nach rein fachmännischem Können. Aus völliger Konzentration der ganzen bewußten Arbeitsleistung auf irgendeinen bestimmten Zweck wird sich für die meisten Menschen letzten Endes Einseitigkeit, verbunden mit nervösen Störungen irgendwelcher Art, ergeben. Die Männer, die während des Krieges führend in der deutschen Politik waren, begingen Fehler, beispielsweise in der Führung des U-Boot-Krieges, auf Grund dessen sich Amerika den Alliierten anschloß; jedem, der sich unvoreingenommen und mit frischen Kräften mit dieser Frage beschäftigt hätte, wäre das Unkluge daran aufgefallen; die führenden Männer aber konnten es gar nicht vernünftig bewerten, weil sie geistig nur darauf konzentriert waren und keine Zeit hatten, sich auch einmal zu erholen. Das gleiche kann man allenthalben beobachten, wo Menschen schwere Aufgaben zu erfüllen suchen, die bei fortgesetzter Anspannung die natürlichen Impulse hemmen. Wir finden bei den japanischen Imperialisten, den russischen Kommunisten und deutschen Nazis durchweg einen gewissen übersteigerten Fanatismus, der sich daraus ergibt, daß sie allzu ausschließlich in der Vorstellungswelt leben, bestimmte Leistungen vollbringen zu müssen. Wenn die Aufgaben wirklich so bedeutend und durchführbar sind, wie die Fanatiker annehmen, kann diese Einstellung zu großartigen Ergebnissen führen; in den meisten

Fällen aber führt ihre Engstirnigkeit sie dazu, mächtige Widerstandskräfte nicht zu berücksichtigen oder all diese Kräfte für Teufelswerk zu halten, denen man mit Strafen und Terror entgegenwirken müsse. Erwachsene brauchen genau wie Kinder Zeit zur Erholung und Spiel, das heißt, Perioden, in denen sie nur tun, was der Freude und Unterhaltung des Augenblicks dient. Wenn aber dieser Zweck erfüllt werden soll, muß die Möglichkeit bestehen, daß die Menschen Vergnügen und Interesse an Dingen finden, die nicht mit Arbeit verbunden sind.

Der unterhaltende Zeitvertreib der modernen Stadtbewohner hat nun die Tendenz, immer passiver und kollektiver zu werden, und besteht hauptsächlich im untätigen Anschauen und Wahrnehmen der fachlichen Leistungen anderer Leute. Zweifellos ist diese Art von Unterhaltung immer noch besser als gar keine; doch wäre ein Zeitvertreib vorzuziehen, wie ihn sich Menschen schaffen würden, die dank Erziehung und Unterricht einen erweiterten, vernünftigen, nicht mit Arbeit verbundenen Interessenkreis haben. Eine bessere Wirtschaftsordnung, die es der Menschheit ermöglichen würde, echten Nutzen aus der Produktivität der Maschinen zu ziehen, könnte zu einem weit größeren Maß an Freizeit führen; aber viel Muße kann sehr leicht ermüdend wirken, wenn die Menschen sich nicht in beträchtlichem Maße vernünftig und interessant zu beschäftigen verstehen. Wenn ein Volk sich bei viel Freizeit glücklich fühlen soll, muß es gebildet sein, und zwar herangebildet sowohl im Hinblick auf geistige

Unterhaltung wie auf das unmittelbar nützliche technische Wissen.

Wenn sich die Menschen das kulturelle Element in Unterricht und Ausbildung mit Erfolg zu eigen machen, dann formt es den Charakter ihres Denkens und Strebens, veranlaßt sie, sich zumindest teilweise mit großen, überpersönlichen Zielen zu beschäftigen und nicht nur mit Dingen, die von unmittelbarer Bedeutung für sie selbst sind. Man hat allzu leichtfertig angenommen, daß ein Mensch, der sich, auf wissenschaftliche Kenntnisse gestützt, gewisse Fähigkeiten angeeignet hat, sie auch zum Nutzen der Allgemeinheit einsetzen wird. Die Erziehung in der beschränkten utilitaristischen Auffassung übersieht jedoch völlig, daß es nottut, neben den Fähigkeiten des Menschen auch seine geistige Zielsetzung höher zu entwickeln. In jedem unerzogenen Menschen steckt von Natur ein gut Teil Grausamkeit, das auf vielerlei Art, stark oder minder stark, zum Ausdruck kommt. Schulbuben pflegen einen Neuen oder einen Schüler, dessen Anzug vom jeweils Üblichen abweicht, zu ärgern. Viele Frauen (auch eine ganze Menge Männer) verursachen das größtmögliche Unheil durch böswilligen Klatsch. Die Spanier lieben Stierkämpfe, die Engländer Jagd und Schießerei. Die gleichen grausamen Impulse nehmen schwererwiegende Formen an in der Menschenjagd auf Juden in Deutschland und auf Kulaken in Rußland. Jeder Imperialismus gewährt ihnen Spielraum, und im Krieg sanktioniert man sie als Ausdruck höchster staatsbürgerlicher Pflicht.

Aber wenn man auch zugeben muß, daß zuweilen selbst hochgebildete Leute grausam sind, halte ich es doch für unbestreitbar, daß es bei ihnen seltener vorkommt als bei Menschen, die man hat geistig brachliegen lassen. Der Raufbold und Quälgeist einer Schule ist selten ein Junge, der im Unterricht Überdurchschnittliches leistet. Wenn irgendwo Lynchjustiz geübt wird, sind die Rädelsführer fast ausnahmslos sehr ungebildete Leute. Das beruht nicht darauf, daß geistige Kultur positive menschenfreundliche Gefühle erzeugt, obwohl sie diesen Einfluß haben kann; vielmehr werden geistig kultivierte Menschen an anderen Dingen interessiert sein als an der Mißhandlung ihrer Nächsten und ihre Selbstachtung aus anderen Quellen beziehen als aus gewaltsamer Bestätigung ihrer Herrschsucht. Macht und Bewunderung sind die beiden Dinge, die ganz allgemein am meisten angestrebt werden. Unwissende Menschen können beides in der Regel nur mit brutalen Mitteln erreichen, was überlegene Körperkraft und -gewandtheit voraussetzt. Kultur vermittelt den Menschen Macht in unschädlicherer Form und ermöglicht es ihnen, Bewunderung auf verdienstvollere Weise zu erringen. Galilei hat mehr dazu beigetragen, die Welt zu verwandeln, als alle Monarchen, und an Macht war er seinen Verfolgern turmhoch überlegen. Er brauchte daher nicht danach zu trachten, seinerseits zum Verfolger zu werden.

Der wesentlichste Vorteil des „unnützen" Wissens besteht aber vielleicht darin, daß es zum Nachdenken anregt und eine kontemplative geistige Einstellung fördert. Die Welt ist allgemein nur allzu leicht bereit, nicht nur zu handeln, ohne zuvor gebührend nachgedacht zu haben, sondern auch gelegentlich da zu handeln, wo es klüger wäre, auf das Handeln zu verzichten. Diese Neigung der Menschen zeigt sich auf verschiedene merkwürdige Weise. Mephistopheles redet dem jungen Schüler ein, daß alle Theorie grau sei, doch grün des Lebens goldner Baum, und jedermann zitiert das, als sei es Goethes eigene Meinung und nicht das, was nach seiner Auffassung der Teufel wohl einem Studenten sagen würde. Hamlet wird als abschreckendes Beispiel eines Menschen hingestellt, der denkt, ohne zu handeln, aber niemand sieht in Othello eine Warnung vor dem Menschen, der handelt, ohne zu denken. Professoren wie Bergson verleumden aus einer gewissen Versnobtheit gegenüber dem werktätigen Mann die Philosophie und erklären, das Leben sollte, um sich zu erfüllen, einer Kavallerieattacke gleichen. Ich für mein Teil halte Handeln dann für am besten, wenn es aus einer tiefen Erkenntnis des Universums und der menschlichen Bestimmung hervorgeht, nicht aus einem ungezähmten, leidenschaftlichen Impuls romantischer, aber unberechtigter Selbstherrlichkeit. Wenn es zur Gewohnheit wird, mehr Freude an der Ideenwelt als an der Aktion zu finden, so schützt uns das vor Unklugheit und übertriebener Machtgier; zugleich ist es ein Mittel, sich im Unglück Gelassenheit und in Zeiten der Plage Seelenfrieden zu bewahren. Ein auf alles Persönliche beschränktes Leben wird wahrscheinlich früher oder später zum unerträglichen Leidensweg werden; nur die Ausblicke auf einen größeren, allem Irdischen übergeordneten Kosmos helfen uns, die tragischen Momente unseres Lebens zu ertragen.

Die Vorteile einer kontemplativen geistigen Einstellung reichen vom Trivialsten bis zum Tiefsten. Beginnen wir einmal bei den kleinen alltäglichen Ärgernissen wie Flöhen, verpaßten Zügen oder händelsüchtigen Teilhabern. Solche Schwierigkeiten scheinen es kaum zu rechtfertigen, daß man sich ihrer mit Betrachtungen über die Vorzüge einer heroischen Haltung oder die Vergänglichkeit aller menschlichen Leiden erwehrt, und doch lassen sich viele Leute dadurch so erregen und reizen, daß sie ihre gute Laune und Lebensfreude einbüßen. Bei solchen Gelegenheiten wirkt ein wenig Spezialwissen, das in echtem oder vermeintlichem Zusammenhang mit dem gegenwärtigen Ärgernis steht, sehr tröstlich; aber selbst wenn ein solcher Zusammenhang nicht besteht, lenkt es die Gedanken vom Augenblick ab. Wenn man von Leuten angegriffen wird, die weiß vor Wut sind, ist es amüsant, sich das Kapitel in Descartes' *Traktat über die Leidenschaften* ins Gedächtnis zu rufen, das den Titel trägt: „Warum man Leute, die vor Wut blaß werden, mehr fürchten muß als jene, die rot werden". Wird man einmal ungeduldig, weil es so schwierig ist, zu internationaler Zusammenarbeit zu kommen, dann legt sich diese Ungeduld etwas bei dem Gedanken an Ludwig IX. den Heiligen, der sich vor dem Aufbruch zu seinem Kreuzzug mit dem Alten vom

Berge verbündete, der in „Tausendundeiner Nacht" als der dunkle Ursprung fast alles Bösen in der Welt erscheint. Wenn die Habgier der Kapitalisten überhandnimmt, ist man vielleicht schnell getröstet, wenn man sich erinnert, daß Brutus, dieses Musterexemplar republikanischer Tugend, einer Stadt Geld zu vierzig Prozent lieh und dann eine Privatarmee erwarb, um diese Stadt zu belagern, als sie die Zinsen nicht bezahlen konnte.

Durch das Wissen um merkwürdige Dinge wird alles Uninteressante reizvoller und alles Erfreuliche noch erfreulicher. Ich habe von Aprikosen und Pfirsichen mehr Genuß gehabt, seit ich wußte, daß sie zum erstenmal in China zu Beginn der Han-Dynastie gezüchtet wurden; daß chinesische Geiseln, die der große König Kaniska gefangenhielt, sie nach Indien einführten, von wo aus sie sich nach Persien ausbreiteten und das Römische Reich im ersten Jahrhundert unserer Zeitrechnung erreichten; daß das Wort „Aprikose" vom gleichen lateinischen Stamm abgeleitet ist wie das Wort *praecox* (frühreif), weil die Aprikose früh reif wird; und daß das A am Anfang irrtümlich auf Grund falscher Etymologie hinzugesetzt wurde. Daraufhin schmeckt die Frucht noch viel besser.

Vor etwa hundert Jahren riefen wohlmeinende Menschenfreunde Gesellschaften „zur Verbreitung nützlichen Wissens" ins Leben, mit dem Erfolg, daß die Menschen den Geschmack an den Köstlichkeiten „unnützen" Wissens verloren haben. Eines Tages, als ich schlechter Stimmung war, schlug ich auf gut Glück Burtons *Anatomie der Melancholie* auf und erfuhr, daß es eine „melancholische Streitfrage" gibt; während einige glauben, die Melancholie werde von allen vier Temperamenten erzeugt, „behauptet Galen, daß sie nur von drei erzeugt werden könne, unter Ausschluß der Trägheit oder Gleichgültigkeit; für die Wahrheit dieser Behauptung setzen sich stark ein Valerius und Menardus, desgleichen Fuscius, Montaltus, Montanus. Wie könnte, so sagen sie, aus weiß schwarz werden?" Ungeachtet dieses unwiderleglichen Arguments sind, wie uns Burton verrät, Hercules von Sachsen und Cardan, Guianerius und Laurentius der entgegengesetzten Ansicht. Unter der besänftigenden Wirkung dieser historischen Betrachtungen war meine eigene Melancholie verflogen, sei sie nun auf drei oder vier Temperamente zurückzuführen gewesen. Ich kann mir kaum bessere Heilmittel für Übereifer vorstellen als das Studium solcher antiker Kontroversen.

Aber während die geringeren Freuden der Kultur zum Trost für geringfügige Ärgernisse des praktischen Lebens gedacht sind, beziehen sich die bedeutenderen Verdienste der Kontemplation auf das größere Leid im Leben, auf Tod und Qual und Grausamkeit und das blinde Hineinrennen der Völker in unnötiges Unheil. Für diejenigen, denen die dogmatische Religion keinen Trost mehr bringt, bedarf es eines Ersatzes, wenn der Mensch nicht anmaßend und das Leben nicht trübe und freudlos werden soll. Die Welt ist heute voll gereizter, egozentrischer Gruppen; sie alle sind unfähig, die

Menschheit und ihr Leben als ein Ganzes zu sehen, und bereit, lieber die Zivilisation zugrunde zu richten, als auch nur im geringsten nachzugeben. Dieser Engstirnigkeit kann auch die größtmögliche technische Ausbildung nicht angemessen entgegenwirken. Das Gegengift, soweit es Sache der individuellen Psychologie ist, muß in der Geschichte, Biologie und Astronomie gesucht werden, auf all jenen Studiengebieten also, die es dem einzelnen ermöglichen, sich im richtigen Verhältnis zum Universum zu sehen, ohne daß dadurch seine Selbstachtung leidet. Erforderlich ist nicht dieses oder jenes spezielle Teilwissen, sondern allgemeine Kenntnisse, die einen Begriff vom Sinn und Ziel des Menschenlebens als Ganzes vermitteln: Kunst und Geschichte, Vertrautheit mit dem Leben heroischer Persönlichkeiten und etwas Verständnis für die merkwürdig zufällige Eintags-Situation des Menschen im Kosmos — all das mit einem Anflug von Stolz auf das, was dem Menschen vorbehalten ist, die Kraft, zu sehen und zu wissen, selbstlos zu empfinden und vernünftig zu denken. Umfassendes Wahrnehmen und Erkennen, verbunden mit uneigennützigem Empfinden, sind der beste Nährboden für Weisheit.

Das Leben, zu allen Zeiten reich an Schmerz und Qual, ist heute noch qualvoller als in den vorangegangenen zwei Jahrhunderten. Die Menschen versuchen, der Pein und Sorge zu entrinnen, und werden dabei ins Wertlose, in den Selbstbetrug und in die Erfindung ungeheurer kollektiver Mythen hineingetrieben. Aber auf die Dauer tragen diese flüchtigen Linderungsmittel nur dazu bei, die Ursachen der menschlichen Leiden noch zu verstärken. Privates und allgemeines Unglück ist allein durch einen Vorgang zu meistern, in dem Energie und Klugheit zusammenwirken müssen: Aufgabe des Willens muß es sein, es abzulehnen, dem Übel auszuweichen oder eine unechte Lösung anzuerkennen; Aufgabe der Klugheit, das Übel zu erkennen, ein Heilmittel zu finden, wenn es heilbar ist, und es andernfalls erträglich zu machen, indem es im rechten Verhältnis gesehen wird, es als unumgänglich anzuerkennen und dessen zu gedenken, was noch darüber hinaus in anderen Religionen, anderen Zeitaltern und in den Tiefen der Sternenwelt ruht.

III

ARCHITEKTUR UND SOZIALE FRAGEN

Von frühester Zeit an hat die Architektur zwei Ziele verfolgt: einmal den rein nützlichen Zweck, Wärme und Obdach zu bieten, zum anderen den politischen Zweck, der Menschheit eine Idee einzuprägen durch ein großartiges Bauwerk, in dem diese Idee Ausdruck findet. Für die Wohnungen der Armen reichte der erste Zweck hin; aber die Tempel der Götter und die Königspaläste sollten heilige Scheu vor den himmlischen Mächten und ihren Günstlingen auf Erden erwecken. In einigen wenigen Fällen wurden nicht einzelne Herrscher, sondern Gemeinschaften glorifiziert: die Akropolis zu Athen und das Kapitol in Rom kündeten von der gebieterischen Majestät dieser stolzen Städte, zur Erbauung ihrer Bewohner und Bundesgenossen. Ästhetische Vorzüge hielt man bei öffentlichen Gebäuden und später bei den Palästen der Plutokraten und Kaiser für wünschenswert; bei den Hütten der Bauern und den baufälligen Wohnungen des städtischen Proletariats galt das jedoch nicht für erforderlich.

Auch in der mittelalterlichen Welt stand, ungeachtet der größeren Vielschichtigkeit ihrer sozialen Struktur, das künstlerische Motiv in der Architektur ähnlich im Hintergrund, ja sogar noch mehr, denn die Burgen der mächtigen Männer waren als militärisch starke Stützpunkte gedacht, und wenn sie einmal schön waren, dann nur durch Zufall. Nicht der Feudalismus, sondern die Kirche und der Handel haben den Bau der schönsten architektonischen Werke des Mittelalters veranlaßt. Die Kathedralen offenbarten Kraft und Herrlichkeit Gottes und seiner Bischöfe. Der Wollhandel zwischen England und den Niederlanden, der die englischen Könige und die Herzöge von Burgund zu seinen Vasallen rechnen durfte, kam in den prachtvollen flandrischen Gewandhäusern und Rathäusern und, nicht ganz so großartig, in vielen englischen Marktplätzen zum stolzen Ausdruck. Aber erst Italien, die Wiege der modernen Plutokratie, brachte die kommerzielle Architektur zur Vollendung. Venedig, die dem Meer vermählte Stadt, die Stadt, die Kreuzzüge umzuleiten verstand und die vereinten Fürsten der Christenheit in Angst und Schrecken hielt, schuf mit dem Dogenpalast und den Palästen der fürstlichen Kaufleute einen neuen Typ von Prunkbauten. Ungleich den Landbaronen im Norden bedurften die städtischen Magnaten in Venedig und Genua nicht der Einsamkeit und Verteidigung, lebten vielmehr Seite an Seite und schufen Städte, in denen alles dem nicht allzu wißbegierigen Fremden Sichtbare prächtig und ästhetisch befriedigend schien. In Venedig speziell war es leicht, Schmutz und Häßlichkeit verborgen zu halten: die Elendsviertel lagen versteckt, und wer in den Gondeln saß, bekam sie nie zu sehen. Nie wieder seither hat die Plutokratie einen so vollen und vollendeten Erfolg erzielt.

Die Kirche baute jedoch im Mittelalter nicht nur Kirchen, sondern auch andere Gebäude, die den Erfordernissen der modernen Zeit mehr entgegenkommen: Abteien, Mönchs- und Nonnenklöster und Schulen. Ihnen lag eine begrenzte Form von Kommunismus zugrunde; sie waren für ein friedliches Gemeinschaftsleben bestimmt. In diesen Gebäuden war alles Individuelle spartanisch und einfach, alles Gemeinschaftliche prächtig und gewaltig. Der Mönch in seiner demütigen Bescheidenheit begnügte sich mit einer kargen, kahlen Zelle; der Stolz des Ordens hingegen kam in der Pracht und Weite der Hallen und Kapellen und Refektorien zum Ausdruck. In England sind Klöster und Abteien fast nur noch als Ruinen erhalten — zur Freude der Touristen —, aber die Schulen und Bildungsanstalten, die Colleges wie Oxford und Cambridge stellen noch immer einen Teil des nationalen Lebens dar und hüten und bewahren die Schönheit des mittelalterlichen Gemeinschaftslebens.

Als sich dann die Renaissance nach Norden ausbreitete, machten sich die ungeschliffenen englischen und französischen Barone daran, sich die feinen Sitten der italienischen Reichen anzueignen. Während die Medici ihre Töchter an Könige verheirateten, ahmten Dichter, Maler und Architekten nördlich der Alpen die florentinischen Vorbilder nach und die Aristokraten ersetzten ihre Burgen durch Landhäuser, die, ungeschützt gegen Überfälle, ein Kennzeichen der neuen Sicherheit eines höfischen und zivilisierten Adels waren. Diese Sicherheit wurde aber durch die Französische Revolution aufgehoben, und seither haben die traditionellen architektonischen Stilarten ihre Lebenskraft eingebüßt. Sie zeigen sich verhalten dort, wo sich noch Macht in der älteren Form findet, wie in Napoleons Anbauten zum Louvre; aber das Überladene und Vulgäre dieser Anbauten beweist seine Unsicherheit. Er scheint vergessen zu wollen, was seine Mutter in ihrem schlechten Französisch zu sagen pflegte: „*Pourvou que cela doure*".

Im neunzehnten Jahrhundert gibt es zwei typische architektonische Formen, die speziell der maschinellen Produktion und dem demokratischen Individualismus zuzuschreiben sind: einerseits die Fabrik mit ihren Schornsteinen, andererseits das Reihenhäuschen der Arbeiterfamilie. Während die Fabrik die durch den Industrialismus geschaffene wirtschaftliche Organisation repräsentiert, verkörpern die kleinen Häuschen die gesellschaftliche Abgeschlossenheit, die das Ideal einer individualistischen Bevölkerung ist. Wo man hoher Grund- und Bodenpreise wegen lieber große Häuser errichtet, stellen sie nur eine rein bauliche, keine gesellschaftliche Einheit dar: es sind Büro-, Wohn- oder Hotelblocks, deren Bewohner nicht in Gemeinschaft leben wie die Mönche in einem Kloster; jeder bemüht sich vielmehr, so weit als möglich die Existenz der anderen nicht zu bemerken. Wo immer in England die Bodenpreise erschwinglich sind, behauptet sich das Prinzip des Einfamilienhauses stets von neuem. Wenn man sich London oder einer anderen Großstadt des Nordens mit dem Zug nähert, fährt man an endlosen Straßen mit derartigen kleinen Wohnhäusern vorüber, wo jedes Haus ein Zentrum individuellen Lebens ist, während das Büro, die Fabrik oder das Bergwerk, je nach den örtlichen Bedingungen, das Gemeinschaftsleben repräsentiert. Das Gemeinschaftsleben außerhalb der Familie ist, soweit sich ein solches Ergebnis an der Architektur mit Sicherheit feststellen läßt, ausschließlich wirtschaftlich begründet, und alle nichtwirtschaftlichen gesellschaftlichen Bedürfnisse müssen innerhalb der Familie befriedigt werden oder bleiben unerfüllt. Wollte man einmal die sozialen Ideale eines Zeitalters nach dem ästhetischen Wert seiner Baukunst beurteilen, dann stellen die letzten hundert Jahre den tiefsten Punkt dar, den die Menschheit bisher erreicht hat.

Die Fabriken und die kleinen Reihenhäuser dazwischen sind kennzeichnend für einen merkwürdigen inneren Widerspruch im modernen Leben. Während die Produktion mehr und mehr zu einem Vorgang geworden ist, an dem große Gruppen beteiligt sind, hat unsere allgemeine Einstellung zu allen Dingen, die wir für außerhalb der politischen und wirtschaftlichen Sphäre liegend halten, die Tendenz angenommen, immer individualistischer zu werden. Das gilt nicht nur auf dem Gebiet der Kunst und Kultur, wo der Kult der Eigenart zu einer anarchischen Revolte gegen jedwede Tradition und Konvention geführt hat, vielmehr auch — vielleicht als Reaktion auf das enggedrängte Zusammenleben — im täglichen Dasein der Durchschnittsmänner und noch mehr der Durchschnittsfrauen. In der Fabrik gibt es ein zwangsweise entstandenes Gemeinschaftsleben, aus dem sich die Gewerkschaften entwickelten; aber daheim wünscht jede Familie für sich zu sein. Die Frauen sagen: „Ich bleibe lieber für mich allein"; und ihre Männer sehen sie in Gedanken gern daheim sitzen und warten, daß der Herr des Hauses zurückkehrt. Aus diesen Gefühlen heraus ertragen und bevorzugen die Frauen sogar das von den anderen Häusern getrennte Häuschen, die kleine Küche für sich allein, die Plage mit der Hausarbeit und die Versorgung der noch nicht schulpflichtigen Kinder ohne Hilfe. Die Arbeit ist schwer, das Leben eintönig und die Frau beinahe die Gefangene ihres eigenen Hauses; und obwohl all das ihre Nerven aufreibt, zieht sie es doch einer Lebensweise engerer Gemeinschaft vor, weil das Für-Sich-Sein ihre Selbstachtung hebt.

Die Vorliebe für diese Bauweise hängt mit der Lage der Frauen zusammen. Trotz dem Frauenrecht und dem Wahlrecht hat sich die Stellung der Frau, zumindest in der Arbeiterklasse, im Vergleich zu früher nicht sonderlich verändert. Die Frau ist weiterhin abhängig vom Verdienst ihres Mannes und bekommt ungeachtet ihrer schweren Arbeit keinen Lohn. Da sie von Beruf Haushälterin ist, liebt sie es, einen Haushalt zu führen. Den Wunsch nach Spielraum für persönliche Initiative, der den meisten Menschen innewohnt, kann sie sich nur im Heim erfüllen. Der Mann seinerseits freut sich, daß seine Frau nur für *ihn* arbeitet und wirtschaftlich von ihm abhängig ist; darüber hinaus befriedigen seine Frau und sein Haus seinen Besitzinstinkt stärker, als es bei jeder anderen Bauweise möglich wäre. Und wenn auch irgendwann einmal bei einem der Partner der Wunsch nach geselligerem Leben auftaucht, sind sie doch beide, Mann wie Frau, auf Grund ihres ehelichen Besitzanspruchs froh, daß der andere so wenig Gelegenheit hat, einem vielleicht gefährlichen Mitglied des anderen Geschlechts zu begegnen. Und so mag ihr Horizont eng begrenzt und das Leben der Frau unnötig arbeitsreich sein, es wünscht sich doch keiner von beiden eine andere Organisation ihres gesellschaftlichen Daseins.

All das wäre anders, wenn es für verheiratete Frauen die Regel und nicht die Ausnahme wäre, sich ihren Lebensunterhalt außerhalb des Hauses zu verdienen. Unter den Berufstätigen gibt es schon genug Frauen, die mit unabhängiger Arbeit Geld verdienen, um, in Großstädten, etwas zu schaffen, was annähernd als wünschenswert für ihre Lebensumstände gelten kann. Was solche Frauen brauchen, ist eine Wohnung mit Bedienung oder eine Gemeinschaftsküche, um sie der Sorge um die Zubereitung der Mahlzeiten zu entheben, und einen Kinderhort, in dem die Kinder während der Bürostunden versorgt werden. Nach konventioneller Auffassung nimmt man an, daß eine verheiratete Frau es beklagt, wenn sie außerhalb des Hauses arbeiten muß; und wenn sie am Abend noch das gleiche schaffen muß, was die Frauen, die sonst nichts anderes zu tun haben, leisten, wird sie wahrscheinlich ernstlich überarbeitet sein. Aber wollte man entsprechende richtige Bauten erstellen, dann wäre den Frauen der größte Teil der Hausarbeit und Kinderpflege abgenommen, zum Vorteil für sie selbst, ihre Männer und Kinder; in diesem Falle wäre es ein klarer Gewinn, wenn die Frauen, statt die traditionellen Pflichten der Hausfrauen und Mütter zu erfüllen, berufstätig wären. Jeder Gatte einer altmodischen Hausfrau wäre sofort davon überzeugt, wenn er nur eine Woche lang versuchen müßte, die Pflichten seiner Frau zu übernehmen.

Das Tagewerk einer Arbeiterfrau ist noch nie modernisiert worden, weil es unbezahlte Arbeit ist; aber in Wirklichkeit ist vieles daran unnötig und der Rest sollte größtenteils auf verschiedene Spezialisten verteilt werden. Aber wenn das geschehen soll, ist als erstes eine Reform der Bauweise erforderlich. Es handelt sich darum, daß die gleichen gemeinschaftlichen Vorteile gewährleistet werden wie in den mittelalterlichen Klöstern, nur ohne Zölibat; das heißt, es muß für die Bedürfnisse der Kinder vorgesorgt werden.

Wir wollen zunächst betrachten, welches die unnötigen Nachteile des gegenwärtigen Systems sind, wo jeder Arbeiterhaushalt in sich abgeschlossen ist, entweder im eigenen Haus oder in den Räumen eines Wohnblocks.

Am schwersten sind die Kinder von den Mißständen betroffen. Bevor sie das schulpflichtige Alter erreichen, haben sie viel zuwenig Sonne und frische

Luft; für ihre Ernährung sorgt eine Mutter, die arm, ungebildet und rastlos tätig ist und die unmöglich für die Erwachsenen und die Kinder getrennt kochen kann; die Kinder sind der Mutter während des Kochens und Hantierens ständig im Wege, mit dem Erfolg, daß sie ihr auf die Nerven fallen und — vielleicht abwechselnd mit Liebkosungen — hart behandelt werden; die Kinder können niemals ungehindert in freiem Raum und entsprechender Umgebung ihrem natürlichen Tätigkeitsdrang nachgehen, ohne Schaden anzurichten. Das Zusammenwirken dieser Umstände führt leicht dazu, daß sie schwächlich, neurotisch und gehemmt werden.

Auch die Mutter ist ernstlich geschädigt. Sie hat die Pflichten der Kinderpflegerin, Köchin und Dienstmagd zu bewältigen, ohne auch nur für einen dieser Berufe vorgebildet zu sein; es ist fast unvermeidlich, daß sie alle diese Aufgaben schlecht erfüllt; sie ist immer müde und empfindet die Kinder als Belästigung, nicht als Quelle der Freude; ihr Mann hat Muße, wenn seine Arbeit beendet ist, sie aber hat niemals Freizeit; sie muß schließlich fast unweigerlich reizbar, geistig beschränkt und neidisch werden.

Für den Mann ergeben sich geringere Nachteile, weil er weniger daheim ist. Aber wenn er zu Hause ist, wird ihn wahrscheinlich die Streitsucht seiner Frau und die „Ungezogenheit“ der Kinder nicht gerade beglücken; und wo er eigentlich die Bauweise tadeln sollte, wird er vermutlich seine Frau schelten, was je nach dem Grad seiner Brutalität zu unerfreulichen Konsequenzen führen mag.

Ich will damit natürlich nicht sagen, es verhielte sich allgemein und immer so, behaupte aber, daß es andernfalls eines ungewöhnlichen Maßes an Selbstbeherrschung, Intelligenz und körperlicher Widerstandskraft auf seiten der Mutter bedarf. Und unverkennbar wird sich ein System, das außergewöhnliche Charakterstärke und Eigenschaften voraussetzt, auch nur in Ausnahmefällen bewähren. Daß ein solches System schlecht ist, wird nicht widerlegt durch einige seltene Beispiele, in denen seine Nachteile nicht zutage treten.

Um all diese Leiden zu kurieren, braucht man nur ein Gemeinschaftselement in die Bauweise einzuführen. Die kleinen Einzelhäuser und die Mietblocks, in denen jede Wohnung ihre eigene Küche hat, sollten niedergerissen werden. Stattdessen sollten hohe Gebäudeblocks rund um einen zentralen Platz errichtet werden, wobei die Südfront niedrig gehalten bleiben müßte, um die Sonne hereinzulassen. Es sollte eine Gemeinschaftsküche, einen geräumigen Speisesaal und einen weiteren Saal für unterhaltende Veranstaltungen, geselliges Beisammensein und Kinovorstellungen geben. Inmitten der Anlage müßte sich der Kinderhort befinden und so eingerichtet sein, daß die Kinder sich nicht leicht weh tun oder empfindliche Dinge beschädigen können: es dürfte keine Stufen geben, kein offenes Feuer oder heiße, für Kinderhände erreichbare Öfen; Teller, Tassen und Schüsseln sollten aus unzerbrechlichem Material sein, und ganz allgemein sollte so weit wie möglich auf alle Dinge verzichtet werden, die Veranlassung dazu geben könnten, den Kindern sagen zu müssen „Laß das!“ Bei gutem Wetter würden die Kinder im Freien betreut, sonst, wenn das Wetter nicht allzu schlecht ist, in Räumen, die von einer Seite her der frischen Luft Zutritt gewähren. Die Kinder sollten alle Mahlzeiten im Kinderhort einnehmen, der sie sehr preiswert mit einer bekömmlicheren Kost versorgen könnte als ihre Mütter. Sobald sie entwöhnt sind, sollten sie bis zum Eintritt in die Schule den ganzen Tag, vom Frühstück bis nach ihrer letzten Mahlzeit, im Kinderhort verbringen, wo sie Gelegenheit zum Spielen haben bei jenem Minimum von Aufsicht, das um ihrer Sicherheit willen erforderlich ist.

Die Kinder würden ungeheuren Nutzen davon haben. Sie würden durch frische Luft und Sonne, freien Raum und gute Ernährung gesünder und kräftiger werden; sie würden charakterlich profitieren, wenn sie ungehindert aufwachsen und der Atmosphäre der ständigen gereizten Verbote entronnen sind, in der die meisten Arbeiter ihre ersten Lebensjahre verbringen. Bewegungsfreiheit, die man einem Kleinkind, ohne es zu gefährden, nur in besonders dazu geschaffener Umgebung gewähren kann, könnte es im Kinderhort fast uneingeschränkt geben, mit dem Erfolg, daß sich die Abenteuerlust und körperliche Gewandtheit der Kinder so natürlich entwickeln würde wie bei Jungtieren. Die ständige Behinderung der Bewegungsfreiheit bei kleinen Kindern ist der Ursprung von Unzufriedenheit und Gehemmtheit im späteren Leben, ist aber weitgehend unvermeidlich, solange sie in einer für Erwachsene geschaffenen Umgebung leben; der Kinderhort wäre daher für ihren Charakter und ihre Gesundheit ein Segen.

Für die Frauen würden sich ebenso große Vorteile ergeben. Sobald sie ihre Kinder entwöhnt haben, würden sie sie tagsüber Frauen anvertrauen, die speziell in Kinderpflege ausgebildet sind. Sie brauchten sich nicht damit aufzuhalten, einzukaufen, zu kochen und abzuwaschen. Sie würden, genau wie die Männer, des Morgens zur Arbeit aus dem Haus gehen und abends heimkehren, und wie für ihre Männer würde es auch für sie Arbeitszeit und Freizeit geben, so daß sie nicht wie bisher ununterbrochen tätig sein müßten. Sie würden ihre Kinder am Morgen und am Abend sehen, lang genug, um sie lieb zu haben, aber nicht so lange, daß die Kinder sie nervös machen. Mütter, die ihre Kinder den ganzen Tag um sich haben, bringen selten noch soviel überschüssige Kraft auf, mit ihnen zu spielen; in der Regel spielen die Väter viel mehr mit den Kindern als die Mütter. Selbst dem liebevollsten Erwachsenen werden die Kinder wohl auf die Nerven gehen, wenn sie ihm keinen Augenblick Ruhe lassen und ständig lärmend Beachtung fordern. Wenn sie aber den Tag über getrennt waren, werden Mütter und Kinder am Abend liebevoller miteinander umgehen, als wenn sie den ganzen Tag lang zusammengesperrt sind. Die körperlich ermüdeten, geistig befriedigten Kinder würden die Zuneigung ihrer Mütter nach der unpersönlichen Pflege durch die Frauen im Kinderhort doppelt genießen. Alles Gute bliebe somit dem Familienleben erhalten, ohne das Quälende und die Liebe Zerstörende.

Auch für die Männer und Frauen wäre es eine Wohltat, wenn sie der Enge ihrer Kammern und dem Schmutz der Elendsviertel entrinnen könnten in die großen Gemeinschaftsanlagen, die architektonisch ebenso schön sein sollten wie College Halls. Schönheit und Raum brauchen nicht länger das Vorrecht der reichen Leute zu bleiben. Und der Erregung und Reizbarkeit, die aus dem Zusammengepferchtsein in engen, dumpfen Vierteln entstehen und ein echtes Familienleben oft gar nicht zulassen, wäre ein Ende gemacht.

Und das alles wäre die Folge einer reformierten Architektur. Vor über hundert Jahren setzte sich Robert Owen allgemeinem Hohn aus mit seinen „genossenschaftlichen Parallelogrammen", mit denen er versuchte, den Lohnempfängern die Vorteile des Gemeinschaftslebens, wie etwa im College, zu erschließen. Obwohl die Idee in jenen Tagen der drückenden Armut noch verfrüht war, ist man heute in vielen Einzelheiten dem Durchführbaren und Wünschenswerten an dieser Idee schon viel näher gekommen. Owen selbst konnte in New Lanard einen Kinderhort nach sehr modernen, aufgeklärten Prinzipien einrichten. Aber die besonderen Umstände in New Lanard verleiteten ihn dazu, seine

„Parallelogramme“ für Produktionseinheiten, nicht nur für Wohnstätten zu halten. Von Anfang an war es die Tendenz des Industrialismus, zuviel Gewicht auf die Produktion und zuwenig auf den Verbrauch und geregelte Lebensbedingungen zu legen. Das ergab sich aus dem betonten Streben nach Profiten, die nur im Zusammenhang mit der Produktion zu sehen sind. Das Ergebnis war die wissenschaftlich durchdachte Fabrik und eine größtmögliche Arbeitsteilung, während das Heim unmodern geblieben ist und die verschiedenen Arbeitsleistungen der überlasteten Hausmutter aufbürdet. Denn naturgemäß ergibt sich aus dem Vorherrschen des Profitmotivs, daß jene menschlichen Tätigkeitsbereiche, von denen kein pekuniärer Profit zu erwarten ist, am stärksten dem Zufall überlassen bleiben, am wenigsten durchorganisiert und insgesamt am unbefriedigendsten sind.

Man muß jedoch einräumen, daß sich einer Reform der Bauweise, wie ich sie angeregt habe, als mächtigstes Hindernis die psychologische Einstellung der Arbeiter selbst entgegenstellt. Sie mögen noch so sehr klagen und sich streiten, im Grunde lieben die Leute die Abgeschlossenheit ihres „Heims“ und finden darin ihre Eitelkeit und ihr Streben nach Besitz bestätigt. Im ehelosen Gemeinschaftsleben etwa der Klöster erhob sich dieses Problem nicht; erst durch Ehe und Familie entsteht der instinktive Wunsch nach Zurückgezogenheit. Ich glaube aber nicht, daß die private Kocherei, abgesehen von Kleinigkeiten, die gelegentlich rasch auf dem Gaskocher zubereitet werden, wirklich nötig ist, um diesem Instinkt gerecht zu werden; meiner Meinung nach sollte eine eigene Wohnung mit eigener Einrichtung den Menschen, die daran gewöhnt sind, ausreichen. Aber es ist immer schwierig, vertraute Gewohnheiten aufzugeben und abzuändern. Die Sehnsucht nach Unabhängigkeit wird jedoch vielleicht allmählich mehr und mehr Frauen dazu bringen, ihren Lebensunterhalt außerhalb des Hauses zu verdienen, und daher wird ihnen wiederum ein System, wie wir es gerade erwogen haben, als wünschenswert erscheinen. Gegenwärtig befindet sich unter den Arbeiterfrauen die Frauenrechtsbewegung noch in einem frühen Entwicklungsstadium, wird sich aber wahrscheinlich ausdehnen, sofern es nicht zu einer faschistischen Reaktion kommt. Vielleicht werden die Frauen auf Grund dieses Motivs mit der Zeit die Gemeinschaftsküche und den Kinderhort schätzen lernen. Von den Männern wird der Wunsch, die Dinge zu ändern, jedenfalls nicht ausgehen. Arbeiter, selbst wenn sie Sozialisten oder Kommunisten sind, halten es selten für nötig, daß sich die Lage ihrer Frauen bessert.

Weil wir noch immer schwer unter unheilvoller Arbeitslosigkeit zu leiden haben und weil noch immer fast die ganze Welt die Grundprinzipien der Wirtschaft nicht begreifen will, werden natürlich Einwände erhoben gegen die Berufstätigkeit der verheirateten Frauen, weil dadurch angeblich diejenigen, von denen die verheirateten Frauen jetzt leben, arbeitslos würden. Aus diesem Grunde hängen die

Probleme der verheirateten Frau eng zusammen mit dem Problem der Erwerbslosigkeit, das wahrscheinlich unlösbar bleiben wird, es sei denn, daß der Sozialismus sich zu einem sehr beträchtlichen Grade durchsetzt. Aber in jedem Falle könnte es zum Bau der „genossenschaftlichen Parallelogramme", wie ich sie befürwortet habe, in großem Maßstab nur im Rahmen einer ausgedehnten sozialistischen Bewegung kommen, da das Profitmotiv allein es niemals bewirken könnte. Die Gesundheit und der Charakter der Kinder und die Nerven der Frauen werden daher noch so lange weiter leiden müssen, als sich die Wirtschaft nur nach dem Profitmotiv richtet. Manches kann mit Hilfe dieses Motivs erreicht werden, anderes nicht; zum letzteren gehört die Wohlfahrt der Frauen und Kinder der Arbeiterklasse und — was vielleicht noch utopischer klingt — die Verschönerung der Vorstädte. Aber wenn wir auch die Scheußlichkeit der Vorstädte als gegeben hinnehmen wie Frühjahrsstürme oder Novembernebel, so darf man doch nicht übersehen, daß sie — im Gegensatz zu klimatischen Bedingungen — abzuändern und zu bessern ist. Warum sollten sie nicht statt von Privatunternehmern von städtischen Behörden erbaut werden, mit sinnvoll geplanten Straßen und Gebäuden, die wie Colleges angelegt sind — und dann könnten sie doch durchaus eine Augenweide sein. Die Häßlichkeit ist wie das Übermaß an Arbeit und die Armut ein Teil des Preises, den wir dafür zahlen, daß wir Sklaven des privaten Profitmotivs sind.

IV

DER MODERNE MIDAS

Die Geschichte von König Midas ist jedem wohlbekannt, der mit Hawthornes *Tanglewood Tales* groß geworden ist. Wegen seiner außergewöhnlichen Vorliebe für Gold gewährte ein Gott diesem ehrenwerten König das Vorrecht, daß alles, was er berührte, sich in Gold verwandelte. Anfangs war er entzückt; als er jedoch erleben mußte, daß die Speisen in seinem Munde zu massivem Metall wurden, begann die Sache ihn zu beunruhigen; und als dann noch seine Tochter, der er einen Kuß gab, zur leblosen Goldsäule erstarrte, entsetzte er sich und bat den Gott, die Gabe wieder von ihm zu nehmen. Seither wußte er, daß Gold nicht das einzig Wertvolle ist.

Eine ganz einfache Geschichte, und doch fällt es der Welt so schwer, die Lehre daraus zu ziehen. Als die Spanier im sechzehnten Jahrhundert das peruanische Gold an sich brachten, hielten sie es für wünschenswert, es selbst zu behalten, und suchten auf alle erdenkliche Weise den Export des kostbaren Metalls zu verhindern. Die Folge war jedoch nur, daß dank dem Gold im gesamten spanischen Herrschaftsbereich die Preise stiegen, ohne daß Spanien dadurch auch nur im geringsten an echten Gütern reicher geworden wäre. Das Gefühl, doppelt soviel Geld wie zuvor zu besitzen, mochte ja für einen ehrgeizigen und eitlen Menschen vielleicht sehr befriedigend sein; aber wenn jede Dublone im Vergleich zu früher nur die halbe Kaufkraft besaß, dann stand der vermeintliche Gewinn doch nur in den Sternen, und man konnte sich weder mehr Essen und Trinken noch ein schöneres Haus oder sonst irgend etwas Greifbares dafür beschaffen. Da die Engländer und Holländer nicht so mächtig waren wie die Spanier, mußten sie sich mit dem heutigen Osten der Vereinigten Staaten begnügen, einem Gebiet, das man gering schätzte, weil es dort kein Gold gab. Doch hat sich gerade dieses Gebiet als weit produktivere Quelle des Reichtums erwiesen als die goldhaltigen Teile der Neuen Welt, um die sich zur Zeit Elisabeths alle Nationen gerissen haben.

Obwohl diese historische Tatsache schon zum Gemeinplatz geworden ist, scheint es die geistige Kapazität der Regierungen zu übersteigen, die Lehre daraus auf die gegenwärtigen Probleme praktisch anzuwenden. Die Wirtschaftsfrage ist stets vom verkehrten Ende her gesehen und angepackt worden, aber noch nie so verkehrt wie gerade heute. Was in dieser Beziehung bei Kriegsschluß geschah, ist so absurd, daß man versucht ist zu glauben, bei den Regierungen habe man es nicht mit erwachsenen Männern, sondern mit Tollhäuslern zu tun gehabt. Sie wollten Deutschland bestrafen, und nach altehrwürdiger Methode hieß das, Reparationen fordern. Und so wurden Deutschland Reparationen auferlegt. So weit war alles in Ordnung. Aber der Betrag, den Deutschland zahlen sollte, überstieg bei weitem alles, was es an Gold in Deutschland, ja sogar in der ganzen Welt gab. Es war daher für die Deutschen nachweislich unmöglich, anders als in Waren zu zahlen: die Deutschen konnten nur in Waren oder gar nicht zahlen.

Und nun fiel es den Regierungen plötzlich ein, daß sie den Wohlstand eines Landes am Überschuß des Exports über den Import zu bewerten pflegten. Wenn ein Land mehr exportiert als importiert, spricht man von seiner günstigen Handelsbilanz; im umgekehrten Fall sagt man, die Bilanz sei ungünstig. Nun wurden Deutschland aber höhere Reparationen auferlegt, als es in Gold zu zahlen vermochte, womit beschlossen und verkündet war, daß im Handel der Deutschen mit den Alliierten die deutsche Handelsbilanz günstig, die der Alliierten jedoch ungünstig sein würde. Zu ihrem Entsetzen erkannten die Alliierten, daß sie Deutschland durch diese Förderung des deutschen Exports unbeabsichtigt sozusagen eine Wohltat erwiesen hatten. Dieser allgemeine Grund wurde noch durch speziellere Argumente verstärkt. Deutschland produziert nichts, was nicht auch die Alliierten produzieren können, und die drohende deutsche Konkurrenz wurde allenthalben übel vermerkt. Die Engländer wollten keine deutsche Kohle haben, solange ihre eigene Bergbauindustrie darniederlag. Die Franzosen wollten nichts von deutschen Stahl- und Eisenwaren wissen, da sie gerade damit beschäftigt waren, ihre eigene Stahl-

und Eisenproduktion mit Hilfe der neugewonnenen lothringischen Erze zu steigern. Und so fort. Daher blieben die Alliierten zwar dabei, Deutschland durch Zahlungsverpflichtung zu bestrafen, waren aber gleichzeitig entschlossen, Deutschland keine Zahlung in irgendeiner speziellen Form zu gestatten.

Für diese irrsinnige Situation fand man eine irrsinnige Lösung. Man beschloß, Deutschland zu leihen, was immer Deutschland zu zahlen hatte. Effektiv sagten die Alliierten: „Wir können euch von den Reparationen nicht entbinden, weil sie die gerechte Strafe für eure Schlechtigkeit sind; andererseits können wir sie nicht nach euren Möglichkeiten bezahlen lassen, weil das der Ruin unserer eigenen Industrien wäre; daher werden wir euch das Geld leihen und ihr werdet uns zurückzahlen, was wir euch leihen. Auf diese Weise wird das Prinzip ohne Schaden für uns gewahrt bleiben. Und was den Schaden für euch betrifft, so hoffen wir, daß er nur aufgeschoben ist."

Das konnte jedoch ganz offensichtlich nur eine zeitweilige Lösung sein. Die Bürgen der deutschen Anleihen verlangten ihre Zinsen, und für diese Zinszahlung ergab sich das gleiche Dilemma wie bei der Zahlung der Reparationen. Die Deutschen konnten die Zinsen nicht in Gold zahlen, und die alliierten Nationen wollten nicht, daß sie in Waren zahlten. Daher mußte man ihnen auch das Gold für die Zinszahlungen leihen. Es ist einleuchtend, daß man dieses Spiels früher oder später einmal müde werden mußte. Wenn die Leute es aber leid werden, einem

Land ständig Geld zu leihen, ohne je eine Tilgung zu sehen, dann sagt man, das Land sei nicht mehr kreditwürdig. In diesem Falle fangen die Leute an, Rückzahlung dessen, was man ihnen schuldet, zu fordern. Das aber war, wie wir gesehen haben, den Deutschen nicht möglich. Daher kam es zu vielen Bankrotten, zuerst in Deutschland, dann bei denen, denen die bankrotten Deutschen Geld schuldeten, anschließend bei denen, denen diese Leute verschuldet waren, und so fort. Ergebnis: allgemeiner Niedergang der Wirtschaft, Elend, Hungersnot, Ruin und die ganze Kette des Unheils, unter der die Welt seither zu leiden hatte.

Ich will damit nicht sagen, daß die deutschen Reparationen die einzige Ursache unserer Nöte waren. Auch die Schulden der Alliierten an Amerika trugen dazu bei, desgleichen, wenn auch in geringerem Maße, alle privaten oder öffentlichen Schulden, wo immer zwischen Schuldner und Gläubiger ein so hoher Zollwall stand, daß Zahlung in Waren auf Schwierigkeiten stieß. Die deutschen Reparationen sind, wenn auch keineswegs die volle Ursache unserer Sorgen, so doch eines der klarsten Beispiele für die Gedanken-Konfusion, die es so sehr erschwert, mit den Problemen fertigzuwerden.

Diese Gedanken-Konfusion, aus der all unser Unglück entstanden ist, verwechselt den Standpunkt des Verbrauchers mit dem Standpunkt des Produzenten, oder, korrekter ausgedrückt, mit dem des Produzenten unter dem System des freien Wettbewerbs. Als die Reparationen auferlegt wurden, betrachteten sich die Alliierten als Verbraucher: sie glaubten, es müsse angenehm sein, die Deutschen eine Zeitlang als Sklaven für sich arbeiten zu lassen und selbst, ohne eine Hand zu rühren, verbrauchen zu können, was die Deutschen produziert hätten. Als dann aber der Vertrag von Versailles abgeschlossen worden war, erinnerten sie sich plötzlich daran, daß sie selbst ja auch Produzenten waren und daß das von ihnen geforderte Hereinströmen deutscher Waren ihre heimischen Industrien ruinieren würde. Sie gerieten so sehr in Verlegenheit, daß sie sich die Köpfe zu kratzen begannen, aber dabei kam auch nichts heraus, selbst wenn sie sich zu diesem Zweck zusammensetzten und es eine Internationale Konferenz nannten. Bleibt als schlichter Tatbestand, daß die die Welt regierenden Klassen zu unwissend und stupid sind, um ein solches Problem durchdenken zu können, und zu eingebildet, den Rat derjenigen zu erbitten, die ihnen vielleicht helfen könnten.

Um unser Problem zu vereinfachen, wollen wir einmal annehmen, daß eine der alliierten Nationen aus einem einzigen Menschen bestünde, einem auf einer einsamen Insel lebenden Robinson Crusoe. Nach dem Vertrag von Versailles wären die Deutschen verpflichtet, ihm alles Lebensnotwendige kostenlos anzubieten. Wenn er sich aber verhielte, wie die Mächte sich verhalten haben, dann würde er sagen: „Nein, bringt mir keine Kohle, denn das würde meine holzsammelnde Industrie zugrunde richten; bringt mir auch kein Brot, denn das würde meine Landwirtschaft und meine sinnreiche, wenn auch primitive Mahlvorrichtung ruinieren; bringt mir auch keine Kleidung, denn ich habe eine wenn auch noch unentwickelte Industrie, die Kleidung aus Tierhäuten anfertigt. Ich habe aber nichts dagegen, wenn ihr mir Gold bringt, denn das kann mir nicht schaden; ich werde es in einen Keller schaffen und keinen wie auch immer gearteten Gebrauch davon machen. Aber unter keinen Umständen werde ich die Zahlung in einer Form annehmen, die mir nützlich sein könnte." Wenn unser imaginärer Robinson so spräche, würden wir wohl annehmen, die Einsamkeit habe ihn um seinen Verstand gebracht. Und doch hat Deutschland genau das von allen führenden Nationen zu hören bekommen. Aber wenn nicht ein einzelner, sondern eine Nation vom Irrsinn gepackt wird, hält man das für den Beweis bemerkenswerter wirtschaftlicher Weisheit und Einsicht.

Der einzige erhebliche Unterschied zwischen Robinson Crusoe und einer ganzen Nation besteht darin, daß Robinson Crusoe seine Zeit vernünftig einteilt, was eine Nation nicht tut. Wenn ein einzelner Mensch seine Kleidung umsonst bekommt, verbringt er seine Zeit nicht damit, Kleider anzufertigen. Aber die Völker glauben, sie müßten alles selbst produzieren, was sie brauchen, es sei denn, diese oder jene Produktion verbiete sich von Natur, etwa durch das Klima. Wenn die Nationen vernünftig wären, würden sie durch internationale Vereinbarung regeln, welche Nation was produzieren solle, und würden sich nicht mehr bemühen, alles zu produzieren, so wenig wie das der Einzelmensch tut. Niemand versucht, sich seine Kleidung, seine Schuhe, seine Nahrung, sein Haus und so fort selbst herzustellen; er weiß sehr wohl, daß er sich, falls er es täte, mit einem sehr geringen Grad von Komfort begnügen müßte. Die Nationen begreifen aber bisher noch nicht das Prinzip der Arbeitsteilung. Täten sie es, so hätten sie Deutschland veranlassen können, in gewissen Warengattungen zu zahlen, die sie selbst dann nicht mehr hergestellt hätten. Die Menschen, die dadurch arbeitslos geworden wären, hätten sich auf öffentliche Kosten für ein anderes Gewerbe umschulen lassen. Das aber hätte eine Organisation der Produktion erfordert, was der kaufmännischen Orthodoxie zuwider ist.

Abergläubische Auffassungen vom Gold sind seltsam tief verwurzelt nicht nur bei jenen, die davon profitieren, vielmehr selbst bei den anderen, denen sie nur Unheil bringen. Im Herbst 1931, als die Franzosen die Engländer zwangen, den Goldstandard aufzugeben, bildeten sie sich ein, die Engländer damit zu kränken, und die Engländer selbst waren größtenteils auch dieser Meinung. Ein Gefühl der Beschämung und der nationalen Demütigung erfaßte ganz Großbritannien. Doch hatten die besten Wirtschaftler alle nachdrücklich auf Preisgabe der Goldwährung gedrängt, und die anschließende Erfahrung bewies, daß sie recht hatten. So wenig verstehen die Menschen von der praktischen Kontrolle des Bankwesens, daß die britische Regierung gewaltsam gezwungen werden mußte zu tun, was den britischen Interessen am besten diente, und daß es unfreundliche Gefühle waren, die Frankreich dazu bestimmten, England diese unbeabsichtigte Wohltat zu erweisen.

Es gibt viele vermeintlich nützliche Beschäftigungen, worunter die Goldgräberei die absurdeste ist. Das Gold wird in Südafrika aus der Erde herausgewühlt und, unendlich hoch gegen Diebstahl und Unfall versichert, nach London oder Paris oder New York übergeführt, um dort wieder unter die Erde, in die Kellergewölbe der Banken, geschafft zu werden. Geradesogut hätte man es gleich in Südafrika unter der Erde lassen können. Bankreserven mögen vielleicht ganz nützlich gewesen sein, solange man behauptete, bei entsprechender Gelegenheit würde man sich ihrer bedienen; sobald man sich aber zu der Politik bekannte, diese Reserven dürften niemals unter ein bestimmtes Minimum absinken, wurde dadurch dieser Betrag so gut wie nichtexistent. Wenn ich sage, ich möchte 100 Pfund als Notgroschen zurücklegen, so mag das klug und weise sein. Wenn ich aber erkläre, ich werde diese 100 Pfund niemals ausgeben, und wenn ich noch so arm würde, so sind sie kein effektiver Bestandteil meines Vermögens mehr und ich hätte sie ebensogut wegschenken können. Die genau gleiche Situation entsteht bei den Bankreserven, wenn sie unter keinen Umständen ausgegeben werden dürfen. Natürlich handelt es sich hier nur um ein Überbleibsel aus der Barbarenzeit, wenn der Kredit einer Nation auf allen Gebieten noch auf seinem Goldvorrat beruhen soll. Bei privaten Transaktionen innerhalb eines Landes spielt das Gold keine Rolle mehr. Vor dem Krieg war Gold noch bei kleinen Beträgen in Gebrauch, aber Menschen, die erst nach dem Krieg aufgewachsen sind, wissen kaum, wie eine Goldmünze aussieht. Dennoch nimmt man immer noch an, jedes Menschen finanzielle Solidität hinge, dank einem geheimnisvollen Zaubertrick, vom Goldschatz in der Zentralbank seines Landes ab. Als es während des Krieges wegen der Unterseeboote zu gefährlich war, Gold zu transportieren, wurde diese Fiktion noch weiter getrieben. Man nahm einfach an, ein Teil des Goldes, das in Südafrika gegraben wurde, sei in den Vereinigten Staaten, ein anderer in England, in Frankreich und so fort; tatsächlich aber blieb das ganze Gold in Südafrika. Warum nicht die Fiktion noch einen Schritt weiter treiben und annehmen, das Gold sei bereits gegraben, indes man es ruhig in der Erde beläßt?

Theoretisch besteht der Vorteil des Goldes darin, daß es eine Sicherheit gegen unredliche Regierungen gewährt. Das wäre alles schön und gut, wenn man die Regierungen auf irgendeine Weise zwingen könnte, in Krisenzeiten am Gold festzuhalten; tatsächlich aber geben sie das Gold preis, wann immer es ihnen paßt. Alle europäischen Länder, die am letzten Krieg beteiligt waren, haben ihre Währungen entwertet und sich damit zum Teil ihrer Schulden entledigt. Deutschland und Österreich haben sich durch Inflation ihre ganze innere Verschuldung vom Halse geschafft. Frankreich setzte den Franken auf ein

Fünftel seines früheren Wertes herab und entledigte sich damit zu vier Fünfteln aller Staatsschulden, die nach Franken rechneten. Das Pfund Sterling besitzt nur noch etwa drei Viertel seines früheren Goldwertes. Die Russen erklärten offen, sie würden ihre Schulden nicht bezahlen, doch hielt man das für ausgemacht böse: soll Weigerung der Schuldanerkennung respektabel sein, so erfordert das eine gewisse Etikette.

Tatsache ist, daß Regierungen, wie manche Privatleute auch, ihre Schulden nur bezahlen, wenn es vorteilhaft für sie ist, und sonst nicht. Eine rein gesetzliche Sicherheit, wie die Goldwährung, ist nutzlos in Krisenzeiten und normalerweise überflüssig. Ein Privatmann findet es vorteilhaft, so lange ehrlich zu sein, als er wahrscheinlich auf Anleihen angewiesen sein wird und in der Lage sein muß, Darlehen bekommen zu können; wenn er jedoch seinen Kredit erschöpft hat, wird er es wohl vorteilhafter finden, flüchtig zu werden. Eine Regierung ist den eigenen Untertanen gegenüber in anderer Situation als fremden Ländern gegenüber. Die eigenen Untertanen sind ihr ausgeliefert; das einzige Motiv, ihnen gegenüber ehrlich zu sein, ist daher der Wunsch, neue Anleihen zu bekommen. Wenn — wie es in Deutschland nach dem Kriege geschah — keine Aussicht auf innere Anleihen mehr besteht, dann bezahlt sie ein anderes Land, um die eigene Währung dadurch zu entwerten und damit die gesamte innere Verschuldung aufzuheben. Aber auswärtige Schulden sind etwas anderes. Als die Russen ihre Schulden bei anderen Ländern strichen, mußten sie den Kampf mit der ganzen zivilisierten Welt und zugleich mit einer wütenden feindseligen Propaganda aufnehmen. Die meisten Nationen sind nicht in der Lage, solchen Dingen die Stirn zu bieten, und daher vorsichtig, wenn es sich um auswärtige Schulden handelt. Dieses Motiv und nicht die Goldwährung verleiht den Anleihen an Regierungen, was ihnen an Sicherheit innewohnt. Es ist eine dürftige Sicherheit, doch kann es damit erst besser werden, wenn es eine internationale Regierung gibt.

In welchem Maße wirtschaftliche Transaktionen von der militärischen Macht abhängen, wird gewöhnlich nicht erkannt. Eigentumsrechte an Reichtümern werden teils durch kaufmännisches Geschick erlangt, aber eine solche Geschicklichkeit ist nur möglich im Rahmen kühner militärischer Einsätze zu Land oder See. Mit Waffengewalt wurde New York den Indianern von den Holländern genommen, den Holländern von den Engländern und den Engländern von den Amerikanern. Als in den Vereinigten Staaten Öl gefunden wurde, gehörte es amerikanischen Bürgern; wenn sich aber in einem Land von geringerer Macht Öl findet, gelangt es auf die eine oder andere Weise in den Besitz der Bürger dieser oder jener Großmacht. Das Verfahren, das zu diesem Erfolg führt, wird gewöhnlich verschleiert, aber im Hintergrund lauert eine drohende Kriegsgefahr, und gerade diese latente Bedrohung bestimmt den Ausgang der Verhandlungen.

Was für Öl gilt, trifft auch auf Währung und Schulden zu. Wenn es für eine Regierung vorteilhaft ist, ihre Währung zu entwerten oder ihre Schulden zu streichen, dann tut sie es. Einige Nationen machen allerdings viel Aufhebens von der moralischen Bedeutung des Schuldenzahlens, das sind aber Gläubiger-Staaten. Und soweit ihnen die Schuldner-Nationen Gehör schenken, geschieht das nur um ihrer militärischen Stärke willen, nicht weil sie ethisch zu überzeugen wissen. Es gibt daher nur einen Weg, der eine stabile Währung gewährleisten kann, und der besteht in einer einzigen Weltregierung — faktisch, wenn schon nicht formal —, die im Besitz der gesamten kampffähigen bewaffneten Macht ist. Eine solche Regierung wäre an einer stabilen Währung interessiert und könnte eine Währung von konstanter Kaufkraft nach den Durchschnittspreisen der Konsumgüter festsetzen. Das ist die einzig echte Stabilität, und Gold besitzt sie nicht. Auch werden sich souveräne Staaten in Krisenzeiten ja nicht einmal an das Gold halten. Das Argument, Gold sichere eine stabile Währung, ist somit in jeder Hinsicht falsch und irreführend.

Mir ist wiederholt versichert worden, und zwar von Menschen, die sich für hartgesottene Realisten hielten, daß Geschäftsleute normalerweise reich werden möchten. Die Erfahrung hat mich aber gelehrt, daß die Leute, die mir solches versicherten, weit entfernt davon, Realisten zu sein, sentimentale Idealisten und völlig blind waren für die offenkundigsten Tatsachen der Welt, in der sie leben. Wenn der

Wunsch der Geschäftsleute, reich zu werden, wirklich intensiver wäre als ihr Wunsch, daß andere Leute arm bleiben, dann würde sich die Welt rasch in ein Paradies verwandeln. Das Bankwesen und die Währung bilden dafür ein wunderbares Beispiel. Es ist vollkommen klar, daß eine stabile Währung und ein gesicherter Kredit dem allgemeinen Interesse der Geschäftswelt als ganzem dienen würden. Um diese beiden erwünschten Faktoren zu gewährleisten, ist es unverkennbar nötig, eine einzige Zentralbank in der Welt zu haben und nur eine Währung, und zwar eine Papierwährung, die derart beschaffen ist, daß mit ihrer Hilfe die Durchschnittspreise annähernd so konstant wie möglich bleiben. Eine solche Währung wird sich nicht auf eine Goldreserve zu stützen brauchen, sondern auf den Kredit der Weltregierung, deren Finanz-Organ die eine Zentralbank ist. Das alles ist so einleuchtend, daß jedes Kind es begreifen kann. Und doch setzt sich kein Geschäftsmann für irgend etwas Derartiges ein. Warum? Wegen des Nationalismus, das heißt, weil der Kaufmann noch mehr darauf bedacht ist, daß die Ausländer arm bleiben, als darauf, selbst reich zu werden.

Ein anderer Grund ist in der Psychologie des Produzenten zu suchen. Es wirkt wie ein Gemeinplatz, daß Geld allein nützlich ist, weil es sich gegen Waren eintauschen läßt, und doch gibt es nur wenige Leute, auf die das gefühlsmäßig wie vernunftmäßig zutrifft. An fast jeder Transaktion hat der Verkäufer mehr Freude als der Käufer. Wer ein Paar Schuhe kauft, wird damit zum Träger des gesamten Verkaufsmechanismus, und der Verkäufer der Schuhe fühlt sich, als habe er einen kleinen Sieg errungen. Andererseits sagt sich der Käufer nicht etwa: „Wie schön, daß ich sie losgeworden bin, diese häßlichen, schmutzigen Papierfetzen, die ich weder essen noch anziehen kann, und daß ich stattdessen ein Paar hübsche neue Schuhe bekommen habe." Wir halten unsere Kaufgeschäfte, verglichen mit unseren Verkäufen, für unwichtig. Die einzigen Ausnahmen sind Fälle, in denen das Angebot begrenzt ist. Wenn jemand einen alten Meister kauft, so freut ihn das Geschäft mehr als den Verkäufer; aber als der alte Meister noch lebte, gefiel es ihm zweifellos besser, seine Bilder zu verkaufen, als es seinen Gönnern gefiel, sie zu kaufen. Der tiefste psychologische Ursprung unserer Neigung, lieber zu verkaufen als zu kaufen, ist darin zu sehen, daß wir die Macht über die Freude stellen. Das ist kein universelles Charakteristikum: es gibt auch Verschwender, die ein kurzes und heiteres Leben lieben. Aber es ist ein Charakteristikum der energischen, erfolgreichen Einzelnen, die im Zeitalter des Wettbewerbs den Ton angeben. Als noch die meisten Vermögen ererbt wurden, war die Psychologie des Produzenten nicht so vorherrschend wie heute. Eben diese Psychologie des Produzenten aber bewirkt, daß die Menschen mehr darauf bedacht sind, zu verkaufen als zu kaufen; und sie veranlaßt die Regierungen, eine Welt schaffen zu wollen, in der jede Nation verkauft und keine Nation kauft.

Die Psychologie des Produzenten wird noch durch einen Umstand kompliziert, der die Wirtschaftsbeziehungen von den meisten anderen unterscheidet. Wenn ich eine Ware produziere und verkaufe, dann sind zwei Klassen der Menschheit für mich besonders wichtig, nämlich meine Konkurrenten und meine Kunden. Meine Konkurrenten schaden mir, und meine Kunden nützen mir. Meine Konkurrenten sind erkennbar und vergleichsweise gering an Zahl, während meine Kunden weit verstreut und mir größtenteils unbekannt sind. Ich neige daher dazu, mir meiner Konkurrenten stärker bewußt zu werden als meiner Kunden. Das mag innerhalb meiner eigenen Gruppe nicht zutreffen, wird aber nahezu bestimmt der Fall sein, wenn es sich um eine ausländische Gruppe handelt, so daß die Auffassung entsteht, ausländische Gruppen hätten Wirtschaftsinteressen, die unseren eigenen zuwiderlaufen. Hier hat der Glaube an Schutzzölle seinen Ursprung. In fremden Völkern sieht man eher Konkurrenten auf dem Gebiet der Produktion als mögliche Kunden, so daß die Menschen bereit sind, ausländische Absatzmärkte preiszugeben, um die ausländische Konkurrenz zu verhindern. In einer kleinen Stadt gab es einmal einen Fleischer, der in Wut geriet, weil ihm die anderen Fleischer die Kundschaft entzogen. Um sie zu ruinieren, bekehrte er die ganze Stadt zum Vegetarismus und wunderte sich, als er schließlich sich selbst auch ruiniert sah. Die Torheit dieses Mannes wirkt unglaubhaft, und doch handelte er nicht törichter als alle Großmächte. Sie haben alle gemerkt, daß der Außenhandel andere Nationen bereichert, und haben durchwegs Zölle erhoben, um den Außenhandel zu unterbinden. Und es hat sie alle überrascht, daß sie sich damit selbst ebenso schädigten wie ihre Konkurrenten. Keiner hat sich daran erinnert, daß der Handel ein wechselseitiges Geschäft ist und daß eine fremde Nation, die an unsere eigene verkauft, von ihr mittelbar oder unmittelbar auch kauft. Und sie konnten sich nicht daran erinnern, weil sie vor Haß auf die fremden Nationen unfähig sind, klar zu denken, wenn es um den Handelsverkehr mit dem Ausland geht.

Da seit Ende des Krieges in Großbritannien die Parteispaltungen stets auf dem Konflikt zwischen Arm und Reich basierten, ist es den meisten Industriellen heute nicht mehr möglich, Währungsfragen zu verstehen. Die Finanzwelt gilt als Vertreterin des Reichtums, und so neigen alle reichen Leute dazu, sich der Führung der Bankiers und Finanziers anzuvertrauen. In Wirklichkeit waren aber die Interessen der Bankiers denen der Industriellen entgegengesetzt: die Deflation paßte den Bankiers, legte jedoch die britische Industrie lahm. Ich glaube bestimmt, ohne das Wahlrecht der Lohnempfänger wäre die britische Politik seit Kriegsende nur ein einziger erbitterter Kampf zwischen Finanzleuten und Industriellen gewesen. Wie die Dinge nun aber einmal lagen, schlossen sich die Geldleute mit den Industriellen gegen die Lohnempfänger zusammen, die Industriellen unterstützten die Finanziers und das Land geriet an den Rand des Ruins. Und gerettet wurde es nur durch die Niederlage, die die Franzosen den Finanziers bereiteten.

Nicht nur in Großbritannien, sondern in der ganzen Welt standen die Interessen der Finanzwelt in den letzten Jahren im Gegensatz zu den Interessen der Allgemeinheit. Von sich aus wird sich dieser Stand der Dinge wohl nicht ändern. Eine moderne Gemeinschaft wird schwerlich blühen und gedeihen, wenn ihre finanziellen Angelegenheiten nur entsprechend den Interessen der Finanziers gehandhabt werden und ohne Rücksicht auf die Auswirkungen, die dieses Verfahren auf den Rest der Bevölkerung hat. In diesem Falle ist es unklug, den Finanziers zu gestatten, uneingeschränkt für ihren privaten Profit zu arbeiten. Da könnte man ebensogut ein Museum zum Nutzen des Museumsdirektors einrichten, indem man es ihm anheimstellt, die Sammlungen zu verkaufen, wann immer ihm zufällig ein guter Preis dafür geboten wird. Es gibt Beschäftigungen, bei denen alles in allem das Motiv des privaten Profits letztlich dem Interesse der Allgemeinheit förderlich ist, und andere, wo es sich nicht so verhält. Die Finanzen gehören ganz entschieden zur zweiten Kategorie, wie immer es sich damit auch früher verhalten haben mag. Daraus ergibt sich immer stärker die Notwendigkeit, daß die Regierung in das Finanzwesen eingreift. Man wird Finanz und Industrie als ein einziges Ganzes sehen und eine größtmögliche Profitsteigerung des Gesamten anstreben müssen, nicht des Profits des Finanzteils allein. Wenn beide unabhängig sind, ist die Finanz mächtiger als die Industrie, aber die Interessen der Industrie kommen einer Übereinstimmung mit den Interessen der Allgemeinheit näher als die Interessen der Finanzwelt. Aus diesem Grunde ist die Welt infolge der übermäßigen Macht der Finanzwelt in einen solchen Engpaß geraten.

Wann immer Wenige die Macht über Viele erlangt haben, half ihnen dabei irgendein Aberglaube, der die Vielen beherrschte. Die alten ägyptischen Priester entdeckten, daß man Sonnen- und Mondfinsternisse voraussagen kann, die im gemeinen Volk noch immer Entsetzen erregten; auf diese Weise vermochten sie Spenden und Machtstellungen für sich zu erpressen, die sie sonst nie erlangt hätten. Könige galten als göttliche Wesen, und Cromwell machte sich angeblich eines Sakrilegs schuldig, als er Karl I. den Kopf abschlug. Heutzutage stützen sich die Finanziers auf die abergläubische Verehrung des Goldes. Der Durchschnittsbürger verstummt vor Ehrfurcht, wenn man ihm von Goldreserven, Betätigung der Notenbankpresse, Inflation, Deflation, Reflation und anderem mehr im Börsenjargon erzählt. Er glaubt, wer fließend über all diese Dinge plaudern kann, müsse sehr klug sein, und er wagt nicht, Fragen zu stellen. Er erkennt daher auch nicht, welche geringe Rolle das Gold bei modernen Transaktionen spielt, obwohl er völlig in Verlegenheit geriete, wenn er erklären sollte, welche Funktionen es überhaupt besitzt. Er hat das dunkle Gefühl, sein Land sei wohl gefestigter, wenn es möglichst viel Gold eingelagert hat, und er ist froh, wenn die Goldreserven steigen, und besorgt, wenn sie abnehmen.

Diese verständnislose Hochachtung auf seiten der Öffentlichkeit ist genau das, was der Finanzier braucht, um von der Demokratie unbelästigt zu bleiben. Er hat natürlich noch viele andere günstige Möglichkeiten, die öffentliche Meinung zu beeinflussen. Dank seinem ungeheuren Reichtum kann er etwa Universitäten stiften und sich damit die Ergebenheit des maßgebenden Teils der akademischen Kreise sichern. Da er an der Spitze der Plutokratie steht, ist er der natürliche Mentor all jener, deren politisches Denken die Furcht vor dem Kommunismus beherrscht. Da er im Besitz wirtschaftlicher Macht ist, kann er nach Belieben zum Wohlstand oder Ruin ganzer Völker beitragen. Ich glaube aber, mit keiner dieser Waffen würde er den gewünschten Zweck erreichen, wenn ihm nicht der Aberglaube zu Hilfe käme. Es ist eine bemerkenswerte Tatsache, daß die Volkswirtschaft, ungeachtet ihrer Bedeutung für jeden Menschen, ob Mann, Frau oder Kind, in den Schulen fast nie gelehrt und daß sie selbst an den Universitäten nur von einer Minderheit studiert wird. Außerdem lernt diese Minderheit Volkswirtschaft nicht so, wie dieser Stoff gelehrt würde, wenn keine politischen Interessen im Spiel wären. Es gibt allerdings einige wenige Institute, die Volkswirtschaft ohne plutokratische Tendenz lehren, aber es sind sehr wenige; in der Regel wird der Stoff so behandelt, daß eine Glorifizierung des *status quo* dabei herauskommt. Das alles, stelle ich mir vor, hängt damit zusammen, daß Aberglaube und Geheimniskrämerei den finanziellen Machthabern nützlich sind.

Das Finanzwesen krankt, wie der Krieg, daran, daß fast alle technisch kompetenten Leute auch ein Bestreben haben, das den Interessen der Gemeinschaft entgegengesetzt ist. Wenn Abrüstungskonferenzen stattfinden, sind es vornehmlich die Heeres- und Flotten-Experten, die einem Erfolg im Wege stehen. Nicht, daß diese Leute unehrlich wären, aber infolge ihrer gewohnheitsmäßigen beruflichen Vorurteile können sie die Fragen, die die Rüstung betreffen, überhaupt nicht mehr in ihrer richtigen Perspektive sehen. Genau das gleiche gilt für das Finanzwesen. Kaum einer kennt sich damit in den Einzelheiten aus, abgesehen von jenen, die am gegenwärtigen System verdienen und sich daher naturgemäß ganz objektiv dazu einstellen können. Wenn dieser Stand der Dinge gebessert werden soll, wird man unbedingt die Demokraten der Welt auf die Bedeutung des Finanzwesens hinweisen und Wege finden müssen, die Finanzprinzipien so zu vereinfachen, daß sie allgemeinverständlich werden. Das ist allerdings nicht leicht, aber ich halte es auch nicht für unmöglich. Eines der Hindernisse auf dem Weg zur erfolgreichen Demokratie ist heutzutage die Kompliziertheit der modernen Welt, die es den Durchschnittsmenschen, Männern wie Frauen, immer mehr erschwert, sich eine verständige Meinung über politische Fragen zu bilden oder auch nur entscheiden zu können, welchem Sachverständigen-Urteil die meiste Achtung gebührt. Dieses Leiden ist nur durch bessere Unterweisung in Schulen und Bildungsanstalten zu heilen; auch müssen Mittel und Wege gefunden werden, um die Gesellschaftsstruktur leichter verständlich zu erklären, als es derzeit geschieht. Wer immer an echte Demokratie glaubt, müßte diese Reform begrüßen und unterstützen. Aber vielleicht gibt es heute nur in Siam und den entlegeneren Teilen der Mongolei noch Leute, die wirklich an die Demokratie glauben.

V

DIE GEISTIGEN VÄTER DES FASCHISMUS

Wenn wir unser Zeitalter mit der Zeit etwa Georgs I. vergleichen, erkennen wir eine tiefgreifende Veränderung in der geistigen Einstellung, der eine entsprechend gewandelte politische Haltung folgte. In gewissem Sinne könnte man die Weltanschauung von vor zweihundert Jahren als „rational" und die für unsere Zeit charakteristischste als „antirational" bezeichnen. Doch soll, wenn ich mich dieser Worte bediene, damit weder die volle Anerkennung der einen noch die totale Ablehnung der anderen Einstellung verbunden sein. Außerdem muß man sich unbedingt daran erinnern, daß politische Ereignisse sehr häufig Farbe und Form aus der theoretischen Arbeit einer zurückliegenden Zeit beziehen: in der Regel liegt ein beträchtlicher Zeitraum zwischen dem Bekanntwerden einer Theorie und ihrem praktischen Wirksamwerden. Die englische Politik des Jahres 1860 war von den Ideen beherrscht, die Adam Smith 1776 zum Ausdruck gebracht hatte; die heutige deutsche Politik verwirklicht Theorien, die Fichte 1807 vertrat; die russische Politik verkörpert seit 1917 die Doktrinen des Kommunistischen Manifests, das aus dem Jahre 1848 datiert. Daher muß man, um die gegenwärtige

Epoche verstehen zu können, auf eine viel frühere Zeit zurückgreifen.

Eine weitverbreitete politische Doktrin hat gewöhnlich zwei sehr verschieden geartete Ursachen. Einmal die geistigen Vorläufer: Menschen mit fortschrittlichen Theorien, die im Wege der Weiterentwicklung oder der Reaktion aus vorangegangenen Theorien erwachsen sind; zum andern politische und wirtschaftliche Umstände, welche die Leute prädisponieren, sich Ansichten zu eigen zu machen, die solchen, aus den besonderen Umständen entstandenen Stimmungen gerecht werden. Sie allein aber können noch nicht als hinreichende Erklärung gelten, wenn, wie es nur allzu oft geschieht, die geistigen Vorläufer übersehen werden. In dem speziellen Falle, der uns interessiert, hatten verschiedene Gruppen in der Nachkriegszeit bestimmten Anlaß zu Unzufriedenheit; sie hatten daher begonnen, mit einer gewissen, zu einem viel früheren Zeitpunkt erdachten allgemeinen Philosophie zu sympathisieren. Ich beabsichtige, zunächst diese Philosophie zu betrachten und dann die Gründe für ihre gegenwärtige Beliebtheit zur Sprache zu bringen.

Die Revolte gegen die Vernunft setzte als Revolte gegen das *vernunftmäßige Denken und Folgern* ein. In der ersten Hälfte des achtzehnten Jahrhunderts, als Newton den Geist der Menschen beherrschte, war man weit und breit davon überzeugt, um zu wissen und zu erkennen, gelte es nur, die einfachen Grundgesetze zu entdecken, aus denen man durch deduktive Vernunftschlüsse Folgerungen ziehen könne. Wobei viele Leute vergaßen, daß Newtons Gravitationsgesetz auf hundertjährigen eingehenden Beobachtungen beruhte, und sich einbildeten, die Grundgesetze seien im Lichte der Natur zu entdecken. Es gab Naturreligion, Naturrecht, Naturmoral und so fort. Diese Gegenstände hielt man, im Stil Euklids, für überzeugende Schlußfolgerungen aus selbstevidenten Axiomen. Das politische Resultat dieser Anschauung war die Lehre von den Menschenrechten, wie sie während der amerikanischen und der Französischen Revolution gepredigt wurde.

Aber gerade in dem Augenblick, als der Tempel der Vernunft seiner Vollendung entgegenzugehen schien, wurde eine Mine gelegt, die schließlich das ganze Gebäude in die Luft sprengen sollte. Der Mann, der diese Mine legte, war David Hume. Sein *Traktat über die menschliche Natur,* der im Jahre 1739 veröffentlicht wurde, trägt den Untertitel: „Versuch einer Einführung der experimentellen Methode des logischen Schlusses bei moralischen Gegenständen". Damit ist zwar seine Absicht voll und ganz, die Durchführung jedoch nur zur Hälfte ausgedrückt. Es war seine Absicht, die Deduktion aus angeblich selbstevidenten Axiomen durch Wahrnehmung und Induktion zu ersetzen. Seiner geistigen Einstellung nach war er ganz und gar Rationalist, wenn auch mehr von der Art Bacons als der des Aristoteles. Aber in seiner fast einmaligen, mit Scharfsinn gepaarten intellektuellen Aufrichtigkeit kam er zu gewissen vernichtenden Schlüssen: daß die Induktion eine logisch ungerechtfertigte Methode und der Glaube an die Kausalität kaum höher zu bewerten sei als Aberglaube. Daraus folgte, daß die Wissenschaft zugleich mit der Theologie ins Fegefeuer der trügerischen Hoffnungen und irrationalen Überzeugungen zu verweisen sei.

Bei Hume bestanden Rationalismus und Skeptizismus friedlich nebeneinander. Skeptizismus war nur beim Forschen und Studieren angebracht, in den Angelegenheiten des täglichen Lebens aber sollte man ihn außer acht lassen. Darüber hinaus sollten im praktischen Leben so weit als möglich eben jene wissenschaftlichen Methoden bestimmend sein, die er mit seinem Skeptizismus sonst anficht. Ein derartiger Kompromiß war nur bei einem Manne möglich, der Philosoph und gleichermaßen Weltmann war; und wenn er den Eingeweihten einen gewissen esoterischen Unglauben vorbehält, so haftet dem etwas von aristokratischem Toryismus an. Die Welt lehnte es größtenteils ab, Humes Doktrinen in ihrer Gesamtheit anzuerkennen. Seine Schüler verwarfen seinen Skeptizismus, während seine deutschen Gegner diesen Skeptizismus als das unvermeidliche Ergebnis einer rein wissenschaftlichen und rationalen Einstellung nachdrücklich hervorhoben. Daher folgte aus seiner Lehre im Ergebnis, daß die britische Philosophie oberflächlich und die deutsche Philosophie antirational wurde — in beiden Fällen aus Angst vor einem unerträglichen Agnostizismus. Das europäische Denken hat seither nie wieder zu seiner früheren starken Geschlossenheit zurückgefunden;

bei allen Nachfolgern Humes wurde stets gesunde Vernunft mit Oberflächlichkeit, und Gründlichkeit mit irgendeiner Art von Verrücktheit gleichgesetzt. In den allerjüngsten Diskussionen über eine der Quanten-Physik entsprechende Philosophie sind die alten, von Hume ausgelösten Streitigkeiten wieder aufgelebt.

Die Philosophie, die für Deutschland kennzeichnend wurde, beginnt mit Kant, und zwar beginnt sie als eine Reaktion gegen Hume. Kant war entschlossen, an die Kausalität, Gott, die Unsterblichkeit, das moralische Gesetz und so fort zu glauben, erkannte jedoch, daß Humes Philosophie das alles sehr erschwerte. Daher erfand er einen Unterschied zwischen „reiner" und „praktischer" Vernunft. „Reine" Vernunft befaßte sich mit allem Beweisbaren, was aber nicht viel war; „praktische" Vernunft beschäftigte sich mit allem, was zur Tugendhaftigkeit erforderlich war, und das war eine ganze Menge. Selbstverständlich und unverkennbar ist „reine" Vernunft ganz einfach Vernunft, „praktische" Vernunft hingegen Vorurteil. Auf diese Weise führte Kant in die Philosophie wieder einen Appell an etwas, anerkanntermaßen außerhalb der Sphäre der theoretischen Rationalität Liegendes ein, was seit Beginn der Scholastik aus den philosophischen Systemen stets verbannt war.

Noch wichtiger selbst als Kant war, von unserem Thema her, sein unmittelbarer Nachfolger Fichte, der von der Philosophie zur Politik überging und die Bewegung auslöste, die sich zum Nationalsozialismus entwickelte. Aber bevor wir auf Fichte zu sprechen kommen, ist noch etwas mehr über den Begriff der „Vernunft“ zu sagen.

Angesichts der Tatsache, daß Hume nicht zu widerlegen ist, kann „Vernunft“ nicht mehr als etwas Absolutes gelten, wobei jedes Abweichen davon aus theoretischen Gründen zu verwerfen ist. Trotzdem gibt es da offensichtlich einen Unterschied, und zwar einen wichtigen Unterschied, zwischen dem gedanklichen System etwa der philosophischen Radikalen und solchen Leuten wie die frühen mohammedanischen Fanatiker. Wenn wir die Geisteshaltung der ersten vernünftig und die der zweiten unvernünftig nennen, dann tritt klar zutage, daß wir in den jüngsten Zeiten eine zunehmende Unvernunft zu verzeichnen haben.

Ich glaube, was wir praktisch mit Vernunft meinen, läßt sich an drei charakteristischen Merkmalen erläutern. In erster Linie stützt sie sich auf Überzeugungskraft statt auf Gewalt; zweitens sucht sie mit Argumenten zu überzeugen, die der Mann, der sie vorbringt, für vollkommen gültig hält; und drittens bedient sie sich bei der Meinungsbildung so weit wie möglich der Wahrnehmung und der Induktion und so wenig wie möglich der Intuition. Durch das erste Charakteristikum verbietet sich die Inquisition; das zweite richtet Methoden wie die britische Kriegspropaganda, die Hitler lobend erwähnt, weil „die rein geistige Höhe der Propaganda umso tiefer zu stellen sein wird, je größer die zu erfassende Masse der Menschen sein soll“; durch das dritte verbieten sich so ungeheure Voraussetzungen, wie Präsident Andrew Jackson sie anläßlich der Mississippi-Frage aussprach: „Der Gott des Universums wollte, daß dieses große Stromtal einer Nation gehöre“, was ihm und seinen Zuhörern selbstverständlich vorkam, aber einem Zweifelnden nicht leicht zu erklären und zu beweisen war.

Vertrauen auf die so definierte Vernunft setzt eine gewisse Gemeinsamkeit der Interessen und Auffassungen zwischen uns und unseren Zuhörern voraus. Zweifellos machte Mrs. Bond die Probe darauf, als sie ihren Enten zurief: „Kommt her und laßt euch schlachten, ihr müßt gefüllt und meine Gäste satt werden“, aber in der Regel hält man den Appell an die Vernunft denjenigen gegenüber, die wir zu verschlingen gedenken, für verfehlt. Leute, die gern Fleisch essen, suchen nicht erst nach Argumenten, die einem Schaf einleuchten könnten, und Nietzsche macht gar nicht den Versuch, die Masse Mensch zu überzeugen, die er „die Mißratenen“ nennt. Und so wirbt Marx auch nicht um die Unterstützung der Kapitalisten. All diese Beispiele beweisen, daß leichter an die Vernunft zu appellieren ist, wenn die Macht unbestritten auf eine Oligarchie beschränkt ist. Im England des achtzehnten Jahrhunderts fielen nur die Ansichten der Aristokraten und ihrer Freunde ins Gewicht, und diese Ansichten ließen sich immer in vernünftiger Form anderen Aristokraten präsentieren. Wenn aber das politische Staatsgebilde sich ausweitet und heterogener wird, ist damit auch der Appell an die Vernunft erschwert, weil es weniger allgemein anerkannte Voraussetzungen gibt, von denen das Bemühen um Einmütigkeit ausgehen kann. Wenn sich überhaupt keine derartigen Voraussetzungen finden, sind die Menschen gezwungen, sich auf ihre Intuition zu verlassen; und da die Intuitionen verschiedener Gruppen voneinander abweichen, führt das Vertrauen darauf zu Widerstreit und Machtpolitik.

Revolten gegen die Vernunft in diesem Sinne sind ein häufig wiederkehrendes Phänomen der Geschichte. Der frühe Buddhismus war vernünftig; seine späteren Formen und der Hinduismus, der in Indien an seine Stelle trat, waren es nicht. Im antiken Griechenland brachten die Orphiker die Revolte gegen die homerische Rationalität zum Ausdruck. Von Sokrates bis Marc Aurel waren die hervorragenden Männer der Antike vorwiegend rational; nach Marc Aurel waren selbst die konservativen Neu-Platoniker voll Aberglauben. Die Ansprüche der Vernunft blieben, von der mohammedanischen Welt abgesehen, latent im Hintergrund bis zum elften Jahrhundert; danach gewannen sie dank der Scholastik, der Renaissance und der Wissenschaft zunehmend vorherrschende Bedeutung. Mit Rousseau und Wesley setzte eine Reaktion ein, die jedoch durch die Triumphe der Naturwissenschaft und der Maschinen im neunzehnten Jahrhundert in Schach gehalten wurde. Der Glaube an die Vernunft erreichte seinen Höhepunkt in den sechziger Jahren; seither hat er allmählich abgenommen und nimmt noch weiter ab. Rationalismus und Antirationalismus haben seit Beginn der griechischen Zivilisation nebeneinander bestanden, und sooft eine der beiden Richtungen zur Alleinherrschaft zu gelangen schien, kam es stets durch Reaktion zu einem neuen Durchbruch der entgegengesetzten Richtung.

Die moderne Auflehnung gegen die Vernunft weicht in einem wichtigen Punkt von den meisten früheren Revolten ab. Von den Orphikern an war in der Vergangenheit das Ziel gemeinhin die Erlösung — ein komplexer Begriff, der sowohl Frömmigkeit als auch Glückseligkeit einschloß und in der Regel durch gewisse schwierige Entsagungen zu erreichen war. Die Irrationalisten unserer Zeit streben jedoch nicht Erlösung, sondern Macht an. Sie entwickeln damit eine Ethik, die im Gegensatz zur christlichen und buddhistischen Ethik steht, und ihre Herrschsucht treibt sie zwangsläufig zu politischer Betätigung. Ihre geistigen Ahnen unter den Schriftstellern sind Fichte, Carlyle, Mazzini, Nietzsche — die Unterstützung finden durch Treitschke, Rudyard Kipling, Houston Chamberlain und Bergson. Die Gegner dieser Bewegung, die Benthamiten und die Sozialisten, kann man als zwei Flügel der gleichen Partei betrachten: beide sind kosmopolitisch, beide sind demokratisch, beide appellieren an den wirtschaftlichen Eigennutz. Sie weichen nur in der Frage der Mittel, nicht der Ziele voneinander ab, während die neue Bewegung, die (bisher) in Hitler ihren Kulminationspunkt erreicht hat, von beiden auch hinsichtlich der Ziele und sogar von der Tradition der christlichen Zivilisation abweicht.

Welches Ziel die Staatsmänner nach der Vorstellung fast aller Irrationalisten, aus deren Ideen sich der Faschismus entwickelt hat, verfolgen sollten, ist am klarsten von Nietzsche herausgestellt worden. In bewußter Opposition zum Christentum wie auch zu den Utilitariern, verwirft er Benthams Doktrinen hinsichtlich des Glücks und der „größten Zahl". Er sagt: „Die Menschheit ist viel eher noch ein Mittel als ein Ziel... die Menschheit ist bloß das Versuchsmaterial." Das von ihm vorgeschlagene Ziel ist die Größe außergewöhnlicher Einzelner: „Es handelt sich darum, jene ungeheure Energie der Größe zu gewinnen, um durch Züchtung und andererseits durch Vernichtung von Millionen Mißratener den zukünftigen Menschen zu gestalten und nicht *zugrunde zu gehen* an dem Leid, das man *schafft* und dessengleichen noch nie da war." Diese Auffassung vom Ziel, das sollte man beachten, kann an sich noch nicht als der Vernunft zuwiderlaufend gelten, da sich Fragen der Ziele der rationalen Argumentation entziehen. Wir mögen sie verabscheuen — so wie ich es tue —, aber wir können sie nicht *widerlegen,* sowenig wie Nietzsche sie zu *beweisen* vermag. Es besteht hier nichtsdestoweniger ein natürlicher Zusammenhang mit dem Irrationalen, Vernunftwidrigen, da die Vernunft Objektivität fordert, indes der Kult des großen Mannes stets auf dem Untersatz der Behauptung aufbaut: „Ich bin ein großer Mann."

Die Urheber des geistigen Systems, aus dem der Faschismus sich entwickelt hat, tragen alle gewisse gemeinsame Merkmale. Sie suchen das Gute im *Willen,* statt im Fühlen und Erkennen; sie werten die Macht höher als das Glück; sie geben der Gewalt vor dem Argument den Vorzug, dem Krieg vor dem Frieden, der Aristokratie vor der Demokratie, der Propaganda vor der wissenschaftlichen Objektivität. Sie vertreten eine spartanische Form von Härte im Gegensatz zur christlichen Form; das heißt, sie sehen in der Härte ein Mittel, die Herrschaft über andere zu gewinnen, nicht eine Selbstzucht, um Tugend zu erreichen, und das Glück verweisen sie ins Jenseits. Die späteren dieser geistigen Urheber sind von populärem Darwinismus durchdrungen und sehen im Lebenskampf die Entwicklungsmöglichkeit für eine höhere Gattung; daraus entsteht aber eher ein Rassenkampf als ein Konkurrenzkampf zwischen einzelnen, wie ihn die Apostel des freien Wettbewerbs befürworten. Freude und Wissen erscheinen ihnen, als Ziele aufgefaßt, unangemessen passiv. An Stelle der Freude setzen sie den Ruhm und an Stelle des Wissens die pragmatische Behauptung, daß richtig sei, was sie wünschen. Bei Fichte, Carlyle und Mazzini sind diese Doktrinen noch hinter dem Schleier der herkömmlichen moralistischen Sprache verborgen; bei Nietzsche treten sie zum erstenmal unverhüllt und ohne Scham zutage.

Fichte ist noch nicht das gebührende Maß an Anerkennung für seinen Anteil am Auslösen dieser großen Bewegung zuteilgeworden. Er war anfangs abstrakter Metaphysiker, bewies aber selbst da schon eine gewisse eigenmächtige und egozentrische Veranlagung. Er entwickelt seine gesamte Philosophie aus dem Theorem „Ich bin Ich", was er folgendermaßen ausdrückt: „Das Ich setzt sich selbst, und es ist, vermöge dieses bloßen Setzens, durch sich selbst und umgekehrt. Es ist zugleich das Handelnde und das Produkt der Handlung; das Tätige und das, was durch die Tätigkeit hervorgebracht wird; daher ist das *Ich bin* Ausdruck einer Tathandlung; aber auch der einzigen möglichen, wie sich aus der ganzen Wissenschaftslehre ergeben muß."

Nach dieser Theorie existiert das Ich, weil es existieren will. Gegenwärtig hat es den Anschein, als ob das Nicht-Ich ebenfalls existiert, weil das Ich es so will; aber ein derart erzeugtes Nicht-Ich wird niemals zu einer echten Existenz außerhalb des Ich kommen, das beschlossen hat, es zu setzen. Ludwig XIV. sagte: *„L'état c'est moi"*; Fichte sagte: „Das Universum bin ich." Wie Heine bei einem Vergleich von Kant mit Robespierre bemerkte: „Im Vergleich zu uns Deutschen seid ihr Franzosen zahm und gemäßigt."

Fichte erklärte zwar nach einer Weile, wenn er „ich" sage, so meine er damit „Gott", was den Leser aber nicht unbedingt beruhigen kann.

Als Fichte infolge der Schlacht von Jena aus Berlin flüchten mußte, begann er zu vermuten, daß er das Nicht-Ich in Gestalt Napoleons vielleicht doch etwas zu herzhaft gesetzt haben könnte. Nach seiner Rückkehr im Jahre 1807 hielt er seine berühmten „Reden an die deutsche Nation", in denen zum erstenmal das Glaubensbekenntnis des Nationalismus herausgestellt wurde: der Deutsche sei allen anderen Modernen überlegen, da er allein eine reine Sprache besitze. (Die Russen, Türken und Chinesen, ganz zu schweigen von den Eskimos und den Hottentotten, haben ebenfalls reine Sprachen, finden jedoch in Fichtes Geschichtswerken keine Erwähnung.) Die Reinheit der deutschen Sprache befähigt allein die Deutschen, tief und gründlich zu sein; er fährt fort: „Charakter haben und deutsch sein ist ohne Zweifel gleichbedeutend." Wenn aber der deutsche Charakter vor verderblichen fremden Einflüssen bewahrt werden und die deutsche Nation fähig sein solle, als ein geschlossenes Ganzes zu handeln, dann bedürfe es eines neuen Erziehungssystems, das „die Deutschen zu einer Gesamtheit bilden" werde. Diese neue Erziehung müsse, wie er sagt, „gerade darin bestehen, daß sie ... die Freiheit des Willens gänzlich vernichtet". Er fügt hinzu, daß „der Wille die eigentliche Grundwurzel des Menschen selbst" sei.

Es dürfe, über das absolut Unvermeidliche hinaus, keinen Außenhandel geben. Es müsse allgemeine Militärdienstpflicht bestehen: jedermann muß gezwungen werden zu kämpfen, nicht für materielle Wohlfahrt, nicht für die Freiheit, nicht zur Verteidigung der Verfassung, sondern angetrieben von „der verzehrenden Flamme der höheren Vaterlandsliebe, die die Nation als Hülle des Ewigen umfaßt, für welche der Edle mit Freuden sich opfert und der Unedle, der nur um des ersten willen da ist, sich eben opfern soll".

Diese Doktrin, daß der „edle" Mensch Ziel und Zweck der Menschheit sei und daß der „unedle" Mensch keine eigenen Anrechte besitze, ist der Wesenskern des neuzeitlichen Angriffs auf die Demokratie. Das Christentum lehrte, daß jeder Mensch eine unsterbliche Seele habe und daß in dieser Hinsicht alle Menschen gleich seien; die „Menschenrechte" waren nur eine Weiterentwicklung der christlichen Lehre. Der Utilitarismus räumte zwar dem Individuum keine absoluten „Rechte" ein, maß aber dem Glück des einen wie des anderen Menschen dasselbe Gewicht bei; damit leitete er gleichermaßen zur Demokratie hin wie die Lehre von den Naturrechten. Aber Fichte stellte, eine Art politischer Calvin, gewisse Menschen als die Erwählten heraus und lehnte alle anderen als bedeutungslos ab.

Die Schwierigkeit liegt natürlich darin, zu wissen, wer die Erwählten sind. In einer Welt, die Fichtes Lehre allgemein anerkennt, würde sich jeder Mensch für „edel" halten und sich einer Partei von Leuten anschließen, die ihm hinreichend ähneln, um den Anschein nach auch etwas von seiner Erhabenheit zu besitzen. Das kann seine Nation sein, wie in Fichtes Fall, oder seine Klasse, wie im Fall eines proletarischen Kommunisten, oder seine Familie, wie bei Napoleon. Es gibt kein objektives Kriterium für „Adel" außer Erfolg im Krieg; daher ist Krieg das zwangsläufige Resultat dieses Glaubens.

Carlyles Lebensanschauung war hauptsächlich von Fichte hergeleitet, der den stärksten direkten Einfluß auf seine Ansichten hatte. Aber Carlyle trug etwas dazu bei, was seither stets charakteristisch für diese Bewegung war: eine Art Sozialismus und Sorge um das Proletariat, was in Wahrheit Abscheu gegen den Industrialismus und die „neuen Reichen" war. Carlyle machte das aber so gut, daß er sogar Engels täuschte, der ihn in seinem Buch über die englische Arbeiterklasse im Jahre 1844 mit Worten des höchsten Lobes erwähnt. Angesichts dieser Tatsache ist es kaum verwunderlich, daß sich viele Leute von der sozialistischen Fassade des Nationalsozialismus täuschen ließen.

Auch auf Carlyle fallen tatsächlich noch manche Leute herein. Seine „Heldenverehrung" klingt sehr erhaben; wir brauchen, so sagt er, nicht gewählte Parlamente, sondern „Heldenkönige und eine ganze, nicht unheroische Welt". Um das zu verstehen, müssen wir es uns in die Praxis übertragen vorstellen. In *Vergangenheit und Gegenwart* stellt Carlyle den Abt Samson aus dem zwölften Jahrhundert als Vorbild hin; wer das aber nicht gutgläubig hinnimmt, sondern die *Chronicle of Jocelin of Brakelonde* liest, wird entdecken, daß dieser Abt ein skrupelloser Raufbold mit allen Lastern eines despotischen Grundbesitzers und rabulistischen Winkeladvokaten war. Auch Carlyles übrige Helden sind durchweg mindestens ebensowenig einwandfrei. Die Blutbäder, die Cromwell in Irland anrichtete, veranlaßten Carlyle zu folgendem Kommentar: „Aber zu Olivers Zeit, behaupte ich, glaubte man noch an die Gottesurteile; zu Olivers Zeit gab es noch nicht dies verrückte Gerede vom ‚Abschaffen der Todesstrafe', von Jean-Jaquesscher Philanthropie und allgemeinem Rosenwasser in dieser noch so sündhaften Welt... Nur bei späten, dekadenten Generationen ... kann ein derart unterschiedsloses Vermengen von Gut und Böse zu einem patentierten Universalheilmittel ... auf unserer Erde wirksam werden." Von den meisten seiner Heroen wie Friedrich dem Großen, Dr. Francia und Gouverneur Eyre ist nichts weiter zu sagen, als daß Blutdurst das ihnen gemeinsame Charakteristikum war.

Wer noch immer der Meinung ist, Carlyle sei in gewissem Sinne mehr oder minder liberal gewesen, sollte in *Vergangenheit und Gegenwart* das Kapitel über Demokratie lesen. Es ist größtenteils ein Loblied auf Wilhelm den Eroberer und beschreibt, was für ein angenehmes Leben die Leibeigenen zu seiner Zeit führten. Daran schließt sich eine Definition der Freiheit: „Die wahre Freiheit eines Menschen, würdet ihr sagen, besteht darin, daß er den rechten Pfad findet, oder gezwungen wird, ihn zu finden und darauf zu wandeln." Er geht zu der Feststellung über, „Demokratie bedeutet die Hoffnungslosigkeit, Helden zu finden, die euch regieren könnten, und widerwilliges Abfinden mit ihrem Fehlen". Das Kapitel endet in beredter, prophetischer Sprache mit den Worten, daß, wenn die Demokratie sich voll ausgewirkt habe, sich wieder das Problem erheben würde, „eine Regierung durch die euch echt Überlegenen zu finden". Würde Hitler das alles nicht Wort für Wort unterschreiben?

Mazzini war milder als Carlyle, mit dem er in der Frage des Heldenkults nicht übereinstimmte. Nicht der einzelne große Mann, sondern die Nation war das Objekt seiner anbetenden Bewunderung; und da er Italien am höchsten schätzte, räumte er jeder Nation in Europa mit Ausnahme der irischen eine Rolle ein. Wie Carlyle glaubte er jedoch, daß die Pflicht über das Glück zu stellen sei, selbst über das kollektive Glück. Nach seiner Ansicht enthüllt Gott jedem menschlichen Gewissen, was recht sei; daher wäre nichts weiter erforderlich, als daß jeder Mensch dem moralischen Gesetz in der eigenen Brust gehorche. Er übersah völlig, daß verschiedene Menschen sich auch wesentlich in dem, was das moralische Gesetz ihnen anbefiehlt, unterscheiden können, oder daß er im Grunde forderte, alle anderen sollten entsprechend ***seiner eigenen*** Offenbarung handeln. Er stellt die Moral über die Demokratie und sagt: „Die bloße Stimme der Mehrheit schafft noch keine Souveränität, wenn sie offensichtlich im Gegensatz zu den erhabenen Geboten der Moral steht ... der Wille des Volkes ist heilig, wenn er das Moralgesetz vertritt und es anwendet, null und nichtig jedoch, wenn er sich von diesem Gesetz entfernt und nur einen Augenblickseinfall darstellt." Dieser Ansicht ist auch Mussolini.

Nur ein wichtiges Element ist seither neu in die Lehren dieser Schule aufgenommen worden, nämlich der pseudo-darwinistische Glaube an die „Rasse". (Fichte begründet die deutsche Überlegenheit mit der Sprache, nicht mit biologischer Erblehre.) Nietzsche, der, abweichend von seinen Nachfolgern, kein Nationalist oder Antisemit ist, wendet die Doktrin nur auf unterschiedliche Individuen an: nach seinem Wunsch sollen die Untauglichen daran gehindert werden, sich fortzupflanzen, und er hofft, mit Hundezüchtermethoden eine Rasse von Übermenschen hervorbringen zu können, die ausschließlich die Macht besitzen sollen und um derentwillen allein die übrige Menschheit zu existieren habe. Aber alle späteren Schriftsteller haben sich um den Beweis bemüht, daß alles Hervorragende stets im Zusammenhang mit ihrer eigenen Rasse stand. Irische Professoren schreiben ganze Bücher, um nachzuweisen, daß Homer Ire war; französische Anthropologen begründen archäologisch, daß die Kelten und nicht die Teutonen die Urheber der Zivilisation in Nordeuropa waren; Houston Chamberlain setzt lang und breit auseinander, daß Dante ein Deutscher und Christus kein Jude war. Das Rassenprinzip wurde allgemein von den Anglo-Indern vertreten, die das imperialistische England über Rudyard Kipling damit infizierten. Das antisemitische Element hingegen ist in England niemals stark hervorgetreten, wenn auch ein Engländer, Houston Chamberlain, hauptsächlich dafür verantwortlich ist, ihm eine vorgeblich historische Basis in Deutschland zuzuschreiben, wo es sich seit dem Mittelalter hartnäckig gehalten habe.

Wenn nicht die Politik mitspielte, wäre über die Rassenfrage nur zu sagen, daß auf diesem Gebiet nichts von politischer Bedeutung bekannt sei. Man könnte es für möglich halten, daß es genetisch begründete geistige Unterschiede zwischen Rassen gibt; es steht aber fest, daß wir bisher noch nicht wissen, worin diese Unterschiede bestehen. Bei einem erwachsenen Menschen verschwindet die Erbmasse hinter den Auswirkungen der Umgebung. Außerdem treten die Rassenunterschiede zwischen verschiedenen Europäern nicht so klar hervor wie zwischen weißen, gelben und schwarzen Menschen; es gibt keine ausgesprochenen physischen Merkmale, an denen sich die Mitglieder der verschiedenen modernen Nationen Europas untrüglich erkennen lassen, da sie alle aus der Vermischung verschiedener Stämme hervorgegangen sind. Wenn es sich um die geistige Überlegenheit handelt, kann jede zivilisierte Nation einen glaubwürdigen Anspruch ableiten, was die Haltlosigkeit jedes solchen Anspruches beweist. Es ist *möglich,* daß die Juden auf geringerer Stufe stehen als die Deutschen, ebensogut ist aber auch das Umgekehrte möglich. Das pseudodarwinistische Kauderwelsch in eine derartige Frage einzuschalten, ist in höchstem Grade unwissenschaftlich. Was immer wir auch vielleicht später einmal darüber erfahren werden, gegenwärtig haben wir jedenfalls nicht die geringste Berechtigung, eine Rasse auf Kosten einer anderen unterstützen zu wollen.

Die ganze Bewegung dient, von Fichte angefangen, methodisch der verstärkten Selbstachtung und Machtgier und stützt sich dabei auf Überzeugungen, für die nur spricht, daß sie schmeichelhaft sind. Fichte brauchte eine Doktrin, die ihm das Gefühl verlieh, Napoleon überlegen zu sein; Carlyle und Nietzsche litten unter ihrer Schwäche, die sie in der Welt der Phantasie zu kompensieren suchten; der britische Imperialismus zur Zeit Rudyard Kiplings ist der Scham über den Verlust der industriellen Vorherrschaft zuzuschreiben; und der hitlerische Wahnsinn unserer Zeit ist ein aus Götter- und Heldensagen gewobener Mantel, in den sich das deutsche Ich hüllt, um nicht im eisigen Wind von Versailles zu erstarren. Wer in seiner Selbstachtung tödlich getroffen ist, denkt nicht mehr wie ein geistig gesunder, vernünftiger Mensch; und diejenigen, die eine Nation vorsätzlich demütigen, haben es sich selbst zuzuschreiben, wenn daraus eine Nation von Irren wird.

Damit komme ich zu der großen und bereitwilligen Aufnahme, die die soeben von uns betrachtete irrationale und sogar antirationale Doktrin gefunden hat. Zu fast allen Zeiten gibt es allerhand Lehren, die von allerlei Propheten gepredigt werden, aber populär werden jeweils nur diejenigen, die die aus den Zeitumständen entstandenen Stimmungen ansprechen. Die charakteristischen Doktrinen der modernen Irrationalisten sind aber, wie wir gesehen haben: Betonung des *Willens* im Gegensatz zum Denken und Fühlen; Glorifizierung der Macht; Glaube an das intuitive „Setzen“ von Theoremen im Gegensatz zum Prüfen durch Wahrnehmung und Induktion. Diese geistige Einstellung ist die natürliche Reaktion von Menschen, die gewohnt sind, moderne Maschinen, wie etwa Flugzeuge, zu beherrschen, und zugleich von Menschen, die weniger Macht als ehemals besitzen, aber keine vernünftige Begründung für die Wiederherstellung ihres früheren Übergewichts finden können. Der Industrialismus und der Krieg, die die Menschen an technische Macht gewöhnten, haben eine gewaltige Machtverschiebung auf wirtschaftlichem und politischem Gebiet und die gegenwärtige pragmatisch anmaßende Haltung großer Gruppen verursacht. Daraus erklärt sich die starke Ausbreitung des Faschismus.

Vergleichen wir die Welt von 1920 mit der von 1820, so finden wir einen Machtzuwachs auf seiten der Großindustriellen, Lohnempfänger, Frauen, Ketzer und Juden. (Mit „Ketzern" meine ich Leute, die eine andere Religion hatten als die Regierung ihres Landes.) In Wechselbeziehung dazu erlitten eine Machteinbuße die Monarchen, die Aristokratien, die Geistlichkeit, die niedere Schicht des Mittelstandes und die Männer im Gegensatz zu den Frauen. Die Großindustriellen waren zwar in stärkerer Position als je zuvor, fühlten sich aber trotzdem unsicher auf Grund des drohenden Sozialismus und ganz besonders aus Furcht vor Moskau. Die am Krieg Interessierten — Generäle, Admiräle, Flieger und Rüstungsfirmen — befanden sich in der gleichen Lage: stark im Augenblick, aber bedroht durch den Haufen Bolschewisten und Pazifisten mit ihrer Ansteckungsgefahr. Die bereits besiegten Gruppen — die Könige und Adeligen, die kleinen Ladenbesitzer, die Menschen, die temperamentsmäßige Gegner der religiösen Toleranz waren, und die Männer, die den Tagen der Herrschaft des Mannes über die Frau nachtrauerten — schienen endgültig abgewirtschaftet zu haben; infolge der wirtschaftlichen und kulturellen Entwicklungen gab es für sie, wie man annahm, keinen Raum mehr auf der Welt. Naturgemäß waren sie unzufrieden und insgesamt im Verein auch zahlreich. Nietzsches Philosophie entsprach psychologisch ihrem inneren Bedürfnis, und die Industriellen und Militaristen benützten diese Philosophie sehr gescheit dazu, die besiegten Gruppen zu einer Partei zusammenzuschweißen, die zum Träger einer mittelalterlichen Reaktion auf allen Gebieten, mit Ausnahme der Industrie und des Krieges, werden sollte. Im Hinblick auf die Industrie und den Krieg sollte alles Technische der modernen Entwicklung entsprechen, nicht aber die Aufteilung der Macht und der Aufbau nach Friedensschluß, wobei die Sozialisten den führenden Magnaten hätten gefährlich werden können.

Politisch gesehen sind daher die irrationalen Elemente in der nazistischen Philosophie darauf zurückzuführen, daß man genötigt ist, um die Unterstützung der Gruppen zu werben, die kein *Lebensrecht* mehr haben, während die vergleichsweise vernünftigen und gesunden Elemente den Industriellen und Militaristen zuzuschreiben sind. Die erstgenannten Elemente sind „irrational", weil es beispielsweise kaum möglich sein wird, daß die kleinen Ladenbesitzer ihre Hoffnungen verwirklicht sehen, so daß sie sich vor der Verzweiflung nur in irreale Überzeugungen retten können; andererseits könnten die Wunschträume der Industriellen und Militaristen mit Hilfe des Faschismus Wirklichkeit werden, aber schwerlich auf andere Weise. Weil sie ihre Ziele nur über die Vernichtung der Zivilisation hinweg erreichen können, sind sie jedoch noch nicht irrational, sondern nur satanisch. Diese Menschen sind das intellektuell beste und moralisch schlechteste Element der Bewegung; der vom Trugbild des Ruhms, des Heroismus und der Selbstaufopferung verblendete Rest ist blind geworden für seine echten Interessen, und in einem großen Gefühlsüberschwang lassen sie sich für Absichten mißbrauchen, die nicht die ihren sind: das Psychopathische am Nazismus.

Ich sagte, die Industriellen und Militaristen unterstützen den Faschismus auf gesunde und vernünftige Weise, doch kann hier nur vergleichsweise von Vernunft und Gesundheit die Rede sein. Thyssen glaubt mit Hilfe der Nazi-Bewegung sowohl den Sozialismus vernichten als auch seinen Umsatz gewaltig steigern zu können. Die Annahme, daß er recht hat, scheint jedoch ebenso unbegründet zu sein wie zu glauben, daß seine Vorgänger im Jahre 1914 recht hatten. Für ihn ist es unumgänglich, das deutsche Selbstvertrauen und nationalistische Empfinden bis zu einem gefährlichen Grad aufzupeitschen; das Ergebnis ist höchstwahrscheinlich ein Krieg mit unglücklichem Ausgang. Selbst große Anfangserfolge würden nicht zu einem endgültigen Sieg führen; heute wie vor zwanzig Jahren vergißt die deutsche Regierung, daß es Amerika gibt.

Es gibt noch ein sehr wichtiges Element, das letztlich den Nazis entgegensteht, obgleich man sich davon vielleicht eine Stärkung der Reaktion versprochen hat — ich meine die organisierte Religion. Die Philosophie der Bewegung, die in den Nazis ihre Kulmination erreicht, hat sich in gewissem Sinne logisch aus dem Protestantismus entwickelt. Fichtes und Carlyles Moral ist calvinistisch, und Mazzini, der sein Leben lang in Opposition zu Rom stand, war durchdrungen vom lutherischen Glauben an die Unfehlbarkeit des individuellen Gewissens. Nietzsche glaubte leidenschaftlich an den Wert des einzelnen und vertrat die Auffassung, der Held brauche sich nicht der Obrigkeit zu unterwerfen; damit entwickelte er den protestantischen Revolutionsgeist weiter. Es wäre zu erwarten gewesen, daß die protestantischen Kirchen die Nazi-Bewegung begrüßten, und bis zu einem gewissen Grade taten sie es auch. Aber in all jenen Elementen, in denen der Protestantismus mit dem Katholizismus übereinstimmt, sah er sich von der neuen Philosophie angegriffen. Nietzsche ist betont antichristlich, und Houston Chamberlain vermittelt uns einen Eindruck vom Christentum als einem minderen Aberglauben, der sich unter den kosmopolitischen Mischlingen der Levante entwickelte; das Verwerfen der Demut, der Nächstenliebe und der Rechte der Sanftmütigen steht im Gegensatz zu den Lehren der Evangelien; und der Antisemitismus, wenn er sowohl theoretischen wie praktischen Ausdruck findet, ist schwer vereinbar mit einer Religion jüdischen Ursprungs.

Aus diesen Gründen können sich Nazismus und Christentum schwer miteinander befreunden, und es ist nicht ausgeschlossen, daß ihre Gegensätzlichkeiten zum Sturz der Nazis führen.

Und noch aus einem weiteren Grund ist der moderne Kult der Unvernunft, ob nun in Deutschland oder anderwärts, unvereinbar mit jeder traditionellen Form des Christentums. Vom Judentum inspiriert, übernahm das Christentum den Begriff der Wahrheit mit der entsprechenden Tugend der Wahrhaftigkeit. Begriff und Tugend lebten fort im „ehrlichen Zweifel", wie überhaupt alle christlichen Tugenden bei den viktorianischen Freidenkern erhalten blieben. Dank dem Einfluß des Skeptizismus und der Werbung schien es allmählich immer hoffnungsloser, die Wahrheit zu entdecken, dagegen sehr erfolgversprechend, das Unwahre zu vertreten. So wurde jede geistige Aufrichtigkeit vernichtet. In einer Darlegung des Nazi-Programms sagt Hitler: „Auch in der Wissenschaft hat der völkische Staat ein Hilfsmittel zu erblicken zur Förderung des Nationalstolzes. Nicht nur die Weltgeschichte, sondern die gesamte Kulturgeschichte muß von diesem Gesichtspunkte aus gelehrt werden. Es darf ein Erfinder nicht nur groß erscheinen als Erfinder, sondern muß größer noch erscheinen als Volksgenosse. Die Bewunderung jeder großen Tat muß umgegossen werden in Stolz auf den glücklichen Vollbringer derselben als Angehörigen des eigenen Volkes. Aus der Unzahl all der großen Namen der deutschen Geschichte aber sind die größten herauszugreifen und der Jugend in so eindringlicher Form vorzuführen, daß sie zu Säulen eines unerschütterlichen Nationalgefühles werden."

Die Vorstellung, daß die Wissenschaft nach Wahrheit strebt, ist Hitler so völlig abhanden gekommen, daß er nicht einmal Gegenargumente vorbringt. Wie wir wissen, ist die Relativitätstheorie in Mißkredit geraten, weil sie von einem Juden erfunden wurde. Die Inquisition verwarf Galileis Lehre, weil sie sie für unwahr hielt; Hitler verwirft oder anerkennt Doktrinen aus politischen Gründen, ohne den Begriff der Wahrheit oder Unwahrheit anzuwenden. Der arme William James, der diese Auffassung erdacht hat, wäre entsetzt, wenn er wüßte, welcher Gebrauch heute davon gemacht wird; wurde aber erst einmal der Begriff der objektiven Wahrheit preisgegeben, dann ist es klar, daß die Frage „Was soll ich glauben?" nur noch geregelt wird durch „den Appell an die Gewalt und die Entscheidung, die die großen Bataillone herbeiführen", wie ich schon 1907 schrieb, und weder durch wissenschaftliche noch theologische Methoden beantwortet wird. Staaten, deren Politik auf der Revolte gegen die Vernunft aufbaut, müssen daher in Konflikt geraten, und zwar nicht nur mit der Wissenschaft, sondern auch mit den Kirchen, wo immer noch echtes Christentum fortlebt.

Zu den Ursachen einer Revolte gegen die Vernunft trägt als wesentliches Element bei, daß die Machtgier vieler fähiger und tatkräftiger Menschen kein Ventil findet und daß sie daher zu Umstürzlern werden. Die kleinen Staaten in früherer Zeit verliehen mehr Männern politische Macht, und ehe es den Großhandel gab, hatten auch mehr Menschen wirtschaftliche Macht. Man bedenke die ungeheure Bevölkerung, die in den Vorstädten schläft und in den großen Geschäftszentren arbeitet. Fährt man mit dem Zug nach London hinein, so kommt man durch weite Gegenden mit kleinen Häusern, in denen Familien wohnen, die sich mit der Arbeiterklasse nicht solidarisch fühlen; der Familienvater hat keinen Anteil an den örtlichen Angelegenheiten, da er den ganzen Tag abwesend ist, um den Anordnungen seines Arbeitgebers zu folgen. Eigene Initiative kann er nur am Wochenende entwickeln, wenn er sein Gärtchen hinter dem Haus pflegt. Politisch neidet er der Arbeiterklasse alles, was für sie geschieht, ist aber, obwohl er sich seiner Armut bewußt ist, zu versnobt, um sich die sozialistischen oder die gewerkschaftlichen Methoden zu eigen zu machen. In seinem Vorort wohnen vielleicht ebenso viele Menschen wie in einer berühmten Stadt der Antike, aber es gibt kein lebendiges Gemeinschaftsleben und er hat auch keine Zeit, sich dafür zu interessieren. Wenn ein solcher Mann so selbständig denkt, daß er unzufrieden ist, dann kann ihm wohl die faschistische Bewegung wie eine Erlösung vorkommen.

Der Verfall der Vernunft in der Politik ist das Ergebnis zweier Faktoren: einmal gibt es Klassen und Einzeltypen, denen die Welt in ihrer heutigen Ordnung keine Aussichten bietet, die sich aber auch vom Sozialismus nichts versprechen, weil sie nicht Lohnempfänger sind; andererseits gibt es fähige und mächtige Menschen, deren Interessen denen der Gemeinschaft im ganzen zuwiderlaufen und die sich daher ihren Einfluß am besten dadurch erhalten können, daß sie Hysterie irgendwelcher Art erzeugen. Anti-Kommunismus, Furcht vor der Aufrüstung der anderen und Haß auf die ausländische Konkurrenz sind die bewährtesten Schreckgespenster. Ich will damit nicht sagen, ein vernünftiger Mensch wäre dieser Empfindungen nicht fähig; ich behaupte nur, man bedient sich ihrer auf eine Weise, die jedes gescheite Erwägen praktischer Auswege von vornherein ausschließt. Die beiden Dinge, die die Welt am nötigsten braucht, sind Sozialismus und Frieden, aber beide stehen im Gegensatz zu den Interessen der mächtigsten Männer unserer Zeit. Es ist nicht schwierig, die Stufen, die zu diesen beiden hinaufführen, so darzustellen, daß sie den Interessen großer Teile der Bevölkerung zu widersprechen *scheinen*; und am leichtesten erreicht man das, indem man eine Massenhysterie erzeugt. Je stärker die Bedrohung durch Sozialismus und Frieden, umso stärker werden auch die Regierungen das Geistesleben ihrer Untertanen vergewaltigen; und je mehr die wirtschaftlichen Härten der Gegenwart zunehmen, umso leichter werden sich diejenigen, die darunter leiden, von intellektueller Ehrbarkeit verführen lassen, einem Irrlicht nachzulaufen.

Der fieberhafte Nationalismus, der seit 1848 ständig zugenommen hat, ist eine Form des Kults der Unvernunft. Die Idee einer universellen Wahrheit ist preisgegeben worden: es gibt eine englische Wahrheit, eine französische Wahrheit, eine deutsche, eine montenegrinische Wahrheit und eine Wahrheit eigens für das Fürstentum Monaco. Desgleichen haben die Lohnempfänger und die Kapitalisten jeweils ihre eigene Wahrheit. Wenn man an der Hoffnung, durch Vernunft überzeugen zu können, verzweifeln mußte, kann es zur Entscheidung zwischen diesen verschiedenen „Wahrheiten“ nur durch Krieg und Konkurrenz in irrsinniger Propaganda kommen. Ehe nicht die schweren Nationalitäten- und Klassenkonflikte, die unsere Welt verseuchen, gelöst sind, ist schwerlich zu erwarten, daß die Menschheit zu einer vernünftigen Geistesverfassung zurückfindet. Solange die Unvernunft vorherrscht, liegt die Schwierigkeit darin, daß eine Lösung unserer Probleme nur durch einen glücklichen Zufall erfolgen kann; denn während die Vernunft ihrem unpersönlichen Charakter gemäß eine weltumspannende Zusammenarbeit möglich macht, ist bei Unvernunft, da sie private Leidenschaften vertritt, der Kampf unvermeidlich. Aus diesem Grunde ist Rationalität im Sinne eines Appells an eine universelle und überpersönliche Wahrheitsnorm von höchster Bedeutung für die Wohlfahrt der menschlichen Rasse, vor allem in jenen unglücklichen Perioden, in denen man es verabscheut und ablehnt, vernunftgemäß zu denken, weil man in der Rationalität die törichte Phantasie von Menschen sehen will, die nicht Manns genug sind, zu töten, wo sie nicht zustimmen können.

VI

SCYLLA UND CHARYBDIS ODER KOMMUNISMUS UND FASCHISMUS

Man hört heute vielfach die Behauptung, Kommunismus und Faschismus seien praktisch die einzigen politischen Alternativen und daß wer immer sich nicht für die eine einsetze, damit effektiv die andere unterstütze. Ich befinde mich in Opposition zu beiden und kann mich keiner der beiden Alternativen anschließen, sowenig ich im sechzehnten Jahrhundert entweder Protestant oder Katholik hätte sein können. Ich werde so kurz wie möglich meine Einwände zunächst gegen den Kommunismus, dann gegen den Faschismus und schließlich gegen das, was beiden gemeinsam ist, darlegen.

Wenn ich von einem „Kommunisten" spreche, so meine ich damit einen Menschen, der sich die Doktrinen der Dritten Internationale zu eigen gemacht hat. In gewissem Sinne waren die frühen Christen Kommunisten, und das gleiche gilt für viele mittelalterliche Sekten; dieser Sinn aber ist heute überholt und gegenstandslos geworden. Ich werde jetzt der Reihe nach begründen, warum ich nicht Kommunist bin.

1. Ich kann der Philosophie von Marx nicht beipflichten und noch weniger der Philosophie von

Lenins *Materialismus und Erfahrungskritik.* Ich bin kein Materialist, obwohl ich vom Idealismus sogar noch weiter entfernt bin. Ich glaube nicht an irgendeine dialektische Zwangsläufigkeit in der historischen Entwicklung; diese Überzeugung hat Marx von Hegel übernommen, ohne ihre einzige logische Basis, nämlich das Primat der Idee. Marx glaubte, jede folgende Stufe in der menschlichen Entwicklung *müsse* in irgendeinem Sinne ein Fortschritt sein. Ich halte aber diese Überzeugung für unbegründet.

2. Ich kann mich weder der Werttheorie von Marx anschließen noch auch der Theorie vom Mehrwert, wie er ihn auffaßt. Die Theorie, daß der Tauschwert einer Ware proportional dem für ihre Herstellung erforderlichen Arbeitsaufwand ist, die Marx von Ricardo übernahm, hat sich an Ricardos Rententheorie als falsch erwiesen und wurde schon lange von allen nichtmarxistischen Wirtschaftslehrern aufgegeben. Die Mehrwerttheorie ist von Malthus' Bevölkerungstheorie abgeleitet, die Marx sonst verwirft. Marx' Wirtschaftstheorie bildet kein logisch zusammenhängendes Ganzes, besteht vielmehr aus älteren Doktrinen, die abwechselnd anerkannt und abgelehnt werden, um je nach Bedarf als Argument gegen den Kapitalismus dienen zu können.

3. Es ist stets gefährlich, irgendeinen Menschen für unfehlbar zu halten; daraus ergibt sich zwangsläufig eine unangemessene Vereinfachung. Der traditionelle Glaube an den göttlich inspirierten Bibel-

text hat die Menschen für ein neues Evangelium allzu aufnahmebereit gemacht. Dieser blinde Autoritätsglaube steht aber im Widerspruch zum wissenschaftlichen Denken.

4. Der Kommunismus ist undemokratisch. Was er als die „Diktatur des Proletariats“ bezeichnet, ist in Wirklichkeit die Diktatur einer kleinen Minderheit, die zu einer oligarchisch regierenden Klasse wird. Die Geschichte beweist durchweg, daß die Regierungsgeschäfte ausnahmslos im Interesse der regierenden Klasse geführt werden; nur dort, wo die Gefahr einer Machteinbuße ihren Einfluß ausübte, sind Ausnahmen zu erkennen. Das lehrt uns nicht nur die Geschichte, sondern auch Marx. Die herrschende Klasse in einem kommunistischen Staat ist sogar noch mächtiger als die kapitalistische Klasse in einem „demokratischen“ Staat. Solange sie sich auf das Militär verlassen kann, vermag sie kraft dieser Macht für sich selbst Vorteile zu erzwingen, die ebenso unheilvoll sind wie diejenigen, die sich die Kapitalisten verschaffen. Die Annahme, die regierende Klasse im kommunistischen Staat werde stets im Interesse des allgemeinen Wohls handeln, ist nichts als törichter Idealismus und widerspricht der marxistischen politischen Psychologie.

5. Der Kommunismus schränkt die Freiheit, vornehmlich die geistige Freiheit, stärker ein als jedes andere System, abgesehen vom Faschismus. Das völlige Einswerden von wirtschaftlicher und politischer Macht führt zu einem erschreckend funktio-

nierenden Apparat der Unterdrückung, der keine Ausnahmen mehr zuläßt. Unter einem solchen System würde jeder Fortschritt bald zur Unmöglichkeit, da es zum Wesen der Bürokraten gehört, sich jeder Veränderung, von einem Zuwachs ihrer eigenen Macht abgesehen, zu widersetzen. Jede grundlegende Neuerung ist dann nur irgendeinem Zufall zu verdanken, der einen unbequemen Menschen vor dem Tod bewahrt. Kepler lebte von der Astrologie, Darwin von ererbtem Vermögen, Marx von Engels' „Ausbeutung" des Proletariats von Manchester. Derartige Gelegenheiten, sich aller Unbeliebtheit zum Trotz am Leben zu erhalten, würde jedoch das kommunistische Regime ausschließen.

6. Wir finden bei Marx, wie allgemein im kommunistischen Denken, eine ungebührliche Verherrlichung der Handarbeiter im Gegensatz zu den Geistesarbeitern. Dadurch sind viele Kopfarbeiter zu Gegnern geworden, die vielleicht andernfalls eingesehen hätten, daß der Sozialismus notwendig ist, und ohne deren Mithilfe die Organisation eines sozialistischen Staates schwerlich möglich ist. Die Marxisten haben den Trennungsstrich zwischen den Klassen, praktisch noch stärker als in der Theorie, in der gesellschaftlichen Skala zu tief gezogen.

7. Der Klassenkampf wird vermutlich dank der Art, wie er gepredigt wird, in einem Augenblick ausbrechen, da die widerstreitenden Kräfte mehr oder weniger ausbalanciert sind oder sogar, wenn auf seiten der Kapitalisten ein Übergewicht besteht. Bei Vorherrschaft der kapitalistischen Kräfte folgt

dann eine Ära der Reaktion. Wenn die Kräfte auf beiden Seiten annähernd gleich sind, wird es wahrscheinlich bei den modernen Methoden der Kriegführung zur Vernichtung der Zivilisation kommen, wobei sowohl Kapitalismus als auch Kommunismus verschwinden werden. Nach meiner Auffassung sollten sich die Sozialisten in demokratischen Ländern auf die Überzeugungskraft stützen und Gewalt nur anwenden, um der gesetzwidrigen Gewaltanwendung ihrer Gegner zu begegnen. Mit dieser Methode wird es den Sozialisten möglich sein, ein so großes Übergewicht zu gewinnen, daß der kurze und verhältnismäßig ungefährliche Endkampf nicht zur Vernichtung der Zivilisation führt.

8. In Marx und im Kommunismus steckt soviel Haß, daß schwerlich zu erwarten ist, die Kommunisten würden im Falle ihres Sieges ein Regime aufrichten, das keine Böswilligkeiten zuließe. Vor allem für die Sieger wird es daher wahrscheinlich so aussehen, als sprächen stärkere Argumente für eine gewaltsame Unterdrückung, als die Wirklichkeit rechtfertigt, vor allem wenn der Sieg das Ergebnis eines heftigen Kampfes mit ungewissem Ausgang war. Nach einem solchen Kampf wird die siegreiche Partei kaum in der rechten Stimmung für einen vernünftigen Wiederaufbau sein. Die Marxisten vergessen nur zu leicht, daß der Krieg seine eigene Psychologie besitzt, die auf Furcht beruht und unabhängig ist von der ursprünglichen Ursache des Streites.

Die Ansicht, man habe nur die eine praktisch

mögliche politische Wahl zwischen Kommunismus und Faschismus, scheint mir entschieden nicht in Amerika, England und Frankreich zuzutreffen, und vielleicht auch nicht in Italien und Deutschland. England hat eine faschistische Periode unter Cromwell, Frankreich unter Napoleon erlebt, aber in beiden Fällen war das kein Hindernis für eine anschließende Demokratie. Politisch unreife Völker weisen nicht gerade die besten Wege in eine politische Zukunft.

Gegen den Faschismus erhebe ich einfachere und in gewissem Sinne fundamentalere Einwände als gegen den Kommunismus. Mit der Absicht, die die Kommunisten verfolgen, stimme ich im großen und ganzen überein; ich wende mich weit mehr gegen die von ihnen angewandten Methoden als gegen ihre Ziele. Bei den Faschisten aber mißbillige ich Ziel und Methoden gleich stark.

Der Faschismus, als Bewegung, hat viele Gesichter; er findet in Deutschland und in Italien sehr unterschiedlichen Ausdruck, und sollte er noch auf andere Länder übergreifen, so wird er vielleicht dort noch andere Gestalt annehmen. Er trägt jedoch gewisse Wesensmerkmale, mit deren Fortfall er kein Faschismus mehr wäre. Er ist antidemokratisch, er ist nationalistisch, er ist kapitalistisch, und er appelliert an jene Teile der Mittelschicht, die unter den modernen Entwicklungen zu leiden haben und annehmen, unter einem sozialistischen oder kommunistischen Regime würde es ihnen noch schlechter gehen. Der Kommunismus ist ebenfalls antidemokratisch, jedoch nur eine Zeitlang, zumindest soweit man in seinen Theorien die Grundlage für ihre politische Verwirklichung sehen darf; darüber hinaus ist er bestrebt, den Interessen der Lohnempfänger zu dienen, die in fortschrittlichen Ländern eine Mehrheit darstellen und wozu nach Absicht der Kommunisten die ganze Bevölkerung werden soll. Der Faschismus aber ist in seiner antidemokratischen Haltung weit grundsätzlicher. Er hält nicht das größte Glück der größten Zahl für das rechte Prinzip der Staatskunst, wählt vielmehr bestimmte Einzelpersonen, Völker und Klassen als „die Besten" und einzig Beachtenswerten aus. Der Rest ist gewaltsam dazu zu zwingen, den Interessen der Auserwählten zu dienen.

Solange der Faschismus um die Macht kämpft, muß er einen beträchtlichen Teil der Bevölkerung ansprechen. Sowohl in Deutschland wie in Italien entstand er aus dem Sozialismus, wobei er alles Antinationalistische aus dem orthodoxen Programm ausmerzte. Er übernahm vom Sozialismus den Gedanken der Wirtschaftsplanung und der verstärkten Staatsgewalt, aber diese Planung sollte, statt der ganzen Welt zum Segen zu gereichen, nur auf den Vorteil der Oberschicht und des Mittelstandes in einem einzigen Lande berechnet sein. Und diese Vorteile werden weniger durch höhere Leistungskraft erzielt als durch verstärkten Druck sowohl auf die Lohnempfänger als auch auf die unbequemen Teile des Mittelstandes selbst. Bei den Klassen, die nicht seine Unterstützung genießen, kann er bestenfalls bewirken, was man auch in einem gutgeleiteten Gefängnis als Erfolg verzeichnet; darüber hinaus will er auch gar nichts tun.

Der grundsätzlich stärkste Einwand aber richtet sich gegen das faschistische Prinzip, einen Teil der Menschheit als den einzig wichtigen herauszustellen. Praktisch haben Machthaber zweifellos immer, seit die erste Regierung konstituiert wurde, eine derartige Auslese getroffen; aber das Christentum hat theoretisch stets in jeder Menschenseele einen Selbstzweck gesehen und nicht ein Werkzeug zu Ruhm und Glanz anderer. Und die moderne Demokratie hat aus den ethischen Idealen des Christentums Kraft bezogen und viel dazu beigetragen, die Regierungen von der ausschließlichen Beschäftigung mit den Interessen der Reichen und Mächtigen abzubringen. In dieser Beziehung ist der Faschismus eine Rückkehr zu den schlechten Elementen des alten Heidentums.

Der Faschismus, wenn er sich durchsetzen würde, trüge nicht das geringste dazu bei, die Mißstände, die der Kapitalismus bewirkt, zu beseitigen; im Gegenteil, sie würden sich dadurch noch verschlimmern. Die Handarbeit würde nur noch zu Zwangsarbeit bei einem Existenzminimum werden; die Arbeiter selbst würden keinerlei politische Rechte haben, nicht selbst bestimmen können, wo sie wohnen oder arbeiten wollen, und wahrscheinlich nicht einmal dauernd mit ihren Familien zusammenleben können; sie wären praktisch Sklaven. Die Anfänge alles dessen zeichnen sich schon etwa in der Methode ab, mit der man in Deutschland gegen die Arbeitslosigkeit vorgeht; faktisch ist das die unvermeidliche Folge des Kapitalismus, der sich von jeder demokratischen Kontrolle freigemacht hat; und da die gleichen Zwangsarbeits-Bedingungen in Rußland bestehen, ist daraus zu schließen, daß es ein unvermeidliches Ergebnis jeder Diktatur ist. In der Vergangenheit ging der Absolutismus stets Hand in Hand mit irgendeiner Form von Sklaverei oder Leibeigenschaft.

All das würde sich ergeben, wenn sich der Faschismus durchsetzen sollte, aber ein dauernder Erfolg dürfte ihm kaum beschieden sein, weil er das Problem des wirtschaftlichen Nationalismus nicht zu lösen vermag. Die stärkste und mächtigste Stütze der Nazis war die Schwerindustrie, speziell die Stahlindustrie, und die chemische Industrie. Die national organisierte Schwerindustrie ist aber die stärkste und einflußreichste, zum Krieg treibende Kraft unserer Zeit. Wenn jedes zivilisierte Land eine Regierung hätte, die die Interessen der Schwerindustrie vertritt — wie es in beachtlichem Maße bereits der Fall ist —, dann wäre ein Kriegsausbruch in Kürze unvermeidlich. Jeder neue Sieg des Faschismus rückt einen Krieg in größere Nähe; und wenn es zu diesem Krieg kommt, wird er wahrscheinlich den Faschismus und zugleich auch fast alles zur Zeit des Kriegsausbruchs Bestehende hinwegfegen.

Der Faschismus ist kein geordnetes System von Überzeugungen, wie das *laisser-faire* oder der Sozialismus oder Kommunismus; er ist im wesentlichen ein gefühlsmäßiger Protest, teils der Mitglieder des Mittelstandes (wie etwa der Kleinhändler), die unter den modernen Wirtschaftsentwicklungen leiden, teils von anarchischen Industriemagnaten mit wahnsinnig übersteigerter Machtgier. Er ist insoweit irrational, als er niemals erfüllen kann, was seine Anhänger sich wünschen; man darf daher den Faschismus nicht philosophisch, nur psychoanalytisch sehen. Wenn er sich allgemein durchsetzen könnte, würde sich ungeheures Elend daraus ergeben; da er aber außerstande ist, das Problem des Krieges zu lösen, wird es für ihn unmöglich, über einen kurzen Zeitraum hinaus erfolgreich zu sein.

Ich halte es für unwahrscheinlich, daß Amerika und England faschistisch werden, weil in beiden Ländern die parlamentarische Regierungsform traditionell und zu stark verwurzelt ist, um eine solche Entwicklung zuzulassen. Der Durchschnittsbürger hat ein Gefühl dafür, daß die öffentlichen Angelegenheiten auch die seinen sind, und er würde nicht das Recht einbüßen wollen, seine politische Meinung zum Ausdruck zu bringen. Allgemeine Wahlen und Präsidentschaftswahlen sind sportliche Ereignisse wie das Derby, und ohne sie wäre das Leben nicht halb so schön. In Frankreich kann man der Sache nicht so sicher sein. Trotzdem würde es mich überraschen, wenn Frankreich faschistisch würde, es sei denn kurzfristig während des Krieges.

Gewisse Einwände aber — und zwar sind es meiner Meinung nach die stärksten — richten sich gleichermaßen gegen Kommunismus und Faschismus. Beide sind Versuche einer Minderheit, eine Bevölkerung gewaltsam entsprechend einer vorgefaßten, schablonenhaften Vorstellung umzubilden. Sie sehen in einem Volk nur, was ein Mann, der eine Maschine zu konstruieren gedenkt, in dem dazugehörigen Material sieht: das Material erfährt starke Veränderungen, jedoch nach den Absichten des Konstrukteurs, nicht nach einer dem Material innewohnenden gesetzmäßigen Entwicklung. Wo es sich jedoch um Lebewesen handelt und vor allem um Menschen, hat eine natürliche Entwicklung die Tendenz, bestimmte Ergebnisse zu erzielen, während andere Ergebnisse nur durch eine gewisse gewaltsame Einflußnahme zu erwirken sind. So mag es Keimforschern gelingen, Tiere mit zwei Köpfen oder einer Nase an der Stelle, wo ein Huf sitzen sollte, zu züchten; aber solche Abnormitäten finden das Leben nicht sehr erfreulich. In gleicher Weise verändern und verbilden die Faschisten und Kommunisten mit ihrer Vorstellung von der Gesellschaft als einem Ganzen die einzelnen so lange, bis sie sich in die Schablone einfügen lassen; wer sich nicht hinreichend verbilden läßt, wird umgebracht oder in ein Konzentrationslager geschickt. Ich glaube, eine derartige Auffassung, die die natürlichen Impulse des Individuums völlig mißachtet, ist ethisch nicht zu rechtfertigen, noch kann sie auf die Dauer politisch erfolgreich sein. Ein Strauch läßt sich beschneiden, bis er Pfauengestalt hat, und die gleiche entstellende Gewalt kann man auch dem Menschen antun. Aber der Busch verhält sich passiv, während der Mensch, was auch immer der Diktator verlangen mag, aktiv bleibt, wenn nicht in der einen, so doch in der anderen Sphäre. Der Strauch kann das, was ihn der Gärtner über den Gebrauch der Schere gelehrt hat, niemandem weitervermitteln, aber der verbildete Mensch wird immer noch schwächere zu finden wissen, die er seinerseits entsprechend zurechtstutzen kann. Dieses unnatürliche Umbilden muß beim einzelnen unweigerlich Unbarmherzigkeit oder Gleichgültigkeit erzeugen, vielleicht beides im Wechsel. Und von einem Volk mit solchen Charakteristika ist nichts Gutes zu erwarten.

Die moralische Wirkung auf den Diktator ist ebenfalls eine Angelegenheit, der sowohl Kommunisten wie Faschisten nicht genügend Beachtung schenken. Ist er, um damit zu beginnen, ein Menschenfeind, dann wird er von Anfang an übermäßig unbarmherzig sein und im Verfolgen seiner unmenschlichen Ziele vor keiner Grausamkeit zurückschrecken. Wenn er anfangs Mitleid empfindet mit den Menschen, die er auf Grund seiner Theorien ins Elend bringen muß, wird er entweder einem hartgesotteneren Nachfolger Platz machen oder seine menschenfreundlichen Gefühle unterdrücken müssen; in diesem Falle wird er wahrscheinlich noch sadistischer werden als der Mann, der einen solchen inneren Kampf nicht zu bestehen hatte. In jedem Falle wird die Regierung in der Hand unbarmherziger Männer liegen, die ihre Machtgier mit dem Streben nach einem bestimmten Gesellschaftstyp tarnen. Mit der zwangsläufigen Logik des

Despotismus wird alles, was an den ursprünglichen Absichten der Diktatur gut gewesen sein mag, allmählich völlig dahinschwinden und es wird sich mehr und mehr herausstellen, daß es der unverhüllte Zweck des Staatsapparats ist, dem Diktator die Macht zu erhalten.

Auf den intensiven Umgang mit Maschinen ist etwas zurückzuführen, was man als Manipulanten-Trugschluß bezeichnen könnte; das heißt, Individuen und Gesellschaften werden behandelt, als wären sie seelen- und leblos, und Manipulanten, als wären sie göttliche Wesen. Die Menschen verändern sich durch die Behandlung und die Behandelnden selbst verändern sich auf Grund der Wirkung, die das Behandeln auf sie ausübt. Die gesellschaftliche Dynamik ist daher eine sehr schwierige Wissenschaft und man weiß weniger von ihr, als notwendig wäre, um eine Diktatur zu stützen. In dem typischen Manipulator ist jedes Gefühl für die natürliche Entwicklung seines Patienten atrophiert; daraus ergibt sich aber nicht, wie er hofft, passives Einfügen in eine Stelle der vorbestimmten Schablone, sondern eine krankhafte, verzerrte Entwicklung, die zu einem grotesken und makabren Modell wird. Das stärkste Argument zugunsten der Demokratie und der Geduld ist die Tatsache, daß ein Element der freien Entwicklungsmöglichkeit, der Willens- und Bewegungsfreiheit und der unbeeinflußten, natürlichen Lebensweise von wesentlicher Bedeutung ist, wenn die Menschen nicht zu mißgestalteten Ungeheuern werden sollen. Und da ich nun einmal glaube, daß die kommunistische und die faschistische Diktatur gleichermaßen abzulehnen sind, beklage ich in jedem Falle die Tendenz, in ihnen die einzigen Alternativen zu sehen und die Demokratie als überholt und veraltet abzutun. Wenn die Menschen die beiden Diktaturen für die einzigen Alternativen halten, wird es so weit kommen, daß sie es werden; wenn die Menschen aber anderer Überzeugung sind, werden sie dadurch diese Entwicklung verhindern können.

VII

WAS FÜR DEN SOZIALISMUS SPRICHT

Die Sozialisten sind heutzutage zum größten Teil Schüler und Anhänger von Karl Marx, dessen Auffassung sie übernommen haben, nur eine einzige politische Kraft sei praktisch imstande, den Sozialismus hervorzubringen, nämlich der Zorn des besitzlosen Proletariats auf die Eigentümer der Produktionsmittel. In unvermeidlicher Reaktion darauf haben diejenigen, die nicht Proletarier sind, mit vergleichsweise geringen Ausnahmen entschieden, daß der Sozialismus etwas sei, dem man sich widersetzen müsse; und wenn sie hören, daß ihre erklärten Feinde den Klassenkampf predigen, neigen sie naturgemäß dazu, diesen Kampf selbst anzufangen, solange sie noch an der Macht sind. Der Faschismus ist eine Entgegnung auf den Kommunismus, eine wahrhaft fürchterliche Entgegnung. Solange der Sozialismus in marxistischen Formulierungen gepredigt wird, erweckt er so mächtigen Widerstand, daß sein Erfolg in fortschrittlichen westlichen Ländern täglich unwahrscheinlicher wird. Er würde selbstverständlich in jedem Falle die Opposition der Reichen hervorgerufen haben, aber keine so heftige und ausgedehnte Opposition.

Ich für mein Teil bin zwar ein ebenso überzeugter Sozialist wie der glühendste Marxist, halte aber den Sozialismus nicht für ein Evangelium proletarischer Rachegefühle, nicht einmal *ursprünglich* für ein Mittel, den gerechten wirtschaftlichen Ausgleich zu gewährleisten. Ich sehe darin vornehmlich eine Methode der Anpassung an die maschinelle Produktion, wie sie der gesunde Menschenverstand fordert, und darauf berechnet, daß nicht nur die Proletarier, sondern alle Menschen mit Ausnahme einer winzigen Minderheit glücklicher werden. Wenn er heute nicht ohne gewaltsamen Aufstand durchführbar ist, so muß das weitgehend dem Ungestüm seiner Vorkämpfer zugeschrieben werden. Aber ich habe noch immer etwas Hoffnung, daß ein vernünftigeres Plädieren für den Sozialismus den Widerstand mildern und einen weniger katastrophalen Übergang ermöglichen wird.

Wir wollen zunächst mit einer Definition des Sozialismus beginnen. Diese Definition muß aus zwei Teilen bestehen, einem wirtschaftlichen und einem politischen. Zum wirtschaftlichen Teil gehört, daß der Staat die höchste wirtschaftliche Macht in Besitz hat, was zumindest Land und Erzvorkommen, Kapital, Bank- und Kreditwesen und Außenhandel einschließt. Der politische Teil fordert, daß die höchste politische Macht demokratisch sei. Marx selbst und praktisch auch alle Sozialisten vor 1918 hätten diesem Teil der Definition uneingeschränkt zugestimmt; aber seit die Bolschewiken die russische verfassunggebende Versammlung aufgelöst haben, ist eine abweichende Doktrin entstanden; danach soll die politische Macht, wenn eine sozialistische Regierung sich mit Hilfe einer Revolution erfolgreich durchgesetzt hat, nur auf ihre leidenschaftlichsten Vorkämpfer beschränkt sein. Natürlich muß man einräumen, daß es nicht immer möglich ist, nach einem Bürgerkrieg den Besiegten sofort volle Freiheit zu gewähren, aber insoweit das der Fall ist, läßt sich der Sozialismus unmöglich sofort einführen. Eine sozialistische Regierung, die den wirtschaftlichen Teil des Sozialismus durchgeführt hat, wird ihre Aufgabe erst dann ganz erfüllt haben, wenn sie sich so viel Unterstützung in der Öffentlichkeit gesichert hat, daß eine demokratische Regierungsform möglich wird. Daß Demokratie notwendig ist, wird an einem extremen Beispiel offenbar. Ein orientalischer Despot etwa kann alle Naturschätze seines Gebietes als sein Eigentum erklären, richtet damit aber noch kein sozialistisches Regime auf, sowenig wie Leopolds II. Herrschaft im Kongo als nachahmenswertes Vorbild gelten kann. Ohne öffentliche Kontrolle kann man vom Staat nichts anderes erwarten, als daß er seine wirtschaftlichen Unternehmungen auf die eigene Bereicherung abstellt, und daher wird die Ausbeutung nur eine andere Form annehmen. Demgemäß muß die Demokratie als Bestandteil der Definition eines sozialistischen Regimes anerkannt werden.

Was den wirtschaftlichen Teil der Definition betrifft, so sind einige weitere Erklärungen erforderlich, weil es gewisse Formen des Privatunternehmertums gibt, die manche als mit dem Sozialismus vereinbar empfinden, während andere die entgegengesetzte Ansicht vertreten würden. Soll es einem Pionier gestattet sein, sich auf einem vom Staat gepachteten Stück Land eine Blockhütte zu bauen? Ja; daraus folgt aber nicht, daß es Privatleuten erlaubt sein müsse, in New York Wolkenkratzer zu bauen. Desgleichen mag ein Mann einem Freund einen Schilling leihen, nicht aber ein Finanzmann einer Gesellschaft oder einer ausländischen Regierung zehn Millionen. Es ist eine Sache des Grades und leicht auszugleichen, da bei großen Transaktionen verschiedene gesetzliche Formalitäten zu erfüllen sind, was bei kleinen Unternehmungen entfällt. Wo derartige Formalitäten unumgänglich sind, ermöglichen sie es dem Staat, eine Kontrolle auszuüben. Um ein anderes Beispiel anzuführen: Juwelen sind nicht Kapital im wirtschaftlichen Sinne, da es sich dabei nicht um Produktionsmittel handelt; aber wie die Dinge heute nun einmal liegen, kann ein Mann die Diamanten, die er besitzt, veräußern und dafür Aktien kaufen. Unter dem sozialistischen Regime wird er weiterhin Diamanten besitzen dürfen, er kann sie aber nicht veräußern, um Aktien dafür zu kaufen, da es keine käuflichen Aktien geben wird. Privater Reichtum braucht nicht gesetzlich verboten zu werden, vielmehr nur private Investierungen; daraus ergibt sich, daß der private Reichtum, da niemand mehr Zinsen empfangen wird, langsam dahinschwinden muß bis auf ein vernünftiges Maß an persönlichem Besitz. Wirtschaftliche Macht über andere Menschen darf nicht einzelnen überlassen bleiben, aber Privateigentum, das keine wirtschaftliche Macht verleiht, kann erhalten bleiben.

Die Vorteile, die von einer Einführung des Sozialismus zu erwarten sind — vorausgesetzt, daß dies ohne verheerenden revolutionären Kampf möglich sei —, sind verschiedenartig und keineswegs auf die lohnempfangende Klasse beschränkt. Ich bin aber weit davon entfernt zu glauben, daß alle oder einige dieser Vorteile sich aus dem Sieg einer sozialistischen Partei in einem langen und schwierigen Klassenkonflikt ergeben würden; er würde die Gegensätze noch verschärfen, einen unbarmherzigen, militaristischen Menschentyp in den Vordergrund stellen, die Talente vieler wertvoller Fachleute durch Tod, Verbannung oder Kerkerhaft unnütz vergeuden und der siegreichen Regierung eine Kasernen-Mentalität verleihen. Und wenn ich für den Sozialismus Vorzüge in Anspruch nehmen werde, so ist dabei stets vorausgesetzt, daß die Menschen von ihm überzeugt worden sind und daß das geringstmögliche Maß an notwendiger Gewalt nur angewendet wurde, um den Widerstand kleiner Gruppen von Unzufriedenen zu brechen. Ich bin dessen sicher, daß eine mit weniger Haß und Bitterkeit geführte sozialistische Propaganda, die nicht an den Neid, sondern an die offensichtliche Notwendigkeit wirtschaftlicher Organisation appelliert, die Aufgabe, die Menschen zu überzeugen, ungeheuer erleichtern würde, so daß dementsprechend weniger Gewaltanwendung erforderlich wäre. Ich mißbillige den Appell an die Gewalt, es sei denn, es gälte das zu verteidigen, was mit Hilfe der Überzeugungskraft legal eingesetzt worden ist, und zwar a) weil die Gewaltanwendung vermutlich ihren Zweck verfehlen wird, b) weil der Kampf unheilvoll vernichtend sein wird und c) weil die Sieger nach einem hartnäckigen Kampf wahrscheinlich ihre ursprünglichen Ziele vergessen haben und irgend etwas ganz anderes aufrichten werden, vermutlich eine Militär-Diktatur. Ich setze daher als Bedingung für einen erfolgreichen Sozialismus voraus, daß eine Mehrheit auf friedlichem Wege überzeugt wurde, seine Lehren zu akzeptieren.

Ich werde zugunsten des Sozialismus neun Argumente anführen, von denen keines neu ist und nicht alle gleich wichtig sind. Die Liste ließe sich unbegrenzt erweitern, aber meiner Meinung nach sollten diese neun hinreichend zum Beweis dienen, daß der Sozialismus kein auf eine Klasse beschränktes Evangelium ist.

1. Das Versagen des Profitmotivs

Der Profit, als gesonderte Wirtschaftskategorie, tritt erst bei einem bestimmten Stand der industriellen Entwicklung klar zutage. Den Keim dieser Entwicklung könnte man jedoch in dem Verhältnis von Robinson Crusoe und seinem Diener Freitag sehen. Angenommen, Robinson Crusoe habe im Herbst mit Hilfe seines Gewehrs die gesamten Lebensmittelvorräte seiner Insel in die Hand bekommen. Dann ist er in der Lage, Freitag zu veranlassen, die Vorarbeit für die Ernte des nächsten Jahres zu leisten auf Grund der Vereinbarung, daß Freitag den Lebensunterhalt bekommt, indes der gesamte Überschuß an seinen Arbeitgeber fällt. Was Robinson Crusoe nach diesem Kontrakt erhält, könnte als Zinsen auf sein Kapital gelten, dieses Kapital, das aus seinen wenigen Werkzeugen und den Lebensmittelvorräten besteht, die er besitzt. Der Profit aber, wie er sich unter höherzivilisierten Bedingungen ergibt, schließt weiterhin den Tausch ein. Ein Baumwollfabrikant beispielsweise produziert Baumwolle nicht nur für sich und seine Familie; Baumwolle ist nicht das einzige, was er braucht, und so muß er den Hauptanteil seiner Produktion verkaufen, um seine übrigen Bedürfnisse befriedigen zu können. Bevor er aber Baumwolle fabrizieren kann, muß er noch einiges andere kaufen: Rohbaumwolle, Maschinen, Arbeitskraft und mechanische Kraft. Sein Profit besteht aus der Differenz zwischen dem, was er für diese Dinge bezahlt, und dem, was er für das Fertigprodukt erhält. Wenn er jedoch seine Fabrik selbst leitet, müssen wir davon noch abziehen, was sonst ein angestellter Geschäftsführer für die gleiche Arbeit bezahlt bekommen würde; das heißt, der Profit des Fabrikanten besteht aus seinem Gesamtverdienst abzüglich des Gehalts des hypothetischen Geschäftsführers. In großen Betrieben, in denen die Aktionäre keine geschäftsführende Tätigkeit ausüben, ist das, was sie bekommen, der Profit des Unternehmens. Diejenigen, die Geld zu investieren haben, werden durch die Aussicht auf Profit zu Investitionen angeregt;

das ist daher das entscheidende Motiv, wenn es gilt, neue Unternehmen zu starten oder bestehende zu erweitern. Die Verfechter unseres gegenwärtigen Systems haben nun angenommen, alles in allem würde die Aussicht auf Profit dazu führen, daß die richtigen Waren in der richtigen Menge produziert werden. Bis zu einem gewissen Grade traf das in der Vergangenheit zu, heute jedoch nicht mehr.

Und zwar ergibt sich das aus dem komplizierten Charakter der modernen Produktionsweise. Bin ich ein altmodischer Dorfschuster, dem die Nachbarn ihre Schuhe zum Besohlen bringen, so weiß ich, daß das Produkt meiner Arbeit dem Bedarf entspricht; als Großfabrikant von Schuhen muß ich erraten, wie viele Paar Schuhe ich werde verkaufen können, und kann mich leicht verkalkulieren. Ein anderer hat vielleicht bessere Maschinen und kann daher die Schuhe billiger verkaufen; oder meine früheren Kunden sind verarmt und haben gelernt, ihre alten Schuhe länger zu tragen; oder die Mode hat sich geändert und die Leute verlangen nun eine bestimmte Art von Schuhen, die ich mit meinen Maschinen nicht produzieren kann. Wenn irgend etwas dieser Art geschieht, hört nicht nur mein Profit auf, es stehen vielmehr auch die Maschinen still und meine Arbeitnehmer sind beschäftigungslos. Die in die Konstruktion meiner Maschinen eingesetzte Arbeit hat nicht zur Produktion nützlicher Waren geführt und war genau so vergeudet, als hätte man stattdessen Sand ins Meer gestreut. Die arbeitslosen Menschen schaffen nichts mehr, was dem menschlichen Bedarf dient, und die Gemeinschaft verarmt um den Betrag, der aufgewendet werden muß, um sie vor dem Verhungern zu bewahren. Die Menschen, die auf Arbeitslosenunterstützung anstelle von Lohn angewiesen sind, geben viel weniger aus als zuvor und verursachen damit ihrerseits Arbeitslosigkeit unter denen, die die zuvor von ihnen gekauften Waren herstellen. Und so bewirkt die Tatsache, daß ich mich ursprünglich in der Anzahl von Schuhen, die ich mit Gewinn zu verkaufen hoffte, verkalkuliert habe, allmählich immer weitere Kreise von Arbeitslosigkeit, zugleich mit abnehmender Nachfrage. Ich aber bin angekettet an meinen kostspieligen Maschinenpark, der wahrscheinlich mein gesamtes Kapital und meinen Kredit erschöpft hat; damit ist es mir unmöglich gemacht, mich plötzlich von Schuhen auf eine aussichtsreichere Industrie umzustellen.

Oder nehmen wir ein Gewerbe, das noch mehr spekulative Elemente enthält: den Schiffbau. Während des Krieges und noch eine Zeitlang danach herrschte ein außerordentlich hoher Bedarf an Schiffen. Da niemand die Dauer des Krieges oder die Erfolge der U-Boote voraussehen konnte, wurde äußerst weitgehende Vorarbeit für den Bau einer beispiellos hohen Anzahl von Schiffen geleistet. Um 1920 aber waren die Kriegsverluste ausgeglichen und der Bedarf an Schiffen war auf Grund des eingeschränkten Überseehandels plötzlich stark gesunken. Damit waren fast alle Werften überflüssig geworden und die weitaus meisten Arbeitnehmer wurden arbeitslos. Man kann nicht behaupten, daß sie dieses Mißgeschick verdient hätten, da die Regierungen sie ungestüm gedrängt hatten, so schnell wie nur möglich Schiffe zu bauen. Aber bei unserem System des Privatunternehmertums fühlten sich die Regierungen nicht verantwortlich denjenigen gegenüber, die notleidend geworden waren. Und unaufhaltsam breitete sich die Not aus. Die Nachfrage nach Stahl ließ nach, und darunter hatte die Stahl- und Eisenindustrie zu leiden. Es war weniger Bedarf an australischem und argentinischem Fleisch, denn die Arbeitslosen mußten sich mit einfacherer Kost begnügen. Daraus ergab sich eine geringere Nachfrage nach den Waren, die Australien und Argentinien im Austausch für ihr Fleisch abgenommen hatten. Und so fort ad infinitum.

Es gibt aber noch einen weiteren, sehr wichtigen Grund für das Versagen des Profitmotivs in heutiger Zeit, und das ist das Versagen des Moments der Knappheit. Häufig geschieht es, daß eine bestimmte Art von Waren sich in ungeheuren Mengen billiger produzieren läßt als in bescheidenerem Ausmaß. In diesem Falle wäre es vielleicht die wirtschaftlichste Produktionsweise, wenn es für jede dieser Warengattungen nur eine einzige Fabrik auf der Welt gäbe. Aber da sich dieser Stand der Dinge erst allmählich entwickelt hat, gibt es praktisch viele Fabriken. Jede weiß, daß sie als einzige auf der Welt jedermann versorgen und hohen Profit daraus ziehen könnte; stattdessen stehen alle im Konkurrenzkampf, keiner arbeitet mit voller Kapazität, und daher hat niemand einen sicheren Profit. Das führt zu wirtschaftlichem Imperialismus, da die einzige Möglichkeit, Profit zu erzielen, in der ausschließlichen Kontrolle einiger riesiger Märkte besteht. Unterdessen gehen die schwächeren Konkurrenten zugrunde, und je größer die jeweiligen Komplexe sind, um so größer auch die Umschichtung, wenn einer seine Fabriken schließt. Der Konkurrenzkampf führt zu so hoher Produktion, daß die Waren nicht mehr mit Profit verkäuflich sind. Und doch sinkt das Angebot nur unverhältnismäßig wenig, denn mit Rücksicht auf eine sehr kostspielige maschinelle Einrichtung wird es wohl immer noch erträglicher sein, eine Reihe von Jahren mit Verlust zu produzieren, als überhaupt nicht zu produzieren.

Diese ganze Verwirrung und Umschichtung ist darauf zurückzuführen, daß sich die moderne Großindustrie ungehindert vom Motiv des privaten Profits leiten läßt.

In einem kapitalistischen Regime gehen die Kosten, die entscheidend dafür sind, ob ein bestimmtes Produkt von einer bestimmten Firma hergestellt werden soll, zu Lasten dieser Firma, nicht zu Lasten der Gemeinschaft. Ein erfundenes Beispiel mag diesen Unterschied verdeutlichen. Angenommen, irgend jemand — sagen wir Mr. Henry Ford — findet einen Weg, Automobile so billig herzustellen, daß niemand mehr damit konkurrieren kann, woraus sich ergibt, daß alle anderen automobilbauenden Betriebe bankrott machen. Um herauszufinden, wie hoch die Kosten sind, die der Gemeinschaft aus einem der neuen billigen Wagen erwachsen, müssen wir zu dem Betrag, den Mr. Ford für die Produktion aufwenden würde, den entsprechenden Anteil all der nun überflüssigen Anlagen der anderen Firmen und die Kosten für die Ausbildung all der bisher bei anderen Firmen beschäftigten Arbeitnehmer rechnen, die nun arbeitslos sind. (Einige werden bei Mr. Ford beschäftigt werden, aber wahrscheinlich nicht alle, da der neue Produktionsprozeß billiger ist und daher weniger Arbeitskraft erfordert.) Der Gemeinschaft werden wohl auch noch andere Unkosten erwachsen — durch Lohnverhandlungen, Streiks, Aufruhr, stärkeren Polizeieinsatz, Gerichtsverfahren und Inhaftierungen. Wenn man all das in Rechnung stellt, wird man wohl erkennen, daß die Kosten der neuen Wagen sich für die Gemeinschaft anfangs beträchtlich höher stellen als die der alten Automobile. Die Kosten, die der Gemeinschaft erwachsen, sind aber entscheidend für das gesellschaftlich Vorteilhafte, während heutzutage und in unserem System die Kosten, die dem einzelnen Fabrikanten erwachsen, bestimmen, was geschieht.

Wie der Sozialismus dieses Problem lösen würde, werde ich später erklären.

2. *Möglichkeiten für Freizeit und Muße* *)

Dank der hohen Leistung der Maschinen bedarf es heute weit geringerer Arbeit, als früher notwen-

*) Ich werde dieses Thema nur kurz behandeln, da es im ersten Essay dieses Bandes ausführlich erörtert wird.

dig war, um der Menschheit einen leidlichen Durchschnittsstandard an Bequemlichkeit und Komfort zu sichern. Einige fürsorgliche und sparsame Schriftsteller behaupten, eine Stunde Arbeit pro Tag würde dafür ausreichen, aber vielleicht ist bei dieser Schätzung Asien nicht genügend berücksichtigt. Um ganz sicher zu gehen, möchte ich annehmen, daß eine vierstündige tägliche Arbeit aller Erwachsenen hinreichen würde, so viel an materiellem Komfort zu schaffen, wie vernünftige Leute beanspruchen sollten.

Unter der Einwirkung des Profitmotivs läßt sich aber heutzutage die Freizeit nicht gleichmäßig verteilen: manche sind überbeschäftigt, während andere völlig unbeschäftigt sind. Das entsteht folgendermaßen: für den Arbeitgeber hängt der Wert des Lohnempfängers vom Ausmaß seiner Arbeitsleistung ab, die nach Ansicht des Arbeitgebers proportional der Länge des Arbeitstages ist, sofern die Arbeitsstunden nicht sieben oder acht überschreiten. Der Lohnempfänger andererseits zieht einen ziemlich langen Arbeitstag zu gutem Lohn einem sehr kurzen zu sehr viel geringerem Lohn vor. Infolgedessen paßt ein langer Arbeitstag beiden Partnern, wobei die zwangsläufig Unbeschäftigten verhungern können oder von den Behörden auf Kosten der Öffentlichkeit versorgt werden müssen.

Da die Mehrheit aller Menschen gegenwärtig nicht auf ein vernünftiges Niveau von materiellem Komfort gelangt, würde eine klug gelenkte tägliche Arbeitszeit von weniger als vier Stunden ausreichen, um das zu produzieren, was heute für den lebensnotwendigen Bedarf und den einfachen Komfort produziert wird. Das bedeutet: bei einem achtstündigen Durchschnitts-Arbeitstag aller Beschäftigten wäre mehr als die Hälfte der Arbeitenden unbeschäftigt, wenn ein großer Teil der Produktion nicht uneffektiv und nutzlos wäre. Zunächst zur Uneffektivität: wir haben bereits gesehen, wieviel durch den Wettbewerb verschwendet wird, müssen aber dem noch alles hinzufügen, was für die Werbung und die sehr qualifizierte Arbeit in Marktverkehr und Vorratswirtschaft aufgewendet wird. Der Nationalismus bedingt noch eine andere Art von Vergeudung: die amerikanischen Automobilfabrikanten halten es beispielsweise für notwendig, mit Rücksicht auf die Zölle auch Werke in den wichtigsten europäischen Ländern einzurichten, während es ganz offensichtlich arbeitsparend wäre, wenn sie die gesamten Automobile in dem einzigen Riesenwerk in den USA produzieren könnten. Nicht zu vergessen die Vergeudung, die sich durch die Rüstung ergibt, wie auch durch die militärische Ausbildung, die in allen Ländern mit Militärdienstpflicht die gesamte männliche Bevölkerung erfaßt. Dank dieser und ähnlicher Extravaganzen, im Verein mit dem Luxus der Reichen, hat mehr als die Hälfte der Bevölkerung noch Beschäftigung. Aber solange unser gegenwärtiges System besteht, kann jeder Schritt, der dem Kampf gegen diese Vergeudung dient, die Lage der Lohnempfänger im Vergleich zur gegenwärtigen nur noch verschlimmern.

3. *Wirtschaftliche Unsicherheit*

Nach der heutigen Situation in der Welt leiden nicht nur viele Menschen Not, auch die Mehrzahl derjenigen, die nicht notleidend sind, verfolgt die durchaus vernünftige Furcht, es eines Tages zu werden. Die Lohnempfänger leben in der ständigen Gefahr, arbeitslos zu werden; die Gehaltsempfänger wissen, daß ihre Firma bankrott machen kann oder es für notwendig halten könnte, ihren Angestelltenstab zu verkleinern; die Geschäftsleute, selbst jene, die als sehr reich gelten, sind sich darüber klar, daß der Verlust ihres gesamten Geldes durchaus nichts Unwahrscheinliches ist. Fachleute, Gelehrte und Künstler haben sehr schwer zu kämpfen. Sie haben große Opfer für die Ausbildung ihrer Söhne und Töchter gebracht und erkennen dann, daß sich für Menschen mit Fähigkeiten, wie sie ihre Kinder erworben haben, nicht mehr die ehemaligen Aussichten eröffnen. Als Juristen sehen sie, daß die Leute keine Prozesse mehr anstrengen können, obwohl dadurch viel schwerwiegendes Unrecht ungehindert bestehen bleibt; als Ärzte erkennen sie, daß ihre einstmals so einträglichen hypochondrischen Patienten es sich nicht mehr leisten können, krank zu sein, und viele wirklich Leidende auf die unerläßliche medizinische Behandlung verzichten müssen. Man sieht viele Männer und Frauen mit Universitätsbildung hinter Ladentischen bedienen, was ihnen die nackte Not ersparen mag, jedoch nur auf Kosten derjenigen, die früher an dieser Stelle beschäftigt worden wären. In allen Gesellschaftsklassen, von der geringsten bis zur höchsten, beherrscht die Furcht vor wirtschaftlicher Not die Gedanken der Menschen bei Tag und in nächtlichen Träumen, wodurch ihre Arbeit nervenaufreibend wird und ihre Freizeit ihnen keine Erholung bringt. Und ich glaube, dieses allgemeine Schreckgespenst ist die Hauptursache der Wahnsinnsstimmung, von der große Teile der zivilisierten Welt erfaßt sind.

Der Wunsch, reich zu sein, ist in den meisten Fällen auf das Verlangen nach Sicherheit zurückzuführen. Die Menschen sparen und investieren Geld in der Hoffnung, ihre Kinder vor einer Deklassierung bewahren zu können und etwas zum Leben zu haben, wenn sie alt und leistungsunfähig geworden sind. In früherer Zeit war das durchaus vernünftig, da es so etwas wie sichere Investierungen gab. Aber heute ist Sicherheit zu etwas Unerreichbarem geworden: die größten Geschäftshäuser fallieren, Staaten machen bankrott, und was auch immer noch steht, kann der nächste Krieg hinwegfegen. Daraus ergibt sich bei den Menschen, mit Ausnahme jener, die weiterhin mit Scheuklappen im Paradies der Toren leben, eine unglückselige, achtlos-rücksichtslose Einstellung, die ein Erwägen möglicher Heilmittel sehr erschwert.

Wirtschaftliche Sicherheit würde mehr dazu beitragen, das Glück der zivilisierten Gemeinschaften zu fördern, als jeder andere denkbare Wandel, es sei denn, der Krieg ließe sich grundsätzlich verhindern. Arbeit im sozial notwendigen Ausmaß sollte gesetzlich für alle gesunden Erwachsenen obligatorisch sein, doch müßte ihr Einkommen nur von ihrer Arbeitsbereitschaft abhängen und nicht ausfallen, wenn aus irgendwelchen Gründen ihre Dienste zeitweilig nicht benötigt werden. So sollte beispielsweise ein Arzt ein bestimmtes Gehalt beziehen, dessen Zahlung nur mit seinem Tode endet, obwohl man nicht von ihm erwartet, daß er über ein bestimmtes Alter hinaus arbeitet. Eine gute Ausbildung für seine Kinder müßte ihm gewährleistet sein. Würde sich die Gesundheit der Allgemeinheit so stark bessern, daß die unmittelbare medizinische Behandlung durch qualifizierte Ärzte sich erübrigt, dann sollten einige dieser Ärzte mit medizinischer Forschungsarbeit oder mit dem Überprüfen gesundheitsfördernder Maßnahmen oder dem Propagieren einer angemessenen Ernährung beschäftigt werden. Ich glaube, niemand wird bezweifeln, daß die weitaus meisten Mediziner unter einem solchen System glücklicher wären als heute, selbst wenn das bedeuten würde, daß sich die wenigen, die hervorragende Erfolge erzielen, mit geringeren Einnahmen begnügen müßten.

Das Streben nach außergewöhnlichem Reichtum ist aber keineswegs ein notwendiger Antrieb zur Arbeit. Gegenwärtig arbeiten die meisten Menschen nicht, um reich zu werden, sondern um nicht zu verhungern. Kein Briefträger erwartet, jemals reicher zu werden als ein anderer Briefträger, sowenig wie ein Soldat oder Matrose hofft, sich im Dienst für das Vaterland ein Vermögen erwerben zu können. Es gibt allerdings einige wenige Menschen, und das sind in der Regel Menschen von ungewöhnlicher Energie und Bedeutung, die vom Streben nach großem finanziellem Erfolg beherrscht werden. Manche stiften damit Nutzen, manche Schaden; einige machen oder übernehmen eine nützliche Erfindung, andere beeinflussen die Börse oder bestechen Politiker. Aber was sie hauptsächlich suchen, ist der Erfolg, und das Geld ist sein Symbol. Wenn Erfolg nur in anderer Ausdrucksform zu haben wäre, etwa in Gestalt von Ehren oder wichtigen Verwaltungsposten, dann hätten sie auch hier noch einen entsprechenden Antrieb und würden es wahrscheinlich mehr als heute für notwendig erachten, in einer für die Gemeinschaft vorteilhaften Art und Weise zu arbeiten.

Das Streben nach Reichtum selbst ist im Gegensatz zum Verlangen nach Erfolg kein gesellschaftlich nützliches Motiv, sowenig wie der Wunsch nach unmäßigem Genuß von Essen und Trinken. Ein gesellschaftliches System, das diesem Verlangen kein Betätigungsfeld mehr einräumt, wird daher keineswegs schlechter dran sein. Andererseits würde ein System, das die Unsicherheit aufhebt, die Hysterie unseres modernen Lebens größtenteils aus der Welt schaffen.

4. *Die unbeschäftigten Reichen*

Welchen Schaden die Arbeitslosigkeit von Lohnempfängern anrichtet, wird allgemein erkannt. Die Leiden der Arbeitslosen selbst, der Ausfall ihrer Arbeit für die Gemeinschaft und die demoralisierende Wirkung langer, ergebnisloser Arbeitsuche sind so bekannte Themen, daß es unnötig ist, sich des langen und breiten darüber auszulassen.

Die beschäftigungslosen Reichen sind ein Unheil anderer Art. Es gibt in der Welt eine Fülle müßiger Menschen, meist Frauen, die über wenig Bildung, viel Geld und demzufolge großes Selbstvertrauen verfügen. Dank ihrem Reichtum können sie viel Arbeitsleistung veranlassen, die der Befriedigung ihrer Komfortbedürfnisse zu dienen hat. Obgleich sie selten echte Kultur haben, sind doch hauptsächlich sie es, die die Künste protegieren, wenn ihnen auch in der Regel Kunstwerke nur gefallen, sofern sie schlecht sind. Die Nutzlosigkeit ihres Daseins treibt sie in eine so wirklichkeitsferne Sentimentalität, daß sie alles Aufrichtige und Kraftvolle verabscheuen und einen beklagenswerten Einfluß auf die Kultur ausüben. Speziell in Amerika, wo die Männer, die viel Geld verdienen, meist zu beschäftigt sind, um es selbst ausgeben zu können, ist das Kulturleben weitgehend von Frauen beherrscht, deren Anspruch auf Achtung allein darauf beruht, daß ihre Ehemänner über die Kunst, reich zu werden, verfügen. Es gibt zwar Leute, die behaupten, der Kapitalismus sei für die Kunst vorteilhafter, als es der Sozialismus sein würde, aber ich glaube, sie denken dabei an die Aristokraten der Vergangenheit und vergessen die Plutokratien der Gegenwart.

Die Existenz der müßigen Reichen hat aber noch andere unheilvolle Folgen. Obgleich in den bedeutenderen Industriezweigen die moderne Tendenz dahingeht, einige Großunternehmen vielen kleinen vorzuziehen, gibt es doch noch viele Ausnahmen von dieser Regel. Man beachte beispielsweise die unzähligen unnötigen Einzelhandelsgeschäfte in London. In allen Stadtteilen, in denen die reichen Frauen einkaufen, gibt es zahllose, meist von russischen Gräfinnen geführte Hutläden, deren jeder behauptet, ein wenig erlesener zu sein als alle anderen. Ihre Kundinnen schlendern von einem zum andern und verbringen Stunden mit einem Einkauf, der nur Angelegenheit von Minuten sein sollte. Die Arbeitskraft der Verkäuferinnen in diesen Läden ist ebenso vergeudet wie die Zeit derer, die dort einkaufen. Und ein weiterer Schaden ist, daß der Lebensunterhalt einer Reihe von Menschen somit auf absoluter Nutzlosigkeit beruht. Die Kaufkraft der sehr reichen Leute zieht zahllose Parasiten an, die zwar selbst weit davon entfernt sein mögen, reich zu sein, und trotzdem fürchten, es wäre ihr Ruin, wenn es keine müßigen Reichen als Käufer für ihre Waren gäbe. All diese Menschen nehmen moralisch, geistig und künstlerisch Schaden durch ihre Abhängigkeit von der unverantwortlichen wirtschaftlichen Macht törichter Leute.

5. Erziehung und Bildung

Höhere Bildung beschränkt sich heute hauptsächlich, wenn auch nicht ausschließlich, auf die Kinder der Wohlhabenden. Es geschieht allerdings zuweilen, daß Knaben oder Mädchen der Arbeiterklasse mit Hilfe von Stipendien auf die Universität kommen, aber in der Regel müssen sie dann so schwer arbeiten, daß sie sich überanstrengen und den ursprünglichen Erwartungen nicht entsprechen können. Das Ergebnis unseres Systems ist eine große Vergeudung von Talenten: ein Junge oder Mädel aus einem Arbeiterhaus kann eine erstklassige mathematische oder musikalische oder naturwissenschaftliche Begabung haben, und doch sind die Chancen sehr gering, daß er oder sie dies Talent einmal praktisch einsetzen kann. Überdies ist Bildung, zumindest in England, noch untrennbar verbunden mit Snobismus: in allen Schulen wird den Schülern beständig Klassenbewußtsein eingeprägt. Und da das Bildungswesen hauptsächlich vom Staat kontrolliert wird, muß er den *status quo* verteidigen und infolgedessen so weit als möglich die kritische Urteilsfähigkeit der jungen Menschen unterdrücken und sie vor „gefährlichen Gedanken" bewahren. Zugegeben, daß all dies in jedem unsicheren Regime unvermeidlich ist und daß es in Rußland schlimmere Folgen annimmt als in England oder Amerika. Aber während ein sozialistisches Regime im Lauf der Zeit hinreichend gefestigt sein könnte, um keine Kritik mehr fürchten zu müssen, ist das mit Bezug auf ein kapitalistisches Regime heute schwerlich denkbar, es sei denn, ein Sklavenstaat werde aufgerichtet, in dem den Arbeitern überhaupt keine Bildung mehr zuteil wird. Es ist daher nicht zu erwarten, daß sich die gegenwärtigen Mängel des Bildungssystems beheben lassen, bevor nicht das Wirtschaftssystem umgewandelt ist.

6. Die Emanzipation der Frauen und die Wohlfahrt der Kleinkinder

Ungeachtet alles dessen, was in jüngster Zeit zur Verbesserung der Lage der Frauen geschehen ist, sind die weitaus meisten Frauen finanziell noch abhängig von ihren Ehemännern. Diese Abhängigkeit ist in verschiedener Hinsicht schlimmer als die des Lohnempfängers von seinem Arbeitgeber. Ein Arbeitnehmer kann seine Arbeit aufgeben, aber für eine Ehefrau ist das schwierig; außerdem kann sie, so schwer ihre Haushaltsarbeit auch sein mag, keinen Barlohn dafür verlangen. Solange dieser Zustand fortbesteht, kann man nicht behaupten, daß die Frauen auch nur annähernd eine wirtschaftliche Gleichberechtigung besitzen. Gleichwohl dürfte es kaum eine andere Möglichkeit geben, dem abzuhelfen, als den Sozialismus einzuführen. Notwendig wäre, daß die Ausgaben für die Kinder vom Staat, statt vom Ehemann getragen werden, und daß die verheirateten Frauen ihren Lebensunterhalt durch Arbeit außer Haus verdienen, abgesehen von der Stillzeit und der vorgeschrittenen Schwangerschaft. Das würde gewisse architektonische Reformen bedingen (wie sie in einem der vorangehenden Essays behandelt wurden), sowie die Einrichtung von Kinderhorten für Kleinstkinder. Für Kinder und Mütter würde das eine große Wohltat bedeuten, da Kinder Raum und Licht und bestimmte Ernährung brauchen, wie dies alles in einem Arbeiterheim nicht möglich ist, in einem Kinderhort jedoch billig erstellt werden kann.

Eine derartige Reform der Lage der Frauen und der Aufzucht der Kleinkinder wäre auch ohne totalen Sozialismus möglich und ist sogar schon hier und dort in kleinem Maßstab und unvollkommen durchgeführt worden. Angemessen und vollkommen läßt sie sich jedoch nur durchführen im Rahmen einer allgemeinen wirtschaftlichen Umstellung der Gesellschaft.

7. *Kunst*

Von der Besserung, die auf dem Gebiet der Architektur unter sozialistischem Regime zu erwarten ist, habe ich bereits gesprochen. In früheren Zeiten wurde die Architektur noch unterstützt durch die Malerei, und so könnte es wieder sein, wenn wir uns nicht mehr in eifersüchtiger Angst vor den Nachbarn in unsere unansehnlichen Häuser zurückziehen, sondern uns wieder die Schönheit unseres Heimatortes angelegen sein lassen wollten. Die moderne Filmkunst birgt ungeheure Möglichkeiten, die sich nicht entfalten können, solange die Produzenten nur nach kaufmännischen Gesichtspunkten arbeiten; und viele Leute sind ernstlich der Meinung, am ehesten hätten bisher noch die UdSSR diese Möglichkeiten verwirklicht. Wie sehr die Literatur unter dem kaufmännischen Motiv zu leiden hat, wissen alle Schriftsteller: fast jedes starke literarische Werk mißfällt irgendeiner Gruppe, wodurch sich der Absatz verringert. Für Schriftsteller ist es schwierig, ihre Verdienste nicht an ihrem Verdienst zu messen, und wenn schlechte Bücher großen finanziellen Gewinn eintragen, bedarf es schon ungewöhnlicher Charakterstärke, um gute Bücher zu schreiben und arm zu bleiben.

Man muß einräumen, daß der Sozialismus die Sachlage noch verschlimmern *könnte*. Da das Verlegen Staatsmonopol wäre, würde es dem Staat ein leichtes sein, eine engherzige Zensur auszuüben. Und solange dem neuen Regime noch heftige Opposition entgegengesetzt würde, wäre das fast unvermeidlich. Aber nach der Periode des Übergangs steht zu hoffen, daß Bücher verlegt werden, selbst wenn der Staat nicht gewillt ist, sie in ihren Grundzügen anzuerkennen, sofern dem Autor die Veröffentlichung soviel wert ist, daß er die Kosten bereitwillig durch Überstunden abdeckt. Es wird sich nicht um allzu viele Überstunden, also nicht um ungebührliche Härte handeln, und doch wird die Maßnahme jene Autoren hinreichend abschrecken, die nicht aufrichtig von dem Wert ihrer Bücher überzeugt sind. Wichtig ist, daß es zwar *möglich* sein sollte, ein Buch verlegt zu sehen, aber daß es nicht unbedingt sehr leicht sein sollte. Heutzutage nimmt die Veröffentlichung von Büchern in gleichem Maße zu, wie ihre Qualität nachläßt.

8. Gemeinnützige öffentliche Dienste

Seit Anbeginn einer zivilisierten Regierungsform ist stets erkannt worden, daß es Dinge gibt, die getan werden müssen, ohne sie jedoch der unberechenbaren Zufallswirkung des Profitmotivs überlassen zu können. Dazu gehörte als Wichtigstes der

Krieg: selbst wer zutiefst davon überzeugt ist, daß staatliche Unternehmungen nichts wert sind, würde nicht empfehlen, die nationale Verteidigung Privatunternehmern in Auftrag zu geben. Aber es gibt noch vieles andere, was die Behörden zu tun für notwendig erachtet haben, wie etwa Straßen- und Hafenbau, Leuchttürme, Parkanlagen in den Städten und so fort. Ein sehr großer sozialisierter Tätigkeitsbereich, der sich in den letzten hundert Jahren entwickelt hat, ist das öffentliche Gesundheitswesen. Anfangs erhoben die fanatischen Anhänger des *laisser-faire* Widerspruch, doch waren die praktischen Beweisgründe überwältigend. Hätte man hier an der Theorie des Privatunternehmertums festgehalten, dann hätten sich neue Wege aller Art, ein Vermögen zu machen, eröffnet. Ein Pestkranker hätte demnach zu einem Werbefachmann gehen können, der Rundschreiben an Eisenbahngesellschaften, Theater und so weiter ausgeschickt hätte mit dem Hinweis, daß der Mann erwäge, auf ihrem Grund und Boden zu sterben, sofern seiner Witwe nicht ein hoher Betrag gezahlt würde. Man entschloß sich aber, Quarantäne und Isolierung nicht dem freiwilligen Bemühen zu überlassen, da der Nutzen dieser Maßnahmen allgemein und ihr Schaden individuell war.

Die wachsende Zahl und Vielfalt der öffentlichen Dienste gehörte zu den charakteristischen Zügen des vergangenen Jahrhunderts. Darunter nimmt das Bildungswesen den größten Raum ein. Die Schulen und Universitäten, die bestanden, bevor der Staat den Schulbesuch obligatorisch machte, waren aus verschiedenen Motiven heraus entstanden. Da gab es noch aus dem Mittelalter datierende fromme Stiftungen und weltliche Stiftungen, wie etwa das Collège de France, das von aufgeklärten Renaissance-Monarchen gegründet wurde; und es gab Freischulen für die begünstigten Armen. Keine dieser Institutionen arbeitete im Hinblick auf Profit; es gab allerdings auch Schulen, die auf Profit hielten, als Musterbeispiele Dotheboys Hall und Salem House. Und es gibt auch heute noch Schulen, die auf Gewinn arbeiten, und obwohl die Existenz von Schulbehörden sie daran hindert, das Vorbild von Dotheboys Hall zu kopieren, sind sie doch meist geneigt, sich stärker auf ihre Vornehmheit als auf ein hohes wissenschaftliches Niveau zu stützen. Alles in allem hat das Profitmotiv nur wenig Einfluß auf Erziehung und Unterricht gehabt, und dieses Wenige war schlecht.

Auch wo die Behörden die Aufgaben praktisch nicht selbst durchführen, halten sie es doch für nötig, sie zu kontrollieren. Die Straßenbeleuchtung kann eine private Gesellschaft übernehmen, doch muß sie durchgeführt werden, sei es nun gewinnbringend oder nicht. Häuser können von Privatunternehmern gebaut werden, aber die Bauweise ist durch Ortsstatut geregelt. In diesem Falle wird sogar allgemein anerkannt, daß eine weit straffere Regelung wünschenswert wäre. Eine einheitliche Stadtplanung, wie sie Sir Christopher Wren für London nach dem großen Brand entwarf, könnte mit allem Abstoßendem und Schmutz der Elendsviertel und Vororte aufräumen und aus den modernen Städten etwas Schönes, Gesundes und Erfreuliches machen. Dieses Beispiel verdeutlicht wiederum ein Argument gegen das Privatunternehmertum in unserer so sehr beweglichen Welt. Die Gebiete, die als Einheiten gelten, sind zu umfangreich, als daß selbst die mächtigsten Plutokraten damit fertigwerden könnten. London beispielsweise muß als ein Ganzes gesehen werden, da seine Einwohner zu einem hohen Prozentsatz in einem Teil der Stadt schlafen und in einem anderen Teil arbeiten. Einige wichtige Fragen, wie etwa der St.-Lawrence-Strom, berühren starke Interessen, die sich über verschiedene Teile zweier Länder erstrecken; in solchen Fällen ist nicht einmal der Einflußbereich einer einzelnen Regierung hinreichend groß. Personen, Güter und mechanische Kraft, das alles läßt sich heute viel leichter verlagern als in früherer Zeit; daraus folgt, daß kleine Ortschaften nicht mehr so selbstgenügsam sind wie in jenen Tagen, da das Pferd das rascheste Beförderungsmittel war. Kraftwerke gewinnen so große Bedeutung, daß sich, beließe man sie in Privathand, eine neue Art von Gewaltherrschaft entwickeln könnte, vergleichbar der des mittelalterlichen Barons in seiner Zwingburg. Es ist einleuchtend, daß eine von einem Kraftwerk abhängige Gemeinschaft nie über erträgliche wirtschaftliche Sicherheit verfügen kann, wenn es dem Kraftwerk freisteht, seine vorteilhafte Monopolstellung voll auszuwerten. Der Warenverkehr bringt noch die Abhängigkeit von der Eisenbahn mit sich; der Personenverkehr ist zum Teil wieder von der Straße abhängig geworden. Durch die Eisenbahnen und Automobile wurde die Abgrenzung der Stadtgemeinden illusorisch und das Flugzeug erzielt die gleiche Wirkung bezüglich der Landesgrenzen. Und auf diese Weise bedingen die fortschreitenden Erfindungen zwangsläufig in zunehmendem Maße immer größere und größere Räume, die mehr und mehr öffentliche Kontrolle erfordern.

9. Krieg

Ich komme nun zu dem letzten und stärksten Argument zugunsten des Sozialismus, nämlich zu der Notwendigkeit, den Krieg zu verhüten. Ich werde mich allerdings nicht mit der Wahrscheinlichkeit oder den Nachteilen des Krieges aufhalten, da diese Themen als bekannt vorausgesetzt werden dürfen. Ich werde mich auf zwei Fragen beschränken: 1. Wie weit steht die Kriegsgefahr heutzutage in ursächlichem Zusammenhang mit dem Kapitalismus? 2. Inwieweit würde die Einführung des Sozialismus diese Gefahr beseitigen?

Der Krieg ist eine alte Einrichtung, ursprünglich nicht durch den Kapitalismus hervorgerufen, obwohl die Kriegsursachen immer hauptsächlich wirtschaftlicher Natur waren. In vergangener Zeit hatte der Krieg zwei Hauptursachen: die persönlichen Ambitionen von Monarchen und die abenteuerlustigen Ausdehnungsbestrebungen lebensstarker Stämme oder Völker. Ein Konflikt wie der Siebenjährige

Krieg trägt beide Kennzeichen: in Europa war er dynastisch, während er in Amerika und Indien ein Konflikt zwischen Nationen war. Die römischen Eroberungen waren weitgehend den unmittelbaren persönlichen pekuniären Motiven der Heerführer und ihrer Legionäre zuzuschreiben. Bei Hirtenvölkern wie den Arabern, den Hunnen und Mongolen war die Unzulänglichkeit ihrer früheren Weideflächen wiederholt der Anlaß, zu einem Eroberungszug aufzubrechen.

Und allezeit, abgesehen von jenen Fällen, wo ein Monarch (wie im chinesischen und im spätrömischen Reich) seinen Willen durchzusetzen verstand, hat dem Kriegsausbruch Vorschub geleistet, daß starke, siegesgewisse Männer am Krieg Vergnügen fanden, indes ihre Frauen sie um ihres Heldenmutes willen bewunderten. Und wenn sich der Krieg auch weit entfernt hat von seinen primitiven Anfängen, leben doch diese alten Motive noch fort; dessen müssen die Leute eingedenk sein, die den Krieg abgeschafft wissen möchten. Nur der internationale Sozialismus wird einen *vollkommenen* Schutz gegen den Krieg ermöglichen, aber schon der nationale Sozialismus in allen wichtigsten zivilisierten Ländern würde die Wahrscheinlichkeit eines Krieges ungeheuer verringern, was aufzuzeigen ich versuchen werde.

Während die abenteuerliche Kriegsfreudigkeit noch in einem Teil der Bevölkerung der zivilisierten Länder lebendig ist, sind heute die Motive, die die Sehnsucht nach Frieden erwecken, weit stärker denn je innerhalb der letzten Jahrhunderte. Bittere Erfahrung hat die Menschen gelehrt, daß der vergangene Krieg nicht einmal den Siegern Glück und Wohlfahrt gebracht hat. Sie erkennen, daß der nächste Krieg wahrscheinlich unter der Zivilbevölkerung Verluste verursachen wird, wie sie nach Intensität und Umfang seit dem Dreißigjährigen Krieg niemals ihresgleichen gehabt haben, und daß sich diese Verluste vermutlich keineswegs auf eine der kriegführenden Seiten beschränken werden. Sie fürchten, daß die Hauptstädte zerstört und die Zivilisation eines ganzen Erdteils vernichtet werden könnte. Die Briten vor allem sind sich dessen bewußt, daß sie heute nicht mehr, wie seit unvordenklichen Zeiten, vor einer Invasion sicher sind. Diese Erwägungen haben in Großbritannien ein ungestümes Verlangen nach Frieden hervorgerufen und in den meisten anderen Ländern ein gleichartiges, wenn auch vielleicht nicht ganz so intensives Gefühl.

Warum gibt es denn aber dessenungeachtet diese drohende Kriegsgefahr? Die unmittelbare Ursache ist selbstverständlich die Härte des Versailler Vertrags, der einen zunehmenden militanten Nationalismus in Deutschland zur Folge hat. Aber ein neuer Krieg würde mutmaßlich nur zu einem noch härteren Vertrag als dem von 1919 führen und damit auch zu einer noch bösartigeren Reaktion auf seiten der Besiegten. Ein dauernder Friede kann nicht aus dieser endlos schwankenden Unsicherheit hervorgehen, sondern nur aus der Beseitigung der Ursachen, die die Völker verfeinden. Heutzutage sind diese Ursachen hauptsächlich in den Wirtschaftsinteressen gewisser Gruppen zu sehen und daher nur zu beseitigen durch eine grundlegende Neuordnung der Wirtschaft.

Nehmen wir die Eisen- und Stahlindustrie als das bedeutendste Beispiel für die Art und Weise, in der Wirtschaftskräfte dem Krieg Vorschub leisten. Die wesentliche Tatsache ist, daß sich bei der modernen Technik die Produktionskosten pro Tonne bei hoher Produktion niedriger stellen als bei geringerer Produktion. Infolgedessen ergibt sich Profit nur, wenn der Binnenmarkt hinreichend groß ist, sonst nicht. Da die Stahlindustrie der USA einen alle anderen Märkte weit übertreffenden Binnenmarkt hat, brauchte sie sich insofern wenig mit Politik zu befassen, jedenfalls nicht über ein gelegentliches Einmischen hinaus, wenn es nötig schien, den Plan einer Abrüstung zur See zu blockieren. Aber die deutschen, französischen und britischen Stahlindustrien haben alle einen geringeren Binnenmarkt, als ihre Produktionskapazität erfordert. Sie könnten sich natürlich gewisse Gewinne durch einen Zusammenschluß sichern, aber auch dem stehen wieder wirtschaftliche Einwände entgegen. Ein großer Teil der Nachfrage nach Stahl hängt mit der Rüstung zusammen, und daher profitiert die Stahlindustrie als Ganzes durch den Nationalismus und die nationale Aufrüstung. Überdies hoffen sowohl das französische Comité des Forges wie auch der deutsche Stahltrust, durch einen Krieg ihre Konkurrenten vernichten zu können, statt sich in den Profit mit ihnen teilen zu müssen; und da die Kriegskosten in der Hauptsache von anderen zu tragen sind, rechnen sie mit einem für sie finanziell vorteilhaften Endergebnis. Vielleicht irren sie sich, aber dieser Irrtum ist bei kühnen, selbstsicheren und von Macht berauschten Männern etwas Naturgemäßes. Die Tatsache, daß das lebenswichtige lothringische Erz sich in ehemals deutschem, jetzt französischem Gebiet findet, verschärft die Feindschaft der beiden Gruppen und erinnert sie beständig daran, was durch einen Krieg zu gewinnen wäre. Und natürlich sind die Deutschen aggressiver, da die Franzosen sich ja schon im Genuß der Siegesbeute aus dem letzten Krieg befinden.

Es wäre selbstverständlich der Stahlindustrie und den anderen Industrien mit ähnlichen Interessen nicht möglich, große Nationen zu veranlassen, ihren eigenen Zwecken gemäß zu handeln, wenn sie dabei nicht an gewisse Impulse in der Bevölkerung appellieren könnten. In Frankreich und England können sie an die Furcht, in Deutschland an den rachsüchtigen Zorn über ungerechte Behandlung appellieren; und das sind auf beiden Seiten durchaus starke, gültige Motive. Könnte man die Angelegenheit aber in Ruhe erwägen, dann würde sich klar herausstellen, daß ein gerechter Vergleich für alle Beteiligten beglückender wäre. Nichts spricht dafür, die Deutschen weiterhin Unrecht erleiden zu lassen, sowenig wie sie, wenn die Ungerechtigkeit aufgehoben wäre, noch eine vernünftige Entschuldigung für ein Verhalten hätten, das ihren Nachbarn Furcht einflößt. Aber jedes Bemühen um Ruhe und Vernunft wird sofort von der Propaganda durchkreuzt, die an den Patriotismus und die nationale Ehre appelliert. Die Welt befindet sich in der gleichen Lage wie ein Trinker, der sich bessern möchte, aber von guten Freunden umgeben ist, die ihm Alkohol anbieten, und der daher ständig rückfällig wird. In diesem Falle sind die guten Freunde Leute, die an seinem unglückseligen Hang zum Alkohol verdienen, und der erste Schritt zu seiner Besserung wäre, sich dieser Freunde zu entledigen. Nur in diesem Sinne kann der moderne Kapitalismus als Kriegsursache gelten: er ist nicht die Gesamtursache, löst aber als treibende Kraft die anderen Ursachen aus. Wenn es keinen Kapitalismus mehr gäbe, würde der Fortfall der treibenden Kraft den Menschen rasch die Augen über die Sinnwidrigkeit des Krieges öffnen und sie veranlassen, einen so gerechten Vergleich zu schließen, daß in Zukunft ein Kriegsausbruch unwahrscheinlich würde.

Die vollkommene und endgültige Lösung des Problems, das die Stahlindustrie und andere Industrien mit ähnlichen Interessen darstellen, ist nur im internationalen Sozialismus zu sehen, das heißt, diese Industrien wären von einer Behörde zu leiten, in der alle beteiligten Regierungen vertreten sind. Aber schon die Nationalisierung in jedem der führenden Industrieländer würde wahrscheinlich ausreichen, die akute Kriegsgefahr zu beseitigen. Denn wenn die Leitung und Verwaltung der Stahlindustrie in den Händen der Regierung läge und diese Regierung demokratisch wäre, würden ihre Geschäfte nicht zu ihrem eigenen, sondern zum Nutzen der Nation geführt werden. In der Bilanz des öffentlichen Haushalts würden Profite, die die Stahlindustrie auf Kosten anderer Teile der Gemeinschaft gemacht hat, aufgerechnet werden gegen anderweitige Verluste, und da niemandes Einkommen mit den Gewinnen oder Verlusten einer speziellen Industrie steigen oder fallen würde, hätte auch niemand Anlaß, die Interessen der Stahlindustrie auf Kosten der Allgemeinheit zu fördern. Die dank der Aufrüstung gesteigerte Stahlproduktion würde als Verlust gelten, da der zur Verteilung an die Bevölkerung bestimmte Vorrat an Gebrauchsgütern sich dadurch verringern würde. Auf diese Weise würden öffentliche und private Interessen in Einklang gebracht und das Motiv für eine betrügerische Propaganda würde entfallen.

Es bleibt noch einiges zu sagen über die Art und Weise, in der der Sozialismus die übrigen von uns bereits betrachteten Mißstände bessern würde.

Anstelle der Profitsucht als des leitenden Motivs der Industrie wird Planung durch die Regierung treten. Wenn auch die Regierung sich verrechnen *könnte,* so ist das doch unwahrscheinlicher als bei einem Privatunternehmer, weil sie umfassendere Kenntnisse haben wird. Als der Gummipreis hoch stand, pflanzte jeder, der es nur ermöglichen konnte, Gummibäume, mit dem Erfolg, daß nach wenigen Jahren der Preis erschreckend fiel und man die

Notwendigkeit erkannte, eine Vereinbarung über beschränkte Gummiproduktion zu treffen. Eine Zentralbehörde, die im Besitz aller Statistiken ist, kann derartige Fehlkalkulationen verhindern. Dennoch können unvorhergesehene Ursachen, wie etwa neue Erfindungen, auch die sorgfältigsten Schätzungen über den Haufen werfen. In solchen Fällen hat die Gemeinschaft als Ganzes Gewinn davon, wenn der Übergang zu neuen Verfahren allmählich vollzogen wird. Und zugunsten derjenigen, die irgendwann unbeschäftigt sind, wird man unter sozialistischem Regime Maßnahmen ergreifen können, die gegenwärtig auf Grund der Furcht vor Arbeitslosigkeit und des wechselseitigen Mißtrauens der Arbeitgeber und Arbeitnehmer nicht anwendbar sind. Wenn ein Industriezweig zu verfallen beginnt und ein anderer aufblüht, kann man die jüngeren Männer aus der verfallenden Industrie herausziehen und in dem aufblühenden Industriezweig ausbilden. Mit einer Kürzung der Arbeitsstunden läßt sich die Arbeitslosigkeit größtenteils verhüten. Und wenn sich für einen Menschen durchaus keine Arbeit findet, wird er dessenungeachtet seinen vollen Lohn bekommen, weil er für seine Arbeits*bereitschaft* bezahlt wird. Und sofern ein Zwang zur Arbeit erfolgen muß, wird er durch das Strafgesetz, nicht durch wirtschaftliche Sanktionen vollzogen werden.

Es wird denen, die die Planung aufstellen, also letztlich den Wählern, überlassen bleiben, einen Ausgleich zwischen Komfort und Freizeit herzustellen. Wenn jedermann nur vier Stunden täglich arbeitet, wird es weniger Komfort geben als bei fünfstündiger Arbeitszeit. Es steht aber wohl zu erwarten, daß fortschreitende technische Verbesserungen sich so auswerten lassen, daß sie teils mehr Komfort und teils mehr Freizeit ermöglichen.

Wirtschaftliche Unsicherheit wird es nicht mehr geben (vorausgesetzt, daß es auch keine Kriegsgefahr mehr gäbe), da jeder Mensch ein Gehalt beziehen wird, solange er nicht kriminell ist, und die Kosten für die Kinder vom Staat getragen werden. Die Frauen werden nicht mehr von den Ehegatten abhängig sein, auch wird man die Kinder nicht mehr so schwer unter den Fehlern ihrer Eltern leiden lassen. Wirtschaftliche Abhängigkeit des einzelnen vom anderen wird es nicht mehr geben, nur die aller einzelnen vom Staat.

Solange es den Sozialismus in einigen zivilisierten Ländern geben wird, in anderen jedoch nicht, wird es noch möglich sein, daß es zu einem Krieg kommt, und die Vorteile des Systems werden sich daher nicht voll auswirken können. Ich glaube aber, es ist mit Sicherheit anzunehmen, daß jedes Land, das den Sozialismus eingeführt hat, damit auch nicht mehr aggressiv militaristisch sein und sich im wesentlichen nur damit beschäftigen wird, Angriffe von anderer Seite zu verhindern. Und bei einem alle zivilisierten Länder umfassenden universellen Sozialismus werden die Motive für Kriege großen Stils wahrscheinlich nicht mehr hinreichend stark sein, um die sehr einleuchtenden Gründe, die für den Frieden sprechen, zu übertrumpfen.

Der Sozialismus, ich wiederhole, ist keine ausschließlich für das Proletariat bestimmte Doktrin. Indem er die wirtschaftliche Unsicherheit aus der Welt schafft, ist er darauf berechnet, alle Menschen, mit Ausnahme einer Handvoll der reichsten Leute, glücklicher zu machen; und wenn er, wie es meine feste Überzeugung ist, Weltkriege verhindern kann, wird er damit die Wohlfahrt der ganzen Welt unermeßlich steigern — denn was die Ansicht gewisser Industriemagnaten betrifft, daß sie durch einen neuen Weltkrieg profitieren könnten, so ist das ungeachtet der wirtschaftlichen Argumente, mit denen ihrer Auffassung der Anschein der Annehmbarkeit gegeben werden kann, eine Selbsttäuschung von verblendeten Irren.

Stimmt es tatsächlich, wie die Kommunisten behaupten, daß der Sozialismus ein so universal segensreiches und so leichtverständliches System ist, ein System überdies, für das der Zusammenbruch des gegenwärtigen Wirtschaftsregimes und die dringende Gefahr eines mit einem Krieg verbundenen universellen Unheils eine Empfehlung ist, stimmt es tatsächlich, daß man dieses System überzeugend nur den Proletariern und einer Handvoll Intellektueller anbieten kann und daß es sich nur mit Hilfe eines blutigen, fragwürdigen und vernichtenden Klassenkampfes einführen läßt? Ich für mein Teil vermag das nicht zu glauben. Sicher ist der Sozialismus in mancher Beziehung unvereinbar mit gewissen alten Gewohnheiten und erweckt daher einen leidenschaftlichen Widerstand, der nur allmählich zu überwinden ist; zumal in den Gemütern seiner Gegner Atheismus und Schreckensherrschaft zu seinen untrennbaren Begleiterscheinungen geworden sind. Aber mit Religion hat der Sozialismus nichts zu tun. Er ist eine Wirtschaftslehre, und jeder Christ, jeder Mohammedaner, Buddhist oder Anhänger Brahmas kann ohne jegliche logische Inkonsequenz Sozialist sein. Und was die Schreckensherrschaft betrifft, so hat es sie in vergangenen Zeiten häufig gegeben, meist auf seiten der Reaktion; und wenn es zum Sozialismus als dem Ausdruck der Empörung gegen eine solche Schreckensherrschaft kommen sollte, dann allerdings ist zu befürchten, daß er etwas an ungestümer Härte vom Erbe des vorangegangenen Regimes übernehmen wird. Aber in Ländern, die noch ein gewisses Maß an Gedanken- und Redefreiheit zulassen, kann die sozialistische Sache, wie ich glaube, wenn sich Inbrunst mit Geduld paart, so dargeboten werden, daß sie weit mehr als die Hälfte der Bevölkerung überzeugt. Wenn sich zu dieser Zeit die Minderheit zur Gewaltanwendung entschließt, wird die Mehrheit selbstverständlich ebenfalls Gewalt anwenden müssen, um die Rebellen zu unterdrücken. Wenn jedoch die Vorarbeit im Sinne des Überzeugens angemessen durchgeführt wurde, sollte Rebellion so offensichtlich hoffnungslos wirken, daß selbst die Reaktionärsten sich gar nicht erst darauf einlassen würden; falls sie es dennoch täten, würden sie so leicht und rasch zu besiegen sein, daß gar keine Gelegenheit für eine Schreckensherrschaft gegeben wäre. Solange die Möglichkeit zu überzeugen besteht und eine Mehrheit noch nicht überzeugt wurde, ist Gewaltanwendung unangebracht; wenn eine Mehrheit überzeugt worden ist, kann man die weitere Entwicklung dem regelrechten Funktionieren der demokratischen Regierung überlassen, sofern nicht asoziale Elemente eine günstige Gelegenheit für eine Revolte sehen. Eine derartige Revolte zu unterdrücken wäre eine Maßnahme, die jede Regierung anwenden würde; die Sozialisten haben nicht mehr Veranlassung zu Gewaltanwendung als andere konstitutionelle Parteien in demokratischen Ländern auch. Und wenn die Sozialisten je zur Macht kommen sollen, dann werden sie nur durch die vorangehende Kraft der Überzeugung dazu gelangen können.

Gewisse Kreise führen heute gewöhnlich an, daß der Sozialismus vielleicht einmal mit Hilfe der gebräuchlichen Methoden der politischen Propaganda hätte durchdringen können, daß es aber nun durch den erstarkenden Faschismus unmöglich geworden sei. Soweit es die Länder mit faschistischer Regierung betrifft, stimmt das selbstverständlich, da nach der Verfassung keine Opposition zugelassen ist. In Frankreich, Großbritannien und den Vereinigten Staaten liegen die Dinge jedoch anders. In Frankreich und Großbritannien gibt es mächtige sozialistische Parteien; in Großbritannien und Amerika sind die Kommunisten an Zahl unbeträchtlich, und nichts deutet darauf hin, daß sie Boden gewinnen. Sie konnten gerade noch den Reaktionären als Entschuldigungsgrund für milde Unterdrückungsmaßnahmen dienen; diese Maßnahmen waren aber nicht abschreckend genug, um die Wiedergeburt der Labour-Party oder den aufblühenden Radikalismus in den Vereinigten Staaten zu verhindern. Es ist durchaus nicht unwahrscheinlich, daß die Sozialisten in Großbritannien bald in der Mehrzahl sein werden. Sie werden dann zweifellos bei der Durchführung ihrer Politik Schwierigkeiten begegnen, und die Zaghafteren werden versuchen, einen Aufschub der Durchführung mit diesen Schwierigkeiten zu entschuldigen; womit sie im Irrtum wären, denn während naturgemäß der Weg der Überzeugung nur allmählich fortschreitet, muß der endgültige Übergang zum Sozialismus rasch und plötzlich erfolgen. Aber bisher liegt noch kein triftiger Grund vor anzunehmen, daß die verfassungsmäßigen Methoden versagen werden, und noch weit weniger Anlaß zu der Annahme, daß irgendwelche andere Methoden bessere Erfolgschancen hätten. Im Gegenteil, jeder gesetzwidrige Appell an die Gewalt fördert den Faschismus in seiner Entwicklung. Welche Schwächen auch immer die Demokratie haben mag, nur mit Hilfe des im Volke verwurzelten Glaubens an die Demokratie und mit demokratischen Mitteln kann der Sozialismus hoffen, in Großbritannien oder Amerika zum Erfolg zu kommen. Wer die Achtung vor der demokratischen Regierungsform untergräbt, unterstützt damit absichtlich oder unabsichtlich den künftigen Sieg nicht des Sozialismus oder Kommunismus, sondern allein des Faschismus.

VIII

DIE ABENDLÄNDISCHE ZIVILISATION

Die eigene Zivilisation in der richtigen Perspektive zu sehen, ist keineswegs einfach. Es gibt aber drei Wege, die unverkennbar zu diesem Ziel führen, nämlich Reisen, Studium der Geschichte und der Anthropologie; und was ich zu sagen haben werde, stützt sich auf diese drei gemeinsam; doch ist keiner der drei Faktoren allein bei dem Bemühen um Objektivität eine so große Hilfe, wie es den Anschein hat. Der Reisende sieht nur, was ihn interessiert; Marco Polo beispielsweise bemerkte niemals die winzigen Füße der chinesischen Frauen. Der Historiker ordnet die Ereignisse entsprechend dem Modell seiner vorgefaßten Meinungen: so wurde etwa der Verfall Roms abwechselnd dem Imperialismus, dem Christentum, der Malaria, der Ehescheidung und der Fremdeinwanderung zugeschrieben — den beiden letzten Fakten mit Vorliebe in Amerika jeweils durch Geistliche und Politiker. Der Anthropologe greift Tatsachen heraus und deutet sie, beides gemäß den herrschenden Vorurteilen seiner Zeit. Was wissen denn wir, die wir zu Hause sitzen, wirklich von dem sogenannten Wilden? Der Anhänger Rousseaus sagt, er sei edel, der Imperialist bezeichnet ihn als grausam; kirchlich gesinnte Anthropologen erklären ihn als einen tugendhaften

Familienvater, während diejenigen, die sich für eine Reform der Scheidungsgesetze einsetzen, behaupten, er lebe in freier Liebe; Sir James Fraser sagt, er brächte beständig seinen Gott um, während andere erklären, er sei unentwegt mit kultischen Zeremonien beschäftigt. Kurzum, der Wilde ist ein gefälliger Bursche, der alles und genau das tut, was nach den Theorien der Anthropologen gerade erforderlich ist. Ungeachtet dieser Nachteile sind Reisen, Geschichtsbetrachtung und Anthropologie die besten Mittel, und wir sollten den höchstmöglichen Nutzen daraus ziehen.

Zunächst einmal, was ist Zivilisation? Sie scheint mir in erster und wesentlichster Linie charakterisiert durch die *Vorsorge*. Das ist es, was in der Hauptsache die Menschen von den Tieren und die Erwachsenen von den Kindern unterscheidet. Da es aber in der Vorsorge Gradunterschiede gibt, können wir mehr oder minder zivilisierte Völker und Epochen an dem Ausmaß der Vorsorge erkennen, die sie betreiben. Und Vorsorge ist ziemlich präzise meßbar. Ich will damit nicht sagen, daß die Durchschnittsvorsorge einer Gemeinschaft umgekehrt proportional dem Zinsfuß sei, obwohl das eine Ansicht ist, die sich vertreten ließe. Wohl aber können wir sagen, daß sich der Grad der in jeder Handlung einbegriffenen Vorsorge an drei Faktoren ermessen läßt: gegenwärtigen Leiden, zukünftigen Freuden und der Länge des dazwischenliegenden Zeitraums. Das heißt, man gewinnt die Größe „Vorsorge“, indem man die gegenwärtigen

Leiden durch die zukünftigen Freuden dividiert und das Ergebnis mit dem Zwischenraum zwischen beiden multipliziert. Es besteht aber ein Unterschied zwischen individueller und kollektiver Vorsorge. In einer aristokratischen oder plutokratischen Gemeinschaft kann der eine die gegenwärtigen Leiden erdulden, indes ein anderer die künftigen Freuden genießt. Das erleichtert die kollektive Vorsorge. In diesem Sinne beweisen alle charakteristischen Leistungen des Industrialismus einen hohen Grad von kollektiver Vorsorge: wer Eisenbahnen, Häfen oder Schiffe baut, tut damit etwas, dessen Nutzen für die Allgemeinheit erst Jahre später geerntet werden kann.

Allerdings betreibt in der neuzeitlichen Welt niemand soviel Vorsorge wie die alten Ägypter mit dem Einbalsamieren ihrer Toten, denn das geschah im Hinblick auf ihre Auferstehung nach einigen zehntausend Jahren. Damit komme ich zu einem weiteren, für die Zivilisation wesentlichen Element, nämlich zum *Wissen*. Auf Aberglauben gegründete Vorsorge kann nicht als wahrhaft zivilisiert gelten, obwohl sie zu einer geistigen Einstellung führen kann, die für die Entwicklung einer echten Zivilisation wichtig ist. So hat es beispielsweise die puritanische Gepflogenheit, alle Freuden dem zukünftigen Leben im Jenseits vorzubehalten, unzweifelhaft erleichtert, das für den Industrialismus erforderliche Kapital anzusammeln. Daher könnten wir Zivilisation etwa so definieren: *Eine auf der Verbindung von Wissen und Vorsorge beruhende Lebensweise.*

Die Zivilisation in diesem Sinne begann mit dem Ackerbau und dem Zähmen der Wiederkäuer zu Haustieren. Es ist noch gar nicht so lange her, daß eine scharfe Trennung bestand zwischen den ackerbautreibenden und den Hirtenvölkern. Wir lesen in der Genesis (1. Mose 46, 31—34), wie sich die Israeliten im Lande Gosen statt in Ägypten niederlassen mußten, nur weil die Ägypter die Hirtenvölker ablehnten: „Hierauf sagte Joseph zu seinen Brüdern und zu den anderen Angehörigen seines Vaters: ‚Ich will jetzt hinfahren und dem Pharao Bericht erstatten und ihm melden: Meine Brüder sowie die Angehörigen meines Vaters, die bisher im Lande Kanaan gewohnt haben, sind zu mir gekommen. Diese Leute sind Hirten von Kleinvieh — sie sind von jeher Viehzüchter gewesen —, und sie haben ihr Kleinvieh, ihre Rinder und ihren gesamten Besitz mitgebracht.‘ Wenn euch dann der Pharao rufen läßt und euch fragt: ‚Was ist euer Gewerbe?‘ so antwortet: ‚Deine Knechte sind von Jugend auf bis jetzt Viehzüchter gewesen, wir wie auch schon unsere Väter‘, damit ihr im Lande Gosen wohnen dürft, denn alle Hirten von Kleinvieh sind den Ägyptern ein Greuel.“ In den Reisebeschreibungen von M. Huc finden wir die gleiche Einstellung der Chinesen gegenüber den mongolischen Hirten. Im großen und ganzen hat der ackerbautreibende Typ stets die höhere Zivilisation vertreten und hat auch mehr mit Religion zu tun gehabt. Aber die Herden der Patriarchen hatten einen beträchtlichen Einfluß auf die jüdische Religion und von dort ausgehend auch auf das Christentum. Die Geschichte von Kain und Abel sollte propagandistisch beweisen, daß die Hirten tugendhafter sind als die Ackerbauer. Dessenungeachtet beruhte die Zivilisation bis zur modernen Neuzeit hauptsächlich auf dem Ackerbau.

Bisher haben wir noch nicht untersucht, was die abendländische Zivilisation von der anderer Gebiete, wie etwa Indien, China, Japan und Mexiko, unterscheidet. Tatsächlich bestand vor dem Aufschwung der Naturwissenschaft ein weit geringerer Unterschied, als er sich seither entwickelt hat. Naturwissenschaft und Industrialismus sind heutzutage die charakteristischen Merkmale der westlichen Zivilisation; ich möchte aber zuvor untersuchen, wie es sich mit unserer Zivilisation vor der industriellen Revolution verhielt.

Wenn wir auf die Ursprünge der westlichen Zivilisation zurückgreifen, finden wir, daß alles, was sie von Ägypten und Babylonien übernommen hat, in den Grundzügen für alle Zivilisationen charakteristisch ist und nicht speziell kennzeichnend für das Abendland. Der eigentlich westliche Charakter beginnt mit den Griechen, die das deduktive Denken und die Geometrie erfanden. Ihre weiteren Verdienste waren entweder nicht eigentümlich oder sie gingen im dunklen Zeitalter verloren. Sie mögen in der Literatur und Kunst Hervorragendes geleistet haben, doch unterschieden sie sich darin nicht grundsätzlich von verschiedenen anderen antiken Völkern. In den experimentierenden Naturwissenschaften brachten sie einige wenige Männer hervor,

vor allem Archimedes, der moderne Methoden vorwegnahm; es gelang aber diesen Männern nicht, eine Schule oder Tradition zu schaffen. Der einzige hervorragende und entscheidende Beitrag der Griechen zur Zivilisation bestand im deduktiven Denken und der reinen Mathematik.

Die Griechen waren aber politisch unfähig und ihr zivilisatorischer Beitrag wäre wahrscheinlich ohne die Regierungsbegabung der Römer verlorengegangen. Die Römer entdeckten, wie man ein großes Reich mit Hilfe eines Beamtentums und eines Rechtssystems zu regieren hat. In früheren Reichen hatte alles von der Stärke des Monarchen abgehangen, aber im Römischen Reich konnte der Kaiser von den Prätorianer-Garden ermordet und das Reich gleichsam zur öffentlichen Versteigerung angeboten werden, ohne daß der Regierungsapparat wesentlich erschüttert wurde — tatsächlich kaum mehr als heute bei den Wahlen. Die Römer haben offenbar die Tugend der Treue gegenüber dem unpersönlichen Staat erfunden, im Gegensatz zur Treue gegenüber der Person des Regenten. Die Griechen sprachen zwar von Patriotismus, ihre Politiker aber waren korrupt, und fast alle ließen sich zu irgendeinem Zeitpunkt ihrer Karriere von Persien bestechen. Der römische Begriff der Treue gegenüber dem Staat hat als wesentliches Element dazu beigetragen, im Abendland eine stabile Regierung zu schaffen.

Noch eines war erforderlich, um die abendländische Zivilisation in jener Form zu vollenden, wie sie vor Beginn der Neuzeit bestand, und das war das besondere Verhältnis zwischen Regierung und Religion, wie es durch das Christentum entstand. Das Christentum war ursprünglich völlig unpolitisch, da es im Römischen Reich aufblühte zum Trost für diejenigen, die die völkische und persönliche Freiheit verloren hatten; und vom Judentum übernahm es die Einstellung, die die Herrscher der Welt moralisch verurteilte. In der Zeit vor Konstantin entwickelte das Christentum eine Organisation, der die Christen mehr Hingabe und Treue schuldeten als selbst dem Staat. Als Rom verfiel, bewahrte und erhielt die Kirche in einzigartiger Synthese, was sich von der Zivilisation der Juden, der Griechen und der Römer als das Lebenskräftigste erwiesen hatte. Aus dem moralischen Eifer der Juden entwickelten sich die christlichen ethischen Gebote; aus der Vorliebe der Griechen für das deduktive Denken wurde die Theologie; nach dem Vorbild des römischen Imperialismus und seiner Jurisprudenz entstand das zentralisierte Kirchenregime und das kanonische Recht.

Obwohl diese Elemente einer hohen Zivilisation sich in gewissem Sinne das ganze Mittelalter hindurch erhielten, blieben sie doch lange Zeit mehr oder minder latent. Und die abendländische Zivilisation war tatsächlich zu jener Zeit nicht die beste aller bestehenden: sowohl die mohammedanische wie auch die chinesische waren ihr überlegen. Warum das Abendland dann plötzlich einen so rapide aufwärtsstrebenden Kurs einschlug, ist meiner

Ansicht nach zu einem sehr großen Teil ein noch ungelöstes Rätsel. Man pflegt heutzutage zwar für alles und jedes wirtschaftliche Ursachen zu finden, aber nur darauf gegründete Erklärungen neigen zu unsachgemäßer Vereinfachung der Dinge. Mit wirtschaftlichen Ursachen allein läßt sich beispielsweise nicht der Verfall Spaniens erklären, den man eher der Intoleranz und Stupidität zuschreiben sollte. Auch der Aufschwung der Naturwissenschaften ist nicht wirtschaftlich zu begründen. Der allgemeinen Regel nach verfallen Zivilisationen einmal, es sei denn, sie fänden eine Verbindung mit einer fremden, ihnen überlegenen Zivilisation. Es hat nur einige sehr seltene Perioden in der Geschichte der Menschheit und einige wenige Gebiete gegeben, in denen sich ein spontaner Fortschritt zeigte. In Ägypten und Babylonien muß es allerdings einen spontanen Fortschritt gegeben haben, nachdem Schriftkunst und Ackerbau entwickelt worden waren; auch in Griechenland gab es etwa zweihundert Jahre lang einen spontanen Fortschritt, wie in Westeuropa seit der Renaissance. Ich glaube aber nicht, daß sich die allgemeinen sozialen Bedingungen in diesen Perioden und Gebieten irgendwie von denen in den verschiedenen anderen Gebieten und Perioden unterschieden haben, in denen es zu keinem Fortschritt kam. Ich kann daraus nur schließen, daß wir die großen Zeiten des Fortschritts einer kleinen Zahl von überragend fähigen Einzelpersönlichkeiten verdanken. Verschiedene soziale und politische Vorbedingungen waren natürlich *notwendig,* um sie zur Wirkung gelangen zu lassen, sie waren aber nicht allein *ausreichend*, denn derartige Bedingungen haben häufig bestanden, jedoch ohne die entsprechenden Persönlichkeiten, und dann gab es keinen Fortschritt. Wenn Kepler, Galilei und Newton im Kindesalter gestorben wären, würde sich die Welt, in der wir leben, weit weniger von der des sechzehnten Jahrhunderts unterscheiden, als es heute der Fall ist. Die Moral von der Geschicht' ist, daß wir mit dem Fortschritt nicht rechnen können: wenn einmal der Bedarf an hervorragenden Einzelpersönlichkeiten nicht gedeckt sein sollte, würden wir zweifellos in den Zustand einer byzantinischen Stagnation verfallen.

Etwas sehr Bedeutungsvolles verdanken wir dem Mittelalter, und das ist das System der parlamentarischen Regierung. Diese Institution ist deshalb so wichtig, weil sie es zum erstenmal ermöglichen sollte, daß die Regierung eines großen Reiches den Regierten als von ihnen selbst gewählt erschien. Wo diesem System Erfolg beschieden ist, bewirkt es ein sehr hohes Maß an politischer Stabilität. Es hat sich jedoch in jüngster Zeit gezeigt, daß die parlamentarische Regierungsform kein auf alle Teile der Erde anwendbares Universalmittel ist. Tatsächlich scheint ihr Erfolg hauptsächlich auf die englischsprechenden Nationen und die Franzosen beschränkt zu sein.

Dennoch ist die durch dieses oder jenes Mittel bewirkte politische Kohäsion zum Kennzeichen der abendländischen Zivilisation im Gegensatz zur Zivilisation anderer Gebiete geworden. Das ist vor allem dem Patriotismus zuzuschreiben, der, wenn er auch im jüdischen Partikularismus und der römischen Treue dem Staat gegenüber wurzelt, eine sehr moderne Entwicklung ist, die mit dem englischen Widerstand gegen die Armada begann und ihren ersten dichterischen Ausdruck bei Shakespeare fand. Die vornehmlich auf dem Patriotismus beruhende politische Kohäsion hat im Westen seit Beendigung der Religionskriege ständig zugenommen und nimmt noch immer rasch zu. In dieser Hinsicht hat sich Japan als außerordentlich gelehriger Schüler erwiesen. Im alten Japan gab es ungestüme und aufrührerische Feudalbarone, ähnlich denen, die während des Krieges der weißen und der roten Rose England unsicher machten. Aber mit Hilfe der Feuerwaffen und des Schießpulvers, die die Schiffe mitbrachten, mit denen die christlichen Missionare nach Japan kamen, stellten die Shoguns den inneren Frieden her; und seit 1868 ist es der japanischen Regierung dank der Schulbildung und der Schinto-Religion gelungen, eine in sich so gleichförmige, entschlossene und geeinte Nation zu schaffen wie nur irgend im Westen.

Das höhere Maß an gesellschaftlicher Kohäsion in der modernen Welt ist sehr weitgehend auf die Veränderungen in der Kunst der Kriegführung zurückzuführen, die seit der Erfindung des Schießpulvers durchweg die Tendenz hatten, die Macht der Regierungen zu erweitern. Dieser Vorgang ist wahrscheinlich noch keineswegs abgeschlossen, ist aber infolge eines neuen Faktors erschwert: da die bewaffnete Macht in zunehmendem Maße mit Rücksicht auf ihre Versorgung mit Kriegsmaterial von den Industriearbeitern abhängig wird, sind auch die Regierungen immer stärker darauf angewiesen, sich die Unterstützung großer Teile der Bevölkerung zu sichern. Das gehört in das Gebiet der Propagandatechnik, wobei anzunehmen ist, daß die Regierungen hier in naher Zukunft sehr rasche Fortschritte machen werden.

Während der letzten vierhundert Jahre hat sich in Europa der geschichtliche Vorgang eines gleichzeitigen Aufstiegs und Verfalls vollzogen: der Verfall der alten, von der katholischen Kirche verkörperten Synthese und der Aufstieg einer neuen, noch sehr unvollkommenen Synthese, die sich bisher auf den Patriotismus und die Naturwissenschaften stützt. Es ist nicht zu erwarten, daß eine wissenschaftlich untermauerte Zivilisation bei der Verpflanzung in andere Gebiete, die nicht unsere Vorgeschichte haben, dort die gleichen Züge tragen wird wie bei uns. Eine Naturwissenschaft mit dem Hintergrund des Christentums und der Demokratie wird völlig andere Ergebnisse erzielen als eine auf dem Ahnenkult und der absoluten Monarchie aufbauende Naturwissenschaft. Wir verdanken dem Christentum eine gewisse Achtung vor dem Individuum, aber diesem Gefühl steht die Naturwissenschaft völlig neutral gegenüber. Die Wissenschaft an sich bietet uns keinerlei ethische Ideen, und es ist noch zweifelhaft, welche ethischen Auffassungen einmal diejenigen ersetzen werden, die wir der Tradition verdanken. Die Tradition wandelt sich nur langsam und unsere ethischen Vorstellungen sind in der Hauptsache noch die gleichen, wie sie dem vorindustriellen Regime angemessen waren; es ist jedoch nicht anzunehmen, daß es dabei bleiben wird. Allmählich werden die Menschen Gedankengänge entwickeln, die mit ihren äußeren Gewohnheiten in Einklang stehen, und Ideale aufstellen, die mit ihrer industriellen Technik übereinstimmen. Die Lebensweise verändert sich heute mit so stark beschleunigter Geschwindigkeit wie nie zuvor: die Welt hat sich in den letzten hundertfünfzig Jahren mehr gewandelt als in den vorangegangenen vier Jahrtausenden. Wenn Peter der Große ein Gespräch mit Hammurabi hätte führen können, dann hätten sie einander wohl ziemlich gut verstanden; aber keiner von beiden hätte einen modernen Finanz- oder Industriemagnaten begreifen können. Es ist eine seltsame Tatsache, daß die neuen Gedanken der modernen Zeit fast ausnahmslos technisch oder naturwissenschaftlich waren. Die Naturwissenschaft hat aber erst vor kurzem begonnen, die Entwicklung neuer sittlicher Ideen zu fördern, als sie die Nächstenliebe von den Ketten abergläubischer moralischer Überzeugungen befreite. Wo immer ein überkommenes Gesetz es fordert, den Menschen Leiden aufzuerlegen (wie beispielsweise mit dem Verbot der Geburtenkontrolle), wird eine gütigere Ethik für unmoralisch gehalten; infolgedessen gelten alle, deren besseres Wissen auf ihre ethischen Vorstellungen einzuwirken vermag, bei den Aposteln der Unwissenheit als verworfen. Es ist jedoch sehr zweifelhaft, ob eine Zivilisation, die sich so stark auf die Naturwissenschaften stützt wie die unsere, auf lange Sicht mit Erfolg jenes Wissen unterbinden kann, das das Wohl und Glück der Menschen in hohem Maße fördern könnte.

Tatsache ist, daß unsere traditionellen sittlichen Ideen entweder rein individualistisch sind — wie etwa die Idee der Heiligkeit der Person —, oder Gruppen von kleinerem Umfang angepaßt sind, als sie heute in der modernen Welt Bedeutung haben. Eine der bemerkenswertesten Auswirkungen der modernen Technik auf das gesellschaftliche Leben war, daß die Leistungen der Menschen in höherem Maße in große Gruppen eingeordnet sind, so daß die Handlung eines einzelnen große Wirkung ausübt auf irgendeine ganz entlegene Gemeinschaft, mit der eine Gruppe, der der einzelne angehört, im Verhältnis der Zusammenarbeit oder des Konflikts steht. Kleine Gruppen, wie etwa die Familie, verlieren immer mehr an Bedeutung, und es gibt nur noch eine große Gruppe, nämlich die Nation oder den Staat, der das traditionelle Moralgefühl etwas Rechnung trägt. Daraus ergibt sich, daß die tatsächliche Religion unseres Zeitalters, soweit sie nicht *rein* traditionell ist, im Patriotismus besteht. Der Durchschnittsmensch ist bereit, sein Leben dem Patriotismus zu opfern, und empfindet diese moralische Verpflichtung als so zwingend, daß ihm jede Auflehnung dagegen unmöglich erscheint.

Es ist recht wahrscheinlich, daß die Entwicklung zur individuellen Freiheit hin, die den ganzen Zeitraum von der Renaissance bis zum Liberalismus des neunzehnten Jahrhunderts kennzeichnete, durch die auf dem Industrialismus beruhende wachsende Organisation zum Stillstand gebracht wird. Der Zwang und Druck, den die Gesellschaft auf den einzelnen ausübt, könnte, in einer neuen Form, ebenso stark werden wie in barbarischen Gemeinschaften, und die Völker werden sich vielleicht immer mehr der kollektiven statt der individuellen Leistungen rühmen. Das ist bereits in den Vereinigten Staaten der Fall: die Menschen sind stolz auf ihre Wolkenkratzer, Bahnhöfe und Brücken, weit mehr als auf Dichter, Künstler oder Wissenschaftler. Es ist die gleiche Einstellung, wie wir sie durchweg in der Philosophie der sowjetischen Regierung finden. Allerdings besteht auch in beiden Ländern noch der Wunsch nach individuellen Helden: in Rußland genießt Lenin diese Auszeichnung, in Amerika genießen sie die Sportler, Boxer und Filmstars. Aber in beiden Fällen sind die Helden entweder tot oder unbedeutend, und die ernstzunehmende Arbeit der Gegenwart ist somit nicht gebunden an die Namen hervorragender Einzelner.

Es ist sehr interessant, darüber nachzudenken, ob durch kollektives Bemühen eher etwas sehr Wertvolles hervorgebracht werden kann als durch individuelle Leistungen, und ob eine solche Zivilisation von höchster Qualität sein kann. Ich glaube nicht, daß sich die Frage kurzerhand beantworten läßt.

Es ist durchaus möglich, daß auf künstlerischem und geistigem Gebiet einmal in Gemeinschaftsarbeit bessere Ergebnisse erzielt werden, als in der Vergangenheit durch einzelne erzielt wurden. In der Naturwissenschaft besteht bereits die Tendenz, irgendeine Arbeit in Verbindung mit einem Laboratorium statt mit einer Einzelperson zu sehen, und es täte der Naturwissenschaft wahrscheinlich gut, wenn diese Tendenz sich noch stärker abzeichnete, da sie die Zusammenarbeit fördern könnte. Wenn aber eine wichtige Arbeit welcher Art auch immer im Kollektiv zu leisten ist, so wird das zwangsläufig eine gewisse Einschränkung des einzelnen mit sich bringen: er wird nicht mehr so selbstbewußt sein können, wie es geniale Männer bisher in der Regel waren. Die christliche Ethik befaßt sich mit diesem Problem, aber in einem ganz anderen Sinne, als gewöhnlich angenommen wird. Man glaubt im allgemeinen, das Christentum sei anti-individualistisch, weil es so dringend die Selbstlosigkeit und Nächstenliebe fordert. Das ist jedoch ein psychologischer Irrtum. Das Christentum appelliert an die Seele des einzelnen und betont die persönliche Erlösung. Was jemand für seinen Nächsten tut, muß er tun, weil so zu handeln das Rechte für *ihn* ist, nicht weil er sich instinktiv als Teil einer größeren Gruppe fühlt. Das Christentum ist seinem Ursprung nach und noch immer im Kern nicht politisch oder auch nur die Familienbindung fördernd und hat dementsprechend die Tendenz, den einzelnen stärker in sich selbst abzuschließen, als er es von Natur ist. In der Vergangenheit wirkte die Familie abschwächend auf diesen Individualismus, aber die Familie verfällt und hat nicht mehr den Einfluß auf die Instinkte der Menschen, den sie früher zu haben pflegte. Was der Familie verlorenging, hat die Nation gewonnen, denn die Nation appelliert an die biologischen Instinkte, die sonst in der industriellen Welt wenig Raum finden. Vom Gesichtspunkt der Stabilität aus gesehen, ist aber die Nation eine zu engbegrenzte Einheit. Es wäre wünschenswert, daß sich die biologischen Instinkte der ganzen menschlichen Rasse annähmen, doch scheint dies psychologisch nicht eher möglich zu sein, bevor nicht die Menschheit als Ganzes von schwerer äußerer Gefahr bedroht wird, wie etwa einer neuen Seuche oder allgemeiner Hungersnot. Da das unwahrscheinlich ist, sehe ich noch nicht, mit Hilfe welcher psychologischen Triebkraft es zu einer Weltregierung kommen könnte, es sei denn, irgendeine Nation oder eine Gruppe von Nationen erobere die ganze Erde. Das allerdings scheint ganz auf der Linie der natürlichen Entwicklung zu liegen und wird vielleicht während der nächsten hundert oder zweihundert Jahre geschehen. In der abendländischen Zivilisation, wie sie heute ist, haben Naturwissenschaft und industrielle Technik weit mehr Bedeutung als alle traditionellen Faktoren zusammen. Und man darf nicht annehmen, daß sich dieses Neue schon in seiner Auswirkung auf das menschliche Leben auch nur annähernd voll entfaltet habe: die Dinge verändern sich heute rascher als in vergangenen Zeiten, aber nicht so rasch wie der technische und naturwissenschaftliche Fortschritt. Das letzte Ereignis in der Entwicklungsgeschichte der Menschheit, das man an Bedeutung dem Aufschwung des Industrialismus gleichsetzen kann, ist die Erfindung des Ackerbaus, und der Ackerbau brauchte viele tausend Jahre, um sich über die ganze Erde auszubreiten, und brachte eine neue Denk- und Lebensweise mit sich. Die Lebensform, die sich aus dem Ackerbau ergibt, hat selbst heute noch nicht völlig die Aristokratien der Welt besiegt, die mit charakteristischem Konservativismus weitgehend im Zeitalter und auf der Entwicklungsstufe der Jäger stehengeblieben sind, wie es unsere Jagdgesetze offenbar machen. Dementsprechend ist zu erwarten, daß die auf dem Ackerbau beruhende Einstellung sich noch viele Zeitalter lang in rückständigen Ländern und bei rückständigen Teilen der Erdbevölkerung erhalten wird.

Diese Auffassung ist jedoch nicht unbedingt kennzeichnend für die abendländische Zivilisation oder den Sproß, den sie im Osten hervorzubringen beginnt. In Amerika findet man sogar Landwirtschaft verbunden mit einer halbindustriellen Mentalität, weil Amerika keine einheimische, gewachsene Bauernschaft hat. In Rußland und China hat die Regierung eine industrielle Einstellung, hat dabei aber mit einer ungeheuer großen, aus unwissenden Bauern bestehenden Bevölkerung zu kämpfen. In diesem Zusammenhang muß man sich aber der wichtigen Tatsache erinnern, daß eine Bevölkerung, die nicht lesen und schreiben kann, durch Einwirkung der Regierung schneller umzuwandeln ist als eine Bevölkerung, wie wir sie in Westeuropa und Amerika finden. Mit Hilfe von etwas Allgemeinbildung und richtiger Propaganda kann der Staat die heranwachsende Generation dazu bringen, die Alten in einem Maße zu verachten, daß es den modernsten amerikanischen Halbwüchsigen in Erstaunen versetzen würde; und auf diese Weise läßt sich innerhalb einer Generation ein absoluter Wandel der geistigen Einstellung bewirken. In Rußland ist dieser Prozeß in vollem Gange, in China beginnt er. Es ist daher wohl zu erwarten, daß in diesen beiden Ländern eine unverfälschte industrielle Mentalität entsteht, ungetrübt von den traditionellen Elementen, die sich in dem sich langsamer entwickelnden Westen erhalten haben.

Die abendländische Zivilisation hat sich so rasch entwickelt und entwickelt sich noch immer mit solcher Geschwindigkeit, daß viele, deren Herz an der Vergangenheit hängt, gleichsam in einer fremden Welt zu leben meinen. Aber die Gegenwart bringt nur klarer die Elemente zutage, die von jeher seit der römischen Zeit irgendwie vorhanden waren und in denen sich Europa stets von Indien und China unterschieden hat. Energie, Unduldsamkeit und abstraktes Denken kennzeichneten die besten Zeiten in Europa im Gegensatz zu den besten Zeiten im Osten. In der Literatur und Kunst mögen die Griechen überragend gewesen sein, aber ihr Vorrang vor China ist nur eine Frage des Gradunterschiedes. Von der Energie und Intelligenz habe ich bereits genug gesprochen; aber über die Intoleranz ist noch etwas zu sagen, da es für Europa ein weit beständigeres Charakteristikum ist, als viele Leute sich vergegenwärtigen.

Die Griechen waren allerdings dieser Untugend weniger verfallen als ihre Nachfolger. Und doch brachten sie Sokrates um; und Plato setzte sich ungeachtet seiner Bewunderung für Sokrates dafür ein, daß der Staat eine Religion zu lehren habe, die er selbst für falsch hielt, und daß diejenigen zu verfolgen seien, die an diesem Glauben zweifelten. Konfuzianer, Taoisten und Buddhisten hätten eine derartige Hitler-Doktrin nicht gutgeheißen. Platos gentlemanlike Vornehmheit war nicht typisch europäisch; Europa war kriegerisch und tüchtig, weniger höfisch fein gebildet. Die die abendländische Zivilisation kennzeichnende Not ist daher eher zu sehen in Plutarchs Bericht über die Verteidigung von Syrakus mit Hilfe mechanischer Erfindungen des Archimedes.

Eine Quelle der unduldsamen Verfolgung, nämlich die demokratische Mißgunst, war allerdings auch bei den Griechen stark entwickelt. Aristides wurde verbannt, weil er mit seinem Ruf eines gerecht denkenden Mannes unbequem war. Heraklit von Ephesus, der kein Demokrat war, rief aus: „Die Epheser, alle erwachsenen Männer, täten gut daran, sich aufzuhängen und die Stadt bartlosen Knaben zu überlassen; denn sie haben Hermodor ausgestoßen, den Besten unter ihnen, mit den Worten:

‚Wir wollen niemand haben, der unter uns der Beste ist; und wenn es einen solchen gibt, dann soll er anderswohin und unter andere Menschen gehen!'" Viele der unangenehmen Merkmale unserer Zeit gab es schon bei den Griechen. Sie hatten den Faschismus, den Nationalismus, Militarismus und Kommunismus, Chefs und korrupte Politiker; sie kannten pöbelhafte Streitsucht und gewisse Religionsverfolgungen. Sie hatten gute Einzelpersönlichkeiten, aber die gibt es bei uns auch; und wie heute hatte ein beachtlicher Prozentsatz der besten Persönlichkeiten Verbannung, Kerkerhaft oder Tod zu erleiden. In einem Punkt allerdings war die griechische Zivilisation der unseren greifbar überlegen, nämlich in der Unfähigkeit der Polizei, die es weit mehr anständigen Menschen ermöglichte, zu entkommen.

Der Übertritt Konstantins zum Christentum war der erste Anlaß, bei dem jene Verfolgungstriebe, in denen sich Europa vor Asien auszeichnete, zum erstenmal voll zum Ausdruck kamen. Zwar hatten wir in den letzten vergangenen hundertfünfzig Jahren eine kurze Pause des Liberalismus, aber schon fallen die weißen Raben wieder zurück in die theologische Bigotterie, die die Christen einst von den Juden übernahmen. Die Juden erfanden als erste den Begriff von der Alleingültigkeit einer Religion, wollten jedoch nicht die ganze Welt zu dieser Religion bekehren und verfolgten daher nur andere Juden. Die Christen behielten den jüdischen Glauben an eine besondere Offenbarung bei und erweiterten ihn durch das römische Streben nach Weltherrschaft und die griechische Vorliebe für metaphysische Spitzfindigkeiten. Aus dieser Verbindung entstand die Religion der grausamsten Verfolgungstendenz, die die Welt je gekannt hat. In Japan und China wurde der Buddhismus friedlich anerkannt und durfte ungehindert neben dem Schinto und Konfuzianismus bestehen; in der mohammedanischen Welt blieben Christen und Juden unbelästigt, solange sie ihren Tribut bezahlten; aber in der ganzen Christenheit war es üblich, selbst das geringste Abweichen von der orthodoxen Lehre mit dem Tode zu bestrafen.

Ich bin durchaus einer Meinung mit den Leuten, die die Intoleranz des Faschismus und Kommunismus verabscheuen, solange sie darin nicht eine Abkehr von der europäischen Tradition sehen. Wer von uns in einer Atmosphäre verfolgungswütiger orthodoxer Regierungsgewalt zu ersticken droht, wäre aber in dieser Beziehung in den meisten vergangenen europäischen Zeitaltern wenig besser gefahren als im modernen Rußland oder Deutschland. Wenn wir uns durch Zaubermacht in die Vergangenheit zurückversetzen lassen könnten, würden wir da wohl Sparta sympathischer und besser finden als jene modernen Länder? Wer von uns hätte wohl gern in Gemeinschaften leben mögen, die, wie im Europa des sechzehnten Jahrhunderts, Menschen zum Tode verurteilten, die nicht an Zauberei glauben wollten? Hätten wir es wohl zu Anfang in Neu-England ausgehalten oder bewundert, wie

Pizarro mit den Inkas verfuhr? Wären wir in Deutschland während der Renaissance unseres Lebens froh geworden, wo innerhalb von hundert Jahren hunderttausend Hexen verbrannt wurden? Hätte uns Amerika im achtzehnten Jahrhundert gefallen, als führende Geistliche in Boston die Erdbeben in Massachusetts auf das gottlose Unterfangen zurückführten, Blitzableiter an den Häusern anzubringen? Und hätten wir im neunzehnten Jahrhundert mit Papst Pius IX. sympathisiert, als er nichts mit der „Gesellschaft zum Schutze der Tiere vor Grausamkeit" zu tun haben wollte, weil es ketzerisch sei zu glauben, der Mensch habe irgendwelche Verpflichtungen dem niederen Tier gegenüber? Ich fürchte, Europa ist ungeachtet all seiner Intelligenz immer recht fürchterlich gewesen, mit Ausnahme der kurzen Periode von 1848 bis 1914. Und jetzt kehren die Europäer unglückseligerweise wieder zu ihrem Urbild zurück.

IX

ÜBER DEN ZYNISMUS DER JUGEND

Wer immer sich die abendländischen Universitäten näher ansieht, wird bestürzt feststellen, daß heutzutage die intelligenten jungen Menschen in weit höherem Maße zynisch sind, als das früher der Fall war. Das trifft nicht zu für Rußland, Indien, China oder Japan; ich glaube auch nicht, daß es sich in der Tschechoslowakei, in Jugoslawien und Polen, geschweige denn durchweg in Deutschland so verhält; in England, Frankreich und den Vereinigten Staaten ist es aber bestimmt ein hervorstechendes, charakteristisches Merkmal der intelligenten Jugend. Um verstehen zu können, warum die Jugend im Westen zynisch ist, müssen wir erkennen, warum sie es im Osten nicht ist.

In Rußland sind die jungen Menschen nicht zynisch, weil sie alles in allem die kommunistische Philosophie zu ihrer eigenen machen, und ihr großes Land birgt reiche Naturschätze, die nur darauf warten, mit Hilfe der Intelligenz erschlossen und ausgebeutet zu werden. Die jungen Leute haben daher eine Laufbahn vor sich, für die sich nach ihrer Ansicht der Einsatz lohnt. Man braucht sich nicht mit Lebensphilosophien den Kopf zu zerbrechen, wenn man beim Aufbau eines Utopia eine Ölleitung legt, eine Bahnlinie baut oder Bauern lehrt, wie man auf dem Land Ford-Traktoren gleichzeitig auf einer sechs Kilometer breiten Strecke anzusetzen hat. Infolgedessen ist die russische Jugend von Lebenskraft und glühender Überzeugung erfüllt.

In Indien beruht alles bei den ernsthaft bemühten jungen Menschen auf der Überzeugung, daß England grundsätzlich schlecht sei: von dieser Voraussetzung läßt sich, wie von der Existenz bei Descartes, eine ganze Philosophie ableiten. Aus der Tatsache, daß England christlich ist, folgt, daß — je nachdem — der Hinduismus oder Mohammedanismus die einzig wahre Religion ist. Daraus, daß England kapitalistisch und industriell ist, ergibt sich — je nach dem Temperament des betreffenden Logikers — entweder, daß man überhaupt nur mit dem Spinnrad arbeiten sollte oder daß Schutzzölle erhoben werden sollten, um im eigenen Lande einen Industrialismus und Kapitalismus zu entwickeln und auf diesem einzig möglichen Wege die Briten mit ihren eigenen Waffen schlagen zu können. Weil die Briten Indien mit Gewalt halten, ist natürlich nur die geistige, moralische Macht bewunderungswürdig. Daß nationalistische Bestrebungen in Indien verfolgt werden, genügt gerade, um sie heroisch, nicht aber, um sie nutzlos erscheinen zu lassen. Auf diese Weise bewahren die Anglo-Inder die intelligente indische Jugend vor dem Gifthauch des Zynismus.

Auch in China hat der Haß auf England eine Rolle gespielt, wenn auch eine weit geringere als in

Indien, weil die Engländer das Land niemals erobert haben. Die chinesische Jugend verbindet Patriotismus mit echter Begeisterung für alles Abendländische, wie es vor fünfzig Jahren in Japan üblich war. Sie möchten das chinesische Volk aufgeklärt und gebildet, frei und glücklich sehen und ihre Arbeit ist auf dieses Ergebnis ausgerichtet. Ihre Ideale sind im großen und ganzen die des neunzehnten Jahrhunderts, die man in China noch nicht als veraltet anzusehen begonnen hat. Zynismus gab es in China im Zusammenhang mit der Beamtenschaft des kaiserlichen Regimes, er hielt sich auch unter den einander widerstreitenden Militaristen, die das Land seit 1911 zerrüttet haben; aber in der Mentalität der modernen Intellektuellen nimmt er keinen Raum ein.

In Japan ähneln die Auffassungen der jungen Intellektuellen etwa denen, die auf dem europäischen Kontinent zwischen 1815 und 1848 vorherrschten. Die Parolen des Liberalismus sind noch stark wirksam: parlamentarische Regierung, Freiheit des Untertans, Gedankenfreiheit und Freiheit der Meinungsäußerung. Der Kampf dieser Auffassungen gegen den traditionellen Feudalismus und die Autokratie hält die jungen Menschen hinreichend in Bewegung und Begeisterung.

Dem sophistisch infizierten westlichen Jugendlichen erscheint dieser ganze Eifer läppisch und unreif. Er ist fest davon überzeugt, alles durchschaut zu haben, wenn er nur alles unvoreingenommen studiert hat; damit glaubt er auch zugleich zu wissen, daß „nichts Achtungswertes sich mehr darbietet unter dem spähenden Mond“ *). Natürlich lassen sich reichlich viel Gründe für diese Ansicht in den Lehren der Alten finden. Ich glaube allerdings nicht, daß diese Gründe der Sache an die Wurzel gehen, denn unter anderen Umständen pflegen die Jungen den Lehren der Alten entgegenzuwirken und sich ein eigenes Evangelium zu schaffen. Wenn die abendländische Jugend heute mit Zynismus reagiert, muß das seine besondere Ursache haben. Denn die Jugendlichen sind nicht nur unfähig zu glauben, was man ihnen erzählt, sie scheinen auch unfähig zu sein, irgend etwas anderes zu glauben. Das ist ein so eigentümlicher Zustand, daß er nähere Untersuchung verlangt. Wir wollen uns einige der alten Ideale nacheinander vornehmen und nachforschen, warum sie nicht mehr die alte Loyalität, Begeisterung und Hingabe erwecken. Aus der Reihe solcher Ideale können wir etwa anführen: Religion, Vaterland, Fortschritt, Schönheit, Wahrheit. Was ist nun daran nach Ansicht der jungen Menschen nicht in Ordnung?

Religion. — Die Schwierigkeiten sind hier teils intellektuell, teils sozial begründet. Aus intellektuellen Gründen sind heute nur noch wenige tüchtige und vortreffliche Menschen so intensiv religiös gläubig, wie es etwa dem heiligen Thomas von Aquino möglich war. Der Gott der meisten modernen Menschen ist etwas Unklares und in Gefahr, zu

*) Shakespeare, „Antonius und Cleopatra“, 4. Akt, 13. Szene. (Anm. d. Übers.)

einer „Lebenskraft“ zu degenerieren oder zu einer „dauernden Kraft, nicht wir selbst, die das Rechte setzt“. Selbst Gläubige beschäftigen sich viel mehr mit den Auswirkungen der Religion in dieser Welt als mit jener anderen Welt, an die sie angeblich glauben; daß diese Welt zur Ehre Gottes geschaffen wurde, dessen sind sie nicht annähernd so sicher, wie daß Gott eine nützliche Hypothese ist, um das Diesseits zu vervollkommnen. Sie ordnen Gott den Erfordernissen des irdischen Lebens unter und erwecken damit Mißtrauen gegenüber der Aufrichtigkeit ihres Glaubens. Sie scheinen anzunehmen, daß Gott wie der Sabbath für den Menschen geschaffen wurde. Aber es sprechen auch soziologische Gründe dafür, die Kirche nicht mehr als Basis eines modernen Idealismus anzuerkennen. Infolge ihrer Besitztümer und Stiftungen haben sich die Kirchen mit der Verteidigung des Eigentums beschäftigen müssen. Außerdem vertreten sie auch eine unerbittliche Ethik, die viele Freuden verdammt, welche den jungen Menschen harmlos erscheinen, und manche Pein und Qual auferlegt, die dem Skeptiker unnötig grausam erscheint. Ich habe ernsthaft bemühte junge Menschen gekannt, die sich voll und aufrichtig die Lehre Christi zu eigen gemacht hatten; sie befanden sich in Opposition zum offiziellen Christentum, Verstoßene, der Verfolgung ausgesetzt, gerade so, als wären sie militante Atheisten gewesen.

Vaterland. — Der Patriotismus war vielfach und an vielen Orten eine leidenschaftliche Überzeugung, der die besten Köpfe voll und ganz zustimmen konnten. So verhielt es sich in England zur Zeit Shakespeares, in Deutschland zur Zeit Fichtes, in Italien zur Zeit Mazzinis. So verhält es sich noch heute in Polen, China und der Äußeren Mongolei. Bei den westlichen Nationen ist er noch ständig ungeheuer stark: er beherrscht die Politik, die öffentlichen Ausgaben, die Rüstung und so fort. Aber die intelligente Jugend ist unfähig, ihn als angemessenes Ideal anzuerkennen; sie spürt, daß Patriotismus gut und schön für unterdrückte Völker ist, daß aber der zuvor heroische Nationalismus tyrannisch wird, sobald eine unterdrückte Nation ihre Freiheit errungen hat. Die Polen, denen die Sympathie der Idealisten gehörte, seit Maria Theresia „weinte, aber nahm", haben ihre Freiheit zu organisierter Unterdrückung in der Ukraine benützt. Die Iren, denen die Briten achthundert Jahre lang die Zivilisation aufgezwungen hatten, bedienten sich ihrer Freiheit, um Gesetze gegen die Veröffentlichung vieler guter Bücher zu erlassen. Das Schauspiel der Ukrainer mordenden Polen und der Literatur mordenden Iren läßt den Nationalismus als ein selbst für kleine Staaten ungeeignetes Ideal erscheinen. Für den Nationalismus eines mächtigen Staates aber trifft das Argument in noch höherem Maße zu. Der Vertrag von Versailles wirkte nicht sehr ermutigend auf diejenigen, die das Glück gehabt hatten, bei der Verteidigung der Ideale, die ihre Herrscher verrieten, mit dem Leben davonzukommen. Diejenigen, die während des Krieges behaupteten, den Militarismus zu bekämpfen, wurden nach Kriegsende jeweils zu führenden Militaristen in ihrem Heimatland. Solche Tatsachen haben allen intelligenten jungen Menschen gezeigt, daß der Patriotismus der schlimmste Fluch unseres Zeitalters ist und der Zivilisation ein Ende bereiten wird, wenn es nicht gelingt, ihn abzuschwächen.

Fortschritt. — Das ist ein Ideal des neunzehnten Jahrhunderts, dem für die sophistisch infizierte Jugend von heute zuviel Babbitt-Atmosphäre anhaftet. Ein meßbarer Fortschritt steckt *unumgänglich* in unwichtigen Dingen wie etwa der Produktionsziffer der Automobile oder der Anzahl der konsumierten Erdnüsse. Die wahrhaft wichtigen Dinge aber sind nicht meßbar und eignen sich daher nicht für die Methoden des Spekulanten. Außerdem haben viele moderne Erfindungen die Tendenz, die Leute verrückt zu machen. Ich könnte das Radio, den Tonfilm und das Giftgas anführen. Shakespeare maß die Bedeutung eines Zeitalters am Stil seiner Dichtungen (siehe Sonett XXXII), aber diese Art der Bewertung ist heute unmodern geworden.

Schönheit. — Irgend etwas mutet altmodisch an bei dem Wort „Schönheit", obwohl das schwer zu erklären und zu begründen ist. Aber ein moderner Maler wäre entrüstet, wollte man ihn beschuldigen, die Schönheit zu suchen. Die meisten Künstler scheinen heute von einer gewissen Wut gegen die Welt erfüllt zu sein, so daß sie offenbar eher bestrebt sind, bewußte Qual als ungetrübte Befriedigung zu bereiten. Überdies stellen viele Arten der

Schönheit die Anforderung, daß ein Mensch sich selbst ernster nimmt, als es einem intelligenten Modernen möglich ist. Der hervorragende Bürger eines kleinen Stadtstaats wie Athen oder Florenz konnte sich unschwer als wichtige Persönlichkeit fühlen. Die Erde war der Mittelpunkt des Universums, der Mensch die Krone der Schöpfung, seine eigene Stadt wies die vortrefflichsten Menschen auf und er wiederum gehörte zu den Bedeutendsten unter diesen Vortrefflichen. Unter solchen Umständen konnten Aischylos oder Dante die eigenen Freuden und Leiden ernst nehmen. Der Dichter konnte wohl das Gefühl haben, daß es auf die Gefühle des einzelnen ankommt und daß tragische Begebenheiten es verdienen, in unsterblichen Versen verherrlicht zu werden. Der moderne Mensch aber ist sich, wenn er mit Unglück geschlagen wird, seiner selbst nur als Einheit in einem statistischen Ganzen bewußt; er sieht Vergangenheit und Zukunft nur wie eine trostlose Kette von alltäglichen Enttäuschungen und Niederlagen vor sich. Der Mensch selbst wirkt wie ein recht lächerlich einherstolzierendes Tier, das in dem kurzen Zeitraum eines in die Stille der Unendlichkeit eingeschalteten Zwischenspiels herumschreit und unnütz geschäftig ist. „... der natürliche Mensch ist nichts mehr als solch ein armes, nacktes, zweizinkiges Tier", sagt König Lear, und der Gedanke treibt ihn zum Wahnsinn, weil er ungewöhnlich ist. Dem modernen Menschen aber ist dieser Gedanke vertraut und er treibt ihn nur in die Mittelmäßigkeit.

Wahrheit. — In alter Zeit war die Wahrheit etwas Absolutes, Ewiges und dem Menschen Übergeordnetes. Ich selbst war früher auch einmal dieser Überzeugung und vergeudete meine Jugend mit der hingebungsvollen Suche nach der Wahrheit. Aber ein ganzes Heer von Feinden hat sich zur Vernichtung der Wahrheit erhoben: Pragmatismus, Behaviourismus, Psychologismus und Relativitätsphysik. Galilei und die Inquisition waren uneins in der Frage, ob die Erde sich um die Sonne oder die Sonne sich um die Erde drehe. Einig aber waren sich beide darin, daß zwischen diesen beiden Auffassungen ein gewaltiger Unterschied bestünde. Doch der Punkt, in dem sie übereinstimmten, war gerade derjenige, in dem sie beide irrten: der Unterschied ist nur ein Unterschied der Worte. In alter Zeit war es möglich, die Wahrheit anzubeten; ja, die Lauterkeit dieser Anbetung wurde sogar durch den Brauch der Menschenopfer bewiesen. Aber eine rein menschliche und relative Wahrheit anzubeten ist schwierig. Nach Eddington ist das Gesetz der Schwerkraft nur ein bequemes Übereinkommen für Meßzwecke. Es ist nicht wahrer als andere Auffassungen auch, so wenig wie das Metersystem wahrer ist als das des Fußes und der Elle.

> Natur und ihr Gesetz in tiefem Dunkel lag.
> Gott sprach: „Laßt Newton sein",
> Und das Messen ward erleichtert.

Diesem Spruch mangelt doch wohl Erhabenheit.

Wenn Spinoza etwas glaubte, fühlte er sich dabei in der Gnade der geistigen Gottesliebe. Der moderne Mensch glaubt weder — mit Marx — von wirtschaftlichen Motiven beherrscht zu sein, noch — mit Freud — daß es sexuelle Motive seien, die seinem Glauben an die Exponential-Theorie oder die Verbreitung der Fauna im Roten Meer zugrunde liegen. In keinem dieser Fälle vermag er Spinozas Ekstase zu teilen.

Bisher haben wir den modernen Zynismus rationalistisch als etwas auf intellektuellen Ursachen Beruhendes betrachtet. Moderne Psychologen erzählen uns aber unermüdlich, daß der Glaube selten durch rationale Motive bestimmt ist, und dasselbe gilt für den Unglauben, obgleich Skeptiker diese Tatsache oft übersehen. Ein weitverbreiteter Skeptizismus hat aber höchstwahrscheinlich eher soziologische als intellektuelle Ursachen. Die Hauptursache ist stets Komfort und Macht. Menschen, die Macht in Händen haben, sind nicht zynisch, weil sie imstande sind, die Verwirklichung ihrer Ideale zu erzwingen. Die Opfer der Unterdrückung sind nicht zynisch, weil sie haßerfüllt sind, und der Haß zieht, wie jedes leidenschaftliche Gefühl, eine Kette von glaubensstarken Überzeugungen nach sich. Vor der Zeit der allgemeinen Bildung, der Demokratie und der Massenproduktion hatten die Intellektuellen allenthalben auf die Entwicklung der Dinge einen beträchtlichen Einfluß, der auch nicht abnahm, selbst wenn man ihnen die Köpfe abschlug. Der moderne Intellektuelle befindet sich in ganz anderer

Situation. Es ist keineswegs schwierig für ihn, sich einen fetten Posten und ein gutes Einkommen zu verschaffen, vorausgesetzt, daß er bereit ist, als Werbechef oder Hofnarr seine Dienste einem stupiden reichen Mann zu verkaufen. Die Massenproduktion und allgemeine Schulbildung haben bewirkt, daß die Stupidität heute fester und breiter verwurzelt ist als jemals seit Beginn der Zivilisation. Als die zaristische Regierung Lenins Bruder umbrachte, wurde Lenin dadurch nicht zum Zyniker, weil der Haß ihn sein Leben lang zu einer Aktivität anspornte, die ihm schließlich Erfolg brachte. Aber in den gediegeneren westlichen Ländern ist selten eine so zwingende Ursache zu hassen oder eine derartige Gelegenheit zu augenfälliger Rache gegeben. Aufgetragen und bezahlt wird heute den Intellektuellen ihre Arbeit von den Regierungen oder reichen Leuten, deren Vorhaben den betreffenden Intellektuellen wahrscheinlich absurd, wenn nicht gar verderblich erscheint. Aber ein gewisses Maß von Zynismus ermöglicht es ihnen, ihr Gewissen der Situation anzupassen. Es gibt allerdings einige Berufe, in denen von den gegenwärtig herrschenden Kräften wahrhaft bewundernswerte Leistungen verlangt werden, in erster Linie auf dem Gebiet der Naturwissenschaften und in zweiter Linie auf dem Gebiet der öffentlichen Bauten in Amerika. Wenn aber jemand, wie es nur allzuoft der Fall ist, eine reine gelehrte Hochschulbildung genossen hat, dann steht er mit zweiundzwanzig Jahren trotz seiner beachtlichen Fähigkeiten da, ohne sie auch nur auf irgendeine, ihm wesentlich erscheinende Weise praktisch anwenden zu können. Wissenschaftler sind selbst im Westen nicht zynisch, weil sie mit voller Anerkennung durch die Allgemeinheit beste Geistesarbeit leisten dürfen; aber damit nehmen sie auch eine ungewöhnlich glückliche Ausnahmestellung unter den modernen Intellektuellen ein.

Wenn diese Diagnose stimmt, dann ist der moderne Zynismus nicht nur durch Strafpredigten zu heilen oder dadurch, daß man den Jugendlichen bessere Ideale vor Augen führt als diejenigen, die ihre Seelenhirten und Schulmeister für sie aus der Mottenkiste des überlebten Aberglaubens hervorzerren. Heilung kann nur erfolgen, wenn die Intellektuellen eine berufliche Laufbahn einschlagen können, die ihren schöpferischen Impulsen entspricht. Ich kenne kein besseres Rezept als das altbekannte, von Disraeli empfohlene: „Erzieht eure Erzieher!" Aber es müßte eine wirklichkeitsnähere Erziehung sein als diejenige, die heutzutage sowohl Proletariern wie Plutokraten vermittelt wird, und diese Erziehung wird auch echten kulturellen Werten etwas Rechnung tragen müssen und nicht nur dem utilitaristischen Wunsch, so viele Güter zu produzieren, daß kein Mensch mehr Zeit hat, sie zu genießen. Niemand darf als Arzt praktizieren, ehe er etwas vom menschlichen Körper versteht, aber ein Finanzmann darf ungehindert seine Tätigkeit ausüben ohne die geringste Kenntnis ihrer mannigfaltigen Auswirkungen, abgesehen allein von der Auswirkung auf sein Bankkonto. Wie schön müßte es in einer Welt sein, wo niemand an der Börse handeln dürfte, der nicht ein Examen in Volkswirtschaft und griechischer Dichtung abgelegt hat, und in der die Politiker gezwungen wären, über angemessene Kenntnisse der Geschichte und modernen Literatur zu verfügen. Man stelle sich einen Finanzmagnaten angesichts der Frage vor: „Wenn Sie einen Großaufkauf in Weizen vornehmen wollen, wie würde sich das auf die deutsche Dichtung auswirken?" In der modernen Welt ist die Ursächlichkeit viel umfassender und viel weiter verzweigt als je zuvor infolge der Zunahme an großen Organisationen; diejenigen aber, die diese Organisationen beherrschen, sind unwissende Menschen, die nicht einmal ein Hundertstel der Folgen ihrer Handlungen kennen. Rabelais veröffentlichte sein Buch anonym aus Furcht, seine Stellung an der Universität zu verlieren. Ein moderner Rabelais würde das Buch gar nicht erst schreiben, weil er wüßte, daß die vervollkommneten Methoden der Publizität den Schleier seiner Anonymität nicht respektieren würden. Die Männer, die die Welt beherrschen, sind immer stupid, aber in der Vergangenheit nie so mächtig gewesen wie heute. Daher ist es wichtiger denn je, Mittel und Wege zu finden und dafür zu sorgen, daß sie in Zukunft intelligent sind. Ob dies Problem unlösbar ist? Ich glaube nicht, aber ich bin bestimmt der letzte, der behaupten würde, daß es leicht zu lösen wäre.

X

MODERNE GLEICHFÖRMIGKEIT

Dem europäischen Reisenden fällt in Amerika — zumindest wenn ich von mir aus schließen darf — zweierlei als besonders eigentümlich auf: einmal das äußerst Gleichförmige in allen Teilen der Vereinigten Staaten (mit Ausnahme des alten Südens) und zum zweiten das leidenschaftliche Bemühen jeder Örtlichkeit, zu beweisen, daß sie vor allen anderen Ortschaften etwas Besonderes und Abweichendes voraus hat. Das zweite ist natürlich eine Folgeerscheinung des ersten. Jeder Ort hätte gern begründeten Anlaß zu Lokalpatriotismus und hegt und pflegt daher alles, was ihn nur irgend im geographischen, historischen oder traditionellen Sinne auszeichnet. Je größer die tatsächlich bestehende Einförmigkeit ist, umso eifriger sucht man nach Besonderheiten, die die Gleichförmigkeit abschwächen könnten. Der alte Süden ist allerdings dem übrigen Amerika sehr unähnlich, so unähnlich, daß man sich in ein anderes Land versetzt glaubt. Er ist vorwiegend landwirtschaftlich, aristokratisch und rückschauend, während Amerika sonst industriell, demokratisch und fortschrittlich ist. Wenn ich Amerika mit Ausnahme des alten Südens als industriell bezeichne, so denke ich dabei selbst an jene Teile, die nahezu vollkommen landwirtschaftlich sind, denn der amerikanische Landwirt ist der Mentalität nach industriell eingestellt. Er verwendet viele moderne Maschinen; er ist ganz wesentlich abhängig von der Eisenbahn und dem Telephon; er ist wohlvertraut mit den entlegenen Märkten, denen seine Erzeugnisse zugehen; tatsächlich ist er ein Kapitalist, der ebensogut in einem anderen Geschäftszweig tätig sein könnte. Ein Bauer, wie wir ihn in Europa und Asien haben, ist in den Vereinigten Staaten praktisch unbekannt. Das ist ein ungeheures Plus für Amerika und vielleicht der Alten Welt gegenüber sein gewichtigster Vorzug, denn der Bauer ist allenthalben hartherzig, geizig, konservativ und unfähig. Ich habe Orangenhaine in Sizilien und in Kalifornien gesehen — ein Gegensatz, der einem Abstand von etwa zweitausend Jahren entspricht. Die Orangenhaine in Sizilien liegen weit entfernt von Eisenbahn- und Schiffsverkehr; die Bäume selbst sind alt, knorrig und wunderschön; und behandelt werden sie nach den Methoden der klassischen Antike. Die Menschen sind unwissende Halbwilde, Nachkommen der Mischlinge aus römischen Sklaven und arabischen Invasoren: was ihnen an Intelligenz bei der Pflege der Bäume abgeht, gleichen sie durch Grausamkeit gegenüber den Tieren aus. Hand in Hand mit ihrem moralischen Tiefstand und ihrer wirtschaftlichen Unfähigkeit geht ein instinktiver Schönheitssinn, der einen ständig an Theokrit und die Sage vom Garten der Hesperiden erinnert. Ein kalifornischer Orangenhain erinnert nicht im entferntesten an den Garten der Hesperiden. Die

Bäume gleichen einander haargenau, sie sind sorgfältig ausgerichtet und stehen jeweils im richtigen Abstand voneinander. Die Orangen selbst sind allerdings nicht alle gleich groß, aber mittels einer gescheiten Apparatur werden sie derart aussortiert, daß automatisch in jeder Kiste immer nur gleich große Früchte sind. Sie gehen hinaus in die Welt, von zweckmäßigen Maschinen zweckmäßig behandelt, bis sie in zweckmäßigen Kühlwagen die zweckmäßigen Märkte erreichen. Maschinell werden sie mit dem Wort „Sonnengeküßt" gestempelt, das ist aber auch das einzige, was die Vermutung zuläßt, die Natur habe an ihrer Erzeugung irgendwie mitgewirkt. Selbst das Klima wird künstlich geschaffen; denn der Orangenhain wird durch eine Dunstdecke künstlich warm gehalten, im Falle es Frost gibt. Die Menschen, die sich mit dieser Art von Landwirtschaft beschäftigen, fühlen sich nicht mehr wie die Bauern in früherer Zeit als geduldige Sklaven der Naturkräfte; sie fühlen sich vielmehr als Herren und durchaus fähig, die Naturkräfte ihrem Willen zu unterwerfen. Daher besteht in Amerika kein solcher Unterschied zwischen Industriellen und Landwirten wie in der Alten Welt. Die entscheidende Rolle bei der Umwelt spielt in Amerika das Menschliche; im Vergleich dazu verfällt die Rolle des Nicht-Menschlichen der Bedeutungslosigkeit. In Süd-Kalifornien hat man mir ständig versichert, das Klima verwandle die Menschen in Lotus-Esser, doch ich gestehe, daß ich das nirgends bewiesen fand. Die Leute schienen mir genau die gleichen zu sein wie in Minneapolis oder Winnipeg, obgleich Klima, Landschaftsbild und Naturgegebenheiten in diesen beiden Regionen so unterschiedlich wie nur denkbar sind. Betrachtet man den Unterschied zwischen einem Norweger und einem Sizilianer und vergleicht man ihn mit dem mangelnden Unterschied zwischen einem Mann, sagen wir, aus Nord-Dakota und einem Süd-Kalifornier, dann erkennt man die ungeheure Umwälzung im menschlichen Raum, die dadurch entstanden ist, daß der Mensch vom früheren Sklaven jetzt zum Herrn seiner natürlichen Umwelt geworden ist. Sowohl Norwegen als auch Sizilien haben eine alte Tradition; sie hatten vorchristliche Religionen, in denen die Reaktion des Menschen auf das Klima zum Ausdruck kam, und das Christentum mußte unweigerlich bei seinem Vordringen in beiden Ländern sehr unterschiedliche Formen annehmen. Die Norweger fürchteten Eis und Schnee, die Sizilianer Lava und Erdbeben. Die Hölle wurde zweifellos in südlichem Klima erfunden; hätte man sie in Norwegen erdacht, sie wäre sicher eiskalt gewesen. Aber weder in Nord-Dakota noch in Süd-Kalifornien trägt die Hölle ein klimatisches Vorzeichen: in beiden Fällen ist es eine Knappheit auf dem Geldmarkt. Das ist bezeichnend für die Bedeutungslosigkeit des Klimas im modernen Leben.

Amerika ist eine von Menschen geschaffene Welt, mehr noch, es ist eine Welt, die der Mensch auf maschinellem Wege geschaffen hat. Ich denke dabei nicht nur an die äußere Umwelt, sondern ebenso und in gleichem Maße an das Denken und Empfinden. Nehmen wir etwa einen wirklich aufregenden Mordfall: der Mörder mag immerhin noch methodisch primitiv vorgegangen sein, aber diejenigen, die die Kenntnis von seiner Tat verbreiten, bedienen sich dabei der letzten Errungenschaften der Wissenschaft. Nicht nur in den Großstädten, nein, auch auf den entlegenen Farmen der Prärie und in den Bergarbeitersiedlungen der Rocky-Mountains vermittelt das Radio sämtliche jüngsten Informationen, so daß die Gesprächsthemen an irgendeinem Tag in jedem Haushalt des ganzen Landes mindestens zur Hälfte übereinstimmen. Als ich im Zug durch die weiten Ebenen fuhr und mich bemühte, den Lautsprecher zu überhören, der brüllend für irgendeine Seife Reklame machte, gesellte sich ein alter Farmer zu mir und sagte strahlend: „Wohin auch immer man heute reist — der Zivilisation kann man nirgends entgehen." Ach ja, es stimmt. Ich wollte so gern Virginia Woolf lesen, aber die Reklame behauptete das Feld.

Gleichform im Mechanismus des äußeren Lebens wäre ja noch nicht so schlimm, viel gefährlicher aber ist Gleichförmigkeit im Denken und Meinen. Und doch ist das ein ganz unvermeidliches Ergebnis moderner Erfindungen. Man produziert billiger, wenn die Produktion vereinheitlicht ist, und billiger in großem Maßstab, wenn die Produktion in eine Anzahl kleiner Einheiten aufgeteilt ist. Das trifft genau so zu für die Produktion von Meinungen wie von Stecknadeln. Die Hauptquellen der Meinungsbildung sind heutzutage die Schulen, die Kirchen, die Presse, das Kino und der Rundfunk. Der Unterricht in den Elementarschulen wird unweigerlich mehr und mehr standardisiert, je mehr dabei von technischen Hilfsmitteln Gebrauch gemacht wird. Ich glaube, man darf wohl annehmen, daß in der nahen Zukunft sowohl Film als auch Rundfunk eine rasch zunehmende Rolle im Schulunterricht spielen werden. Das bedeutet, der Lehrstoff wird irgendwo zentral produziert und allenthalben ganz genau gleich dargeboten werden, wo immer dieses zentral vorbereitete Material Verwendung findet. Wie ich höre, schicken manche Kirchen allwöchentlich eine Musterpredigt an all ihre schwächeren Geistlichen, die zweifellos, sofern sie den Gesetzen der normalen menschlichen Natur unterliegen, dankbar dafür sein werden, daß man ihnen die Mühe erspart, aus eigener Kraft eine Predigt zu erstellen. Diese Musterpredigt behandelt selbstverständlich einige brennende Gegenwartsfragen und zielt darauf hin, eine bestimmte Gemütsbewegung der Massen innerhalb des ganzen Landes zu bewirken. Das gleiche gilt in noch höherem Maße für die Presse, die allenthalben dieselben telegraphischen Nachrichten bekommt und in großem Stil zu Syndikaten zusammengeschlossen ist. So finde ich etwa Kritiken meiner Bücher, von den besten Zeitungen abgesehen, im gleichen Wortlaut von New York bis San Franzisko und von Maine bis Texas, nur laufen sie auf der Reise von Nordosten nach Südwesten allmählich immer mehr ein.

Die größte Macht im Dienst der Gleichförmigkeit besitzt aber in der modernen Welt wohl der Film, da sein Einfluß nicht nur auf Amerika beschränkt ist, vielmehr in alle Teile der Welt eindringt, abgesehen von der Sowjetunion, die aber ihrerseits ihre eigene, andersartige Gleichförmigkeit besitzt. Der Film verkörpert in großen Zügen das, was nach Hollywoods Ansicht im Mittelwesten beliebt ist. Nach diesem Rezept werden unsere Gefühle gegenüber Liebe und Ehe, Geburt und Tod standardisiert. Für die Jugendlichen aller Länder ist Hollywood der Inbegriff des Gipfels an modernen Auffassungen, denn es schildert sowohl das herrliche Leben der reichen Leute als auch die Methoden, die es anzuwenden gilt, um zu solchen Reichtümern zu kommen. Ich nehme an, der Tonfilm wird recht bald zur Anerkennung einer Universalsprache führen, und das wird die Sprache Hollywoods sein.

Leider besteht diese Gleichförmigkeit in Amerika nicht nur in den Kreisen der vergleichsweise Unwissenden. Wir finden dasselbe, wenn auch in etwas geringerem Maße, auf kulturellem Gebiet. Ich habe mir Buchläden in allen Teilen des Landes angesehen und fand allenthalben vorwiegend die gleichen Bestseller ausgestellt. Soweit ich das feststellen konnte, kaufen die kultivierten amerikanischen Damen alljährlich etwa ein Dutzend Bücher, und zwar überall das gleiche Dutzend. Für einen Autor ist das eine sehr befriedigende Sachlage, vorausgesetzt, daß er zu diesem Dutzend gehört. Aber zweifellos besteht hier ein großer Unterschied zu Europa, wo es viele

Bücher mit geringem Absatz statt der wenigen mit hohem Absatz gibt.

Man darf allerdings nicht annehmen, daß die Tendenz zur Gleichförmigkeit nun ganz gut oder ganz schlecht sei. Sie hat große Vorteile und zugleich große Nachteile: ihr größter Vorteil ist selbstverständlich, daß sie eine Bevölkerung schafft, die einer friedlichen Zusammenarbeit fähig ist; ihr größter Nachteil besteht darin, daß sie in der Bevölkerung die Neigung entwickelt, Minderheiten zu verfolgen. Das wird wahrscheinlich ein vorübergehender, zeitgebundener Fehler sein, da anzunehmen ist, daß wir in Kürze keine Minderheiten mehr haben werden. Sehr viel hängt natürlich davon ab, auf welche Weise die Gleichförmigkeit erreicht wird. Nehmen wir beispielsweise die Schulen in Süditalien. Im Verlauf der Geschichte haben sich die Süditaliener durch Mord, Korruption und ästhetisches Feingefühl ausgezeichnet. Die Schulen treiben ihnen mit Erfolg das letzte dieser drei aus und gleichen sie auf diesem Gebiet der amerikanischen Urbevölkerung an, während ich schätze, daß die Schulen hinsichtlich der beiden anderen bezeichnenden Eigenschaften weniger erfolgreich sind. Damit ist eine der Gefahren der angestrebten Gleichförmigkeit aufgezeigt: gute Eigenschaften lassen sich leichter vernichten als schlechte, und daher wird Gleichförmigkeit am leichtesten durch Senken jedes Standards erzielt. Selbstverständlich muß ein Land mit starker landfremder Bevölkerung mittels seiner Schulen versuchen, die Kinder der Einwanderer den anderen anzugleichen, und daher ist ein gewisses Maß an Amerikanisierung unvermeidlich. Es ist jedoch unheilvoll, daß dieser Vorgang weitgehend mit Hilfe eines etwas geräuschvollen Nationalismus bewirkt wird. Amerika ist bereits das stärkste Land der Welt und sein Übergewicht nimmt noch ständig zu. Naturgemäß erweckt diese Tatsache in Europa Furcht, und alles, was nach militantem Nationalismus aussehen könnte, steigert noch diese Furcht. Es mag Amerika bestimmt sein, Europa politisches Verständnis zu lehren, ich fürchte nur, der Schüler wird sich bestimmt als widerspenstig erweisen.

Hand in Hand mit der Tendenz zur Gleichförmigkeit geht in Amerika, wie mir scheint, eine irrtümliche Auffassung von Demokratie. In den Vereinigten Staaten ist man scheinbar ganz allgemein der Ansicht, die Demokratie verlange es, daß alle Menschen gleich seien, und daß jeder Mensch „überheblich" sei, der irgendwie anders ist als der andere. Frankreich ist ebenso demokratisch wie Amerika und doch gibt es diese Vorstellung in Frankreich nicht. Der Arzt, der Anwalt, der Geistliche, der Beamte, das sind in Frankreich alles verschiedene Typen; jeder Beruf hat seine eigene Tradition und seinen eigenen Standard, obwohl er deshalb noch keine Überlegenheit über andere Berufe für sich in Anspruch nimmt. In Amerika sind alle berufstätigen Menschen im Typ dem Geschäftsmann angeglichen. Ganz so, als wolle man anordnen, ein Orchester habe nur aus Violinen zu bestehen. Es fehlt anscheinend an entsprechendem Verständnis dafür, daß die Gesellschaft ein Modell oder Organismus sein sollte, in dem verschiedene Organe unterschiedliche Rollen spielen. Man stelle sich vor, Auge und Ohr stritten sich darüber, ob es wichtiger sei, sehen oder hören zu können, mit dem Ergebnis, daß keines auch nur eine Funktion ausüben wollte, sofern nicht jedes beides tun könnte. Das aber wäre, wie mir scheint, nach amerikanischer Auffassung Demokratie. Mit bitterem Neid wird alles Hervorragende, das nicht Allgemeingut sein kann, verfolgt, abgesehen natürlich von der Sphäre der Athletik und des Sports, wo Überlegenheit und Größe stürmisch gefeiert werden. Im Hinblick auf seine Muskeln ist der Durchschnittsamerikaner offenbar eher der Bescheidenheit fähig als im Hinblick auf seinen Kopf, vielleicht weil er für die Muskeln eine echtere und tiefere Bewunderung empfindet als für den Kopf. Die Flut der populärwissenschaftlichen Bücher in Amerika ist teilweise, wenn auch natürlich nicht ganz darauf zurückzuführen, daß man nicht zugeben will, es könne auf wissenschaftlichem Gebiet irgend etwas geben, was nur Experten zu verstehen vermögen. Der Gedanke, zum Verständnis etwa der Relativitäts-Theorie könnte ein spezielles geistiges Training erforderlich sein, verursacht nahezu Entrüstung, wenngleich niemand sich darüber aufregt, daß ein Spezialtraining nötig ist, um ein erstklassiger Fußballspieler zu werden.

Einmal erreichter Rang und Ruhm werden vielleicht nirgends so bewundert wie in Amerika, und doch wird der Weg zu bestimmtem Ruhm und

Rang den jungen Menschen sehr erschwert, weil die Leute unduldsam sind gegenüber allem Exzentrischen und allem, was man ein „Sich-Überheben" nennen könnte, vorausgesetzt, daß die betreffende Person nicht bereits „prominent" genannt wird. Demzufolge sind viele der meistbewunderten fertigen Modelle im eigenen Lande schwer zu fabrizieren und müssen aus Europa importiert werden. Diese Tatsache ist mit Standardisierung und Gleichförmigkeit unlöslich verbunden. Außergewöhnliche Leistungen, vornehmlich auf künstlerischem Gebiet, begegnen unweigerlich schweren Widerständen, solange die Künstler jung sind, und man erwartet von jedem, äußerlich dem Modell zu entsprechen, das die derzeit ausübenden Erfolgreichen aufgestellt haben.

Die Standardisierung mag viele Nachteile für den außergewöhnlich begabten Einzelnen haben, steigert aber vielleicht das Glück des Durchschnittsmenschen, da er, wenn er seine Gedanken äußert, sicher sein kann, daß sie den Ansichten seiner Zuhörer entsprechen. Darüber hinaus fördert sie den nationalen Zusammenhalt und die Politik findet keinen so bitteren und heftigen Ausdruck mehr wie in Ländern, wo klarere Gegensätze bestehen. Ich halte es zwar nicht für möglich, einen Ausgleich zwischen Gewinn und Verlust zu schaffen, glaube aber, daß die Art von Standardisierung, wie sie jetzt in Amerika besteht, sich wahrscheinlich auch in Europa ausbreiten wird, je stärker sich die Welt mechanisiert. Die Europäer, die dieserhalb Amerika kritisieren, sollten sich daher klar machen, daß sie damit an der Zukunft ihrer eigenen Länder Kritik üben und sich einem unvermeidbaren und universalen zivilisatorischen Entwicklungstrend entgegenstellen. Zweifellos wird der Internationalismus erleichtert werden, wenn sich die Unterschiede zwischen den Nationen verringern, und wenn erst einmal der Internationalismus geschaffen ist, würde der soziale Zusammenhalt im Interesse der Erhaltung des inneren Friedens ungeheure Bedeutung erlangen.

Nicht leugnen läßt sich allerdings dabei ein gewisses Risiko, nämlich das einer Starre und Unbeweglichkeit analog der des spätrömischen Reiches. Dem können wir aber vielleicht die revolutionären Kräfte der modernen Naturwissenschaften und der modernen Technik gegenüberstellen. Ungeachtet eines allgemeinen intellektuellen Niederganges werden diese Kräfte, ein neues Charakteristikum der modernen Welt, die Erstarrung unmöglich machen und jene Stagnation verhindern, die in der Vergangenheit große Reiche befallen hat. Es ist immer gefährlich, historische Argumente auf Gegenwart und Zukunft anzuwenden, denn die Wissenschaft hat einen völligen Wandel in der Welt bewirkt. Ich sehe daher keinen Anlaß zu übertriebenem Pessimismus, wenn auch die Standardisierung nicht nach dem Geschmack all der Menschen sein mag, die sie noch nicht gewohnt sind.

XI

MENSCHEN CONTRA INSEKTEN

Inmitten von Kriegen und Kriegsgerüchten und während „Abrüstungs“-Vorschläge und Nichtangriffs-Pakte die Menschheit mit beispiellosem Unheil bedrohen, wird einem vielleicht noch gewichtigeren Konflikt weit weniger Beachtung gezollt, als er es verdient — ich meine den Konflikt zwischen Menschen und Insekten.

Wir sind es gewöhnt, die Herren der Schöpfung zu sein; wir haben keine Veranlassung mehr, uns — wie einst die Höhlenmenschen — vor Löwen und Tigern, Mammuten und reißenden Bären zu fürchten. Wir fühlen uns sicher, ausgenommen voreinander. Aber indes Großtiere unsere Existenz nicht mehr bedrohen, verhält es sich mit den kleinen Tieren anders. Schon einmal in der Geschichte des Lebens auf diesem Planeten sind Riesentiere kleineren Tieren gewichen. Lange Zeit streiften die Dinosaurier unbekümmert durch Sumpf und Wald, fürchteten nichts als einander und zweifelten niemals an der Unabdingbarkeit ihrer Herrschaft. Und doch verschwanden sie und machten winzigen Säugetieren Platz — Mäusen, kleinen Igeln, Miniaturpferden, kaum größer als Ratten, und dergleichen. Warum die Dinosaurier ausstarben, ist unbekannt, doch nimmt man an, weil sie nur ein so kleines

Gehirn hatten und sich ganz der Entwicklung ihrer Angriffswaffen in Gestalt zahlreicher Hörner hingaben. Aber wie immer dem auch sei — über diese ihre Gattung jedenfalls hat sich das Leben nicht fortentwickelt.

Nachdem die Säugetiere zur Vorherrschaft gekommen waren, entwickelten sie sich weiter und wurden groß. Aber das größte Landsäugetier, das Mammut, ist ausgestorben, und die übrigen Großtiere sind selten geworden, mit Ausnahme des Menschen und jener Tiere, die er sich als Haustiere dienstbar gemacht hat. Dem Menschen ist es kraft seiner Intelligenz, ungeachtet seines hohen Wuchses, gelungen, Nahrung für eine große Bevölkerungszahl zu schaffen. Er lebt gesichert, und diese Sicherheit ist nur von kleinen Geschöpfen bedroht — von den Insekten und den Mikro-Organismen.

Die Insekten sind vor allem im Vorteil durch ihre Anzahl. In einem kleinen Waldstück können durchaus so viele Ameisen leben wie Menschen auf der ganzen Welt. Ein weiterer Vorteil für sie ist die Tatsache, daß sie das, was unserer Ernährung dienen soll, verspeisen, bevor es für uns herangereift ist. Viele schädliche Insekten, die bislang in vergleichsweise kleinen Bereichen lebten, hat der Mensch unabsichtlich in neue Gebiete gebracht, wo sie ungeheuren Schaden angerichtet haben. Handel und Reisen sind sowohl den Insekten als auch den Mikroorganismen dienlich. Das Gelbe Fieber, die Malaria, gab es früher nur in Westafrika, doch wurde es mit dem Sklavenhandel in Amerika eingeschleppt. Jetzt wandert es dank der Erschließung Afrikas allmählich ostwärts quer durch diesen Kontinent. Sobald es die Ostküste erreicht hat, wird es nahezu unmöglich sein, es daran zu hindern, auch nach Indien und China vorzudringen, wo es höchstwahrscheinlich die Bevölkerung auf die Hälfte reduzieren wird. Die Schlafkrankheit ist eine noch gefährlichere afrikanische Seuche, die sich ebenfalls allmählich ausbreitet.

Glücklicherweise hat die Wissenschaft Mittel entdeckt, Seuchen zu unterdrücken, die von Insekten übertragen werden. Die meisten Insekten sind empfindlich gegen Parasiten, die so viele vernichten, daß die Überlebenden kein ernstliches Problem mehr darstellen; und nun sind die Entomologen bemüht, diese Parasiten zu studieren und zu züchten. Die amtlichen Berichte über ihre Tätigkeit sind immer sehr fesselnd; man findet darin stets Wendungen wie etwa: „Auf Anforderung der Pflanzer von Trinidad begab sich Dr. X nach Brasilien zur Erforschung der natürlichen Feinde des Zuckerrohrhüpfers." Man sollte meinen, der Zuckerrohrhüpfer werde in diesem Kampf wenig Chancen haben. Unglücklicherweise ist aber jede wissenschaftliche Erkenntnis zweischneidig, solange wir den Krieg nicht abgeschafft haben. So hat beispielsweise der jüngst verstorbene Professor Fritz Haber ein Verfahren zum Fixieren von Stickstoff erfunden. Er beabsichtigte damit die Fruchtbarkeit des Ackerbodens zu heben, die deutsche Regierung hat das

Verfahren jedoch zur Herstellung hochexplosiver Sprengstoffe verwendet und Professor Haber kürzlich des Landes verwiesen, weil er seinen Kunstdünger den Bomben vorzog. Im nächsten großen Krieg werden die Wissenschaftler jeder Seite die Felder der gegnerischen Seite mit Seuchen verpesten, und es dürfte sich als unmöglich erweisen, diese Seuchen wieder auszurotten, wenn Frieden geschlossen wird. Je mehr wir wissen, umso mehr Schaden können wir einander zufügen. Wenn die Menschen in ihrem Haß aufeinander die Insekten und Mikroorganismen zu Hilfe nehmen — wie sie es zweifellos tun werden, wenn es zu einem weiteren Kriege kommt —, dann ist es durchaus möglich, daß die Insekten zuletzt allein als Sieger übrigbleiben. Kosmisch gesehen ist das vielleicht nicht einmal bedauerlich; aber da ich ein Mensch bin, vermag ich einen tiefen Seufzer über meine eigene Gattung, die Menschheit, nicht zu unterdrücken.

XII

ERZIEHUNG UND DISZIPLIN

Jede ernsthafte pädagogische Theorie muß zweierlei umfassen: eine feste Vorstellung von den Zwecken und Zielen des Lebens und eine wissenschaftliche Kenntnis der psychologischen Dynamik, d. h. der Gesetze der geistig-seelischen Entwicklungen und Veränderungen. Zwei Menschen von unterschiedlicher Auffassung über Zweck und Ziel des Lebens werden unmöglich in der Frage der Erziehung übereinstimmen können. In der ganzen westlichen Zivilisation wird der Erziehungsapparat von zwei ethischen Theorien beherrscht: dem Christentum und dem Nationalismus. Diese beiden sind, sofern sie ernstgenommen werden, miteinander unvereinbar, wie sich in Deutschland zeigt. Ich persönlich behaupte, daß dort, wo sich die beiden nicht vertragen, dem Christentum der Vorzug zu geben sei, daß sie aber beide mißverstanden werden, wo sie zusammengehen. Stattdessen würde ich als Sinn und Zweck der Erziehung den Begriff der Zivilisation setzen, ein Ausdruck, der nach meiner Auffassung eine teils individuelle, teils soziale Bedeutung hat. Zivilisation besteht, wenn wir ihre individuelle Seite betrachten, sowohl aus intellektuellen wie aus ethischen Werten: intellektuell gesehen aus einem gewissen Mindestmaß an Allgemeinwissen, Beherrschung der Technik des jeweiligen Berufs und der Gewohnheit, sich an augenscheinlichen Gewißheiten eine Meinung zu bilden; ethisch gesehen aus Unparteilichkeit, Wohlwollen und ein wenig Selbstbeherrschung. Und ich sollte noch eine Eigenschaft hinzufügen, die weder intellektuell noch ethisch, aber vielleicht psychologisch ist: Wohlbehagen und Lebensfreude. In der Gemeinschaft fordert die Zivilisation Achtung vor den Gesetzen, Gerechtigkeit dem Mitmenschen gegenüber, Zielsetzungen, die ständiges Unrecht einem Teil der Menschheit gegenüber ausschließen, und kluge Wahl der Mittel, die dem Erreichen der Ziele dienen sollen.

Wenn dies alles der Zweck der Erziehung sein soll, dann ist es Aufgabe der wissenschaftlichen Psychologie, zu erwägen, auf welche Weise es sich verwirklichen läßt und insbesondere, welches Maß an Freiheit sich dabei höchstwahrscheinlich als am wirksamsten erweisen wird.

Zum Problem der Freiheit in der Erziehung haben wir heute hauptsächlich drei geistige Richtungen, die teils aus abweichenden Auffassungen von den Zielen und teils aus unterschiedlichen psychologischen Theorien entstanden sind. Die einen sagen, alle Kinder sollten vollkommen frei aufwachsen, so schlecht geartet sie auch immer sein mögen; die andern behaupten, sie müßten voll und ganz einer Autorität unterworfen werden, so gutartig auch immer sie sein mögen; und die dritten erklären, die Kinder sollten ohne Zwang aufwachsen, jedoch ungeachtet dieser Freiheit immer gut und brav sein.

Diese letzte Gruppe ist größer, als irgendwie logisch berechtigt erscheint, denn Kinder werden so wenig wie Erwachsene durchwegs tugendhaft sein, wenn sie alle ganz frei sind. Die Ansicht, daß Freiheit moralische Vollkommenheit gewährleiste, ist ein Überbleibsel aus der Zeit des Rousseauismus und könnte einer wissenschaftlichen Untersuchung der Tiere und Kleinkinder nicht standhalten. Die Anhänger dieser Überzeugung glauben, die Erziehung brauche keinem positiven Zweck zu dienen und solle nur eine angemessene Umgebung für die Entfaltung der natürlichen Anlagen des Kindes schaffen. Ich kann mich dieser Schule nicht anschließen, die mir allzu individualistisch und ungebührlich gleichgültig der Bedeutung der Wissenschaft gegenüber erscheint. Wir leben nun einmal in Gemeinschaften, die eine Zusammenarbeit erfordern, und es wäre utopisch anzunehmen, die ganze notwendige Zusammenarbeit könne sich zwanglos aus dem natürlichen Impuls der einzelnen ergeben. Das Fortbestehen einer großen Bevölkerung auf begrenztem Raum ist nur dank Wissenschaft und Technik möglich; die Erziehung muß daher das erforderliche Mindestmaß von beidem vermitteln. Die Pädagogen, die ein Höchstmaß an Freiheit einräumen, sind Menschen, deren Erfolg auf Güte, Selbstzucht und geschulter Intelligenz beruht, wie sie aber in diesem Maße schwerlich heranzubilden sind, wo jedem Impuls ungehindert nachgegeben wird; ihre Verdienste werden sich daher kaum forterben, wenn sie ihre Methoden nicht ändern. Vom Standpunkt der

Gemeinschaft aus gesehen muß die Erziehung etwas Positiveres sein und nicht allein die Gelegenheit zum Heranwachsen bieten. Selbstverständlich muß sie auch das ermöglichen, zugleich aber für ein geistiges und moralisches Rüstzeug sorgen, wie es die Kinder aus eigenem nicht erwerben können.

Die Argumente zugunsten einer Erziehung, die sehr viel Freiheit einräumt, stützen sich nicht auf den Glauben an die von Natur guten Anlagen des Menschen, vielmehr auf die Auswirkung der Autorität sowohl auf die, die ihr unterworfen werden, als auch auf die, die sie ausüben. Diejenigen, die der Autorität ausgeliefert sind, werden entweder unterwürfig oder aufsässig, und beides hat seine Nachteile.

Der unterwürfige Mensch büßt im Denken wie im Handeln die Kraft zur Initiative ein; außerdem sucht sich sein Ärger über die eigene Gehemmtheit meist ein Ventil im Unterdrücken der Schwächeren. Daher hat alles, was ein tyrannisches Vorzeichen trägt, so gefährlich fortwirkende Kraft: was ein Mann von seinem Vater zu erdulden hatte, gibt er an seinen Sohn weiter, und die Demütigungen, deren er sich aus seiner Schulzeit erinnert, überträgt er, wenn er als Staatsbeamter ins Ausland geht, auf die Eingeborenen. Auf diese Weise macht eine ungebührlich autoritative Erziehung aus den Schülern furchtsame Tyrannen, die nicht mehr fähig sind, Ursprünglichkeit in Tat oder Wort zu fordern oder auch nur zu dulden. Die Wirkung auf die Erzieher ist ebenfalls schlecht: sie stehen in Gefahr, sadistische Zuchtmeister zu werden, die mit Genuß Schrecken verbreiten und sonst gar nichts. Da diese Männer die Wissenschaft vertreten, lernen die Schüler das Wissen zu verabscheuen, was nach Ansicht der englischen Oberschicht zur Natur des Menschen gehört, in Wirklichkeit aber auf dem begründeten Haß gegenüber autoritären Pädagogen beruht.

Die Rebellen andererseits werden, obwohl sie notwendig sein mögen, dem Bestehenden gegenüber kaum gerecht sein können. Außerdem gibt es viele Arten zu rebellieren, und nur sehr wenige kann man als klug bezeichnen. Galilei war ein Rebell und zugleich klug; die Anhänger der Theorie, die Erde sei eine flache Scheibe, sind ebenfalls Rebellen, aber töricht. Es ist sehr gefährlich, annehmen zu wollen, daß Opposition gegen die Autorität an sich schon verdienstvoll sei und daß ungewöhnliche Ansichten zwangsläufig richtig sein müssen: wer Steine nach Straßenlaternen wirft oder behauptet, Shakespeare sei kein Dichter, dient damit noch keinem nützlichen Zweck. Und doch wird häufig ein derart extrem aufrührerischer Geist hervorgerufen durch zuviel Autorität gegenüber lebhaften begabten Schülern. Und wenn solche Empörer dann Erzieher werden, unterstützen sie zuweilen Trotz und Auflehnung bei ihren Schülern, für die sie gleichzeitig eine vollkommene Umgebung zu schaffen suchen, obwohl diese beiden Ziele schwerlich miteinander vereinbar sind.

Wir brauchen aber weder Unterwürfigkeit noch

den Geist des Aufruhrs, sondern schlichte Gutherzigkeit und ein allgemeines Wohlwollen gegenüber Menschen und neuen Ideen. Diese Eigenschaften beruhen teilweise auf körperlichen Voraussetzungen, denen altmodische Erzieher zu wenig Beachtung schenkten; sie sind aber in noch höherem Maße abhängig davon, daß kein Gefühl verächtlicher Schwäche und Unfähigkeit aufkommt, wie es entsteht, wenn wesentliche, lebendige Impulse unterdrückt werden. Sollen die Jugendlichen zu freundlich gesonnenen Menschen heranwachsen, dann brauchen sie in den meisten Fällen die Empfindung, daß ihre Umgebung ihnen wohlwollend gegenübersteht. Das bedingt eine gewisse Sympathie für die Wünsche, die dem Kind selbst wichtig sind, und nicht nur das Bemühen, es für abstrakte Ziele einzusetzen, wie zur Ehre Gottes oder zum Ruhm des Vaterlandes. Und im Unterricht sollte alles Erdenkliche versucht werden, um dem Kind das Gefühl zu geben, es lohne sich zu wissen, was da gelehrt wird — zumindest sofern das zutrifft. Wenn der Schüler gern mitarbeitet, lernt er doppelt so schnell und ermüdet nicht halb so stark. Das alles sind triftige Gründe, die für ein sehr großes Maß an Freiheit sprechen.

Man kann allerdings, auf diese Begründung gestützt, leicht zu weit gehen. Es ist unerwünscht, daß Kinder, die man vor den Fehlern einer sklavischen Einstellung bewahren will, stattdessen in die Fehler des Aristokraten verfallen. Achtung vor anderen, nicht nur in großen, sondern auch in alltäglichen

Fragen ist ein wesentliches Element der Zivilisation, ohne das das Gemeinschaftsleben unerträglich wäre. Ich denke dabei nicht nur an die reinen Höflichkeitsformen, wie „bitte" und „danke" zu sagen: bei den Barbaren sind derartige Umgangsformen oft stark entwickelt, während sie sich mit dem Fortschritt der Kultur immer mehr verlieren. Ich meine vielmehr die Bereitschaft, ein gerechtes Maß an notwendiger Arbeit auf sich zu nehmen und zuvorkommend zu sein im kleinen, um dadurch Störungen des Gleichgewichts im großen zu verhindern. Klarer Blick und gesunder Menschenverstand gehören ebenfalls zur Höflichkeit, und man sollte sich nicht so verhalten, daß das Kind sich allmächtig fühlt oder glaubt, die Erwachsenen seien nur dazu da, den Kindern möglichst viel Vergnügen zu bereiten. Und diejenigen, die etwas gegen das müßige Dasein der reichen Leute einzuwenden haben, gehen recht unlogisch vor, wenn sie ihre Kinder aufziehen, ohne ihnen die Überzeugung zu vermitteln, daß Arbeit etwas Notwendiges ist, und ohne sie zu jenen Gewohnheiten zu erziehen, die ein gleichmäßiges, fleißiges Bemühen ermöglichen.

Und noch einer weiteren Erwägung legen die Vorkämpfer der Freiheit zu wenig Bedeutung bei. In einer Gemeinschaft von Kindern, die man ohne das Eingreifen von Erwachsenen sich selbst überläßt, entsteht eine Tyrannei der Stärkeren, die wahrscheinlich weit brutaler ist als in der Regel der von Erwachsenen ausgeübte Zwang. Wenn man zwei zwei- oder dreijährige Kinder im Spiel allein läßt, werden sie nach ein paar Kraftproben erkennen, wer zum Sieger bestimmt ist, woraufhin der andere zum Sklaven wird. In einem größeren Kreis von Kindern erringen ein oder zwei die unumschränkte Herrschaft und die übrigen haben weit weniger Freiheit, als sie andernfalls hätten, wenn nämlich die Erwachsenen eingriffen, um die schwächeren und minder streitsüchtigen zu schützen. Achtung vor anderen entsteht bei den meisten Kindern nicht aus natürlichem Antrieb, muß vielmehr gelehrt werden und läßt sich schwerlich lehren ohne Einsatz einer gewissen Autorität. Das ist vielleicht das gewichtigste Argument gegen das Abdanken der Erwachsenen.

Mir scheint, die Pädagogen haben bisher das Problem noch nicht gelöst, wie sich die wünschenswerten Formen der Freiheit mit dem notwendigen Mindestmaß an moralischer Schulung vereinen lassen. Allerdings ist häufig die richtige Lösung schon durch manche Eltern unmöglich gemacht, bevor das Kind noch in einen aufgeklärten Schulbetrieb aufgenommen wird. Wie die Psychoanalytiker aus ihrer klinischen Erfahrung heraus schließen, daß wir alle verrückt seien, so neigen auch die Autoritäten an den modernen Schulen dazu, aus ihrem Umgang mit Schülern, deren Eltern die Unlenksamkeit der Kinder verschuldet haben, zu folgern, daß alle Kinder „schwierig“ und alle Eltern äußerst töricht sind. Kinder, die durch elterliche Gewalt (die häufig die Form überängstlicher Zuneigung annimmt) wild geworden sind, werden vielleicht auf längere oder kürzere Zeit der absoluten Freiheit bedürfen, ehe sie einem Erwachsenen ohne Mißtrauen begegnen können. Kinder aber, die daheim verständig behandelt worden sind, können ein wenig straffere Zügel vertragen, solange sie dabei das Gefühl haben, daß dadurch ihre Entwicklung auf den Gebieten gefördert wird, die ihnen selbst wichtig sind. Erwachsene, die Kinder lieben und sich im Umgang mit ihnen nicht bis zur Erschöpfung nervös machen lassen, können durch Erziehung zu Disziplin sehr viel erreichen, ohne daß ihre Schüler ihnen deshalb mit unfreundlicheren Gefühlen gegenüberstehen.

Meiner Meinung nach neigen die modernen Erziehungstheoretiker dazu, den negativen Auswirkungen, die ein Einwirken auf Kinder haben kann, zuviel Bedeutung beizumessen und zuwenig das Positive zu beachten, das sich aus der Freude am Umgang mit ihnen ergibt. Wenn man an Kindern ein Wohlgefallen findet, wie manche Leute es etwa für Pferde oder Hunde empfinden, dann werden die Kinder auf Ratschläge eingehen und sogar Verbote anerkennen können; sie mögen dabei vielleicht ein bißchen gutmütig brummen, aber keinen bleibenden Groll im Herzen bewahren. Es nützt aber nichts, Kindern jene Zuneigung zu schenken, die in ihnen geeignete Versuchsobjekte für wertvolle gesellschaftliche Bestrebungen sieht oder — was auf dasselbe herauskommt — Geschöpfe, an denen man Machtimpulse abreagieren kann. Kein Kind wird uns ein Interesse zu danken wissen, das nicht ihm selbst gilt, sondern nur dem zuverlässigen künftigen

Wähler unserer Partei oder einem Leib und Leben, das möglicherweise für König und Vaterland zum Opfer gebracht werden könnte. Wünschenswert ist das Interesse, das nur aus der spontanen Freude am Umgang mit Kindern ohne jeden höheren Zweck besteht. Lehrer, die diese Fähigkeit haben, werden die Freiheit der Kinder selten einzuschränken brauchen, es aber andernfalls und wenn nötig tun können, ohne damit psychischen Schaden anzurichten.

Unglücklicherweise ist es für überlastete Lehrer fast ein Ding der Unmöglichkeit, sich eine instinktive Zuneigung für die Kinder zu erhalten; sie werden allmählich für Kinder unweigerlich das gleiche empfinden wie der sprichwörtliche Konditorlehrling für Makronen. Daher meine ich, daß Schulunterricht und -erziehung von niemandem vollberuflich ausgeübt werden sollte: Schulunterricht sollte täglich höchstens zwei Stunden lang von Menschen erteilt werden, die die übrigen Tagesstunden fern allen Kindern verbringen. Das Zusammensein mit Jugendlichen ist anstrengend und ermüdend, vor allem, wenn strenge disziplinarische Maßnahmen vermieden werden. Überanstrengung und Ermüdung führen aber schließlich zu Gereiztheit, die meist irgendwie zum Ausdruck kommt, ungeachtet aller Theorien, die der erschöpfte Lehrer oder die Lehrerin sich zu eigen gemacht haben. Denn das erforderliche Wohlwollen läßt sich nicht allein durch Selbstbeherrschung aufrechterhalten. Wo dieses Wohlwollen aber besteht, dürften vorbeugende Regeln betreffs der Behandlung „ungezogener“ Kinder überflüssig sein, da der echte Impuls meist zu richtigen Entscheidungen führen wird, und fast jede Entscheidung wird richtig sein, wenn das Kind spürt, daß man es gern hat. Keine Regel und keine Vorschrift, so klug sie auch sein mag, kann Zuneigung und Taktgefühl ersetzen.

XIII

STOIZISMUS UND GEISTIGE GESUNDHEIT

Mit Hilfe der modernen Psychologie werden heute viele Erziehungsprobleme, an die man früher — recht erfolglos — mit der rein moralischen Disziplin heranging, mit unmittelbareren, aber auch wissenschaftlicheren Methoden gelöst. Vielleicht besteht nun, besonders unter den nicht sehr gründlich unterrichteten Anhängern der Psychoanalyse, eine Neigung, Selbstbeherrschung überhaupt nicht mehr für erforderlich zu halten. Ich bin nicht dieser Ansicht und möchte in dem vorliegenden Essay einige Umstände betrachten, die Selbstbeherrschung verlangen, sowie einige der Methoden beleuchten, sie bei jungen Menschen zu entwickeln, zugleich aber auch die Gefahren aufzeigen, die dabei vermieden werden müssen.

Wir wollen sofort mit dem schwierigsten und wesentlichsten jener Probleme, die Stoizismus erfordern, beginnen: ich meine den Tod. Auf verschiedenartige Weise wird versucht, mit der Angst vor dem Tode fertigzuwerden. Man kann sich bemühen, den Tod nicht zu beachten, ihn niemals zu erwähnen und die Gedanken auf etwas anderes zu lenken, sobald man sich bei der Beschäftigung mit diesem Thema ertappt. Das ist die Methode des Schmetterlingsvolks in Wells' *Time Machine* (Die Zeitmaschine). Oder man kann das genau entgegengesetzte Verfahren anwenden und unentwegt über die Kürze des Menschenlebens nachgrübeln in der Hoffnung, daß man den Gegenstand bei näherer Bekanntschaft allmählich verachten lernt. Dieses Verfahren wandte Karl V. nach seiner Abdankung im Kloster an. Und ein Professor eines Colleges in Cambridge ging sogar so weit, in einem Zimmer zu schlafen, in dem ein Sarg stand, und auf dem College-Rasen die Würmer mit einem Spaten zu halbieren, wobei er auszurufen pflegte: „So! Mich habt ihr bisher noch nicht erwischt!" Und noch eine dritte Methode wird sehr häufig angewandt, nämlich, sich selbst und andere davon zu überzeugen, daß der Tod kein Tod sei, vielmehr das Tor zu einem neuen und besseren Leben. Aus diesen drei in verschiedenem Verhältnis gemixten Methoden besteht das System der meisten Menschen, sich der unbehaglichen Tatsache anzupassen, daß wir sterben müssen.

Gegen jede dieser Methoden ist jedoch etwas einzuwenden. Das Bemühen, an einen gefühlsmäßig interessanten Gegenstand nicht zu denken, muß, wie die Freudianer im Zusammenhang mit dem Sexuellen aufgezeigt haben, unbedingt scheitern und zu unerwünschten Wirrungen und Hemmungen verschiedener Art führen. Es wäre natürlich durchaus denkbar, einem Kinde in den ersten Lebensjahren das Wissen um den Tod in einer seiner erschreckenden Formen zu ersparen. Ob das gelingt oder nicht, ist

Glückssache. Wenn ein Elternteil, ein Bruder oder eine Schwester stirbt, gibt es kein Mittel, das Kind vor einer gefühlsmäßigen Kenntnis von Tod und Sterben zu bewahren. Selbst wenn ein Kind dank glücklicher Umstände in den ersten Jahren die Tatsache Tod nicht zu erleben braucht, muß das doch früher oder später eintreten, und diejenigen, die das Erlebnis unvorbereitet trifft, werden dann, wenn es geschieht, höchstwahrscheinlich ernstlich aus dem Gleichgewicht gebracht. Wir müssen uns daher bemühen, eine andere Einstellung dem Tod gegenüber zu gewinnen, statt ihn einfach nicht zu beachten.

Die Methode, fortwährend über den Tod nachzugrübeln, ist zumindest ebenso schädlich. Es ist ein Fehler, allzu ausschließlich über ein Thema nachzudenken, insbesondere wenn dieses Denken nicht zum entsprechenden Handeln führen kann. Wir können selbstverständlich so handeln, als ließe sich der eigene Tod aufschieben, und in gewissen Grenzen verhält sich jeder normale Mensch so. Aber wir können es nicht verhindern, daß wir schließlich doch einmal sterben müssen; daher ist es nutzlos, darüber nachzugrübeln. Außerdem pflegt dieses Grübeln zu bewirken, daß der Mensch geringeres Interesse an anderen Menschen und Geschehnissen nimmt, und es sind doch gerade die unpersönlichen Interessen allein, die uns die geistige Gesundheit erhalten können. Die Angst vor dem Tode gibt dem Menschen das Gefühl, der Sklave von Kräften außerhalb seiner selbst zu sein, und aus einer Sklaven-Mentalität kann sich nichts Gutes ergeben.

Wenn sich ein Mensch durch Meditation wirklich von der Angst vor dem Tode heilen könnte, dann würde er ja aufhören, über das Thema nachzugrübeln; solange es aber sein Denken erfüllt, ist damit bewiesen, daß er es noch immer fürchtet. Daher ist diese Methode ebenso schlecht wie die andere.

Der Glaube an den Tod als das Tor zu einem besseren Leben sollte logischerweise die Menschen daran hindern, irgendwelche Angst vor dem Tod zu empfinden. Zum Glück für den Ärztestand hat dieser Glaube jedoch tatsächlich, von wenigen seltenen Ausnahmen abgesehen, nicht diese Wirkung. Es ist nicht erwiesen, daß diejenigen, die an ein Leben im Jenseits glauben, sich weniger vor Krankheiten fürchten oder mehr Tapferkeit in der Schlacht beweisen als jene, die davon überzeugt sind, daß mit dem Tode alles zu Ende ist. Der verstorbene F. W. H. Myers erzählte gern von einem Mann, den er bei einer Tischgesellschaft fragte, was nach seiner Ansicht mit ihm geschehen würde, wenn er stürbe. Der Mann versuchte die Frage zu überhören, antwortete aber, als man darauf bestand: „Na also, ich nehme schon an, daß mir die ewige Seligkeit zuteil werden wird, aber ich möchte Sie doch bitten, nicht über so unangenehme Themen zu sprechen." Die Ursache dieser offensichtlichen Inkonsequenz liegt natürlich darin, daß der religiöse Glaube bei den meisten Menschen nur im Bereich des bewußten Denkens lebt, ohne daß es ihm gelungen wäre, mildernd auf den Mechanismus des Unbewußten einzuwirken. Wenn die Angst vor dem Tode erfolgreich bekämpft werden soll, muß eine Methode angewandt werden, die das Verhalten als Ganzes erfaßt und beeinflußt, nicht nur jenen Teil, den man gemeinhin als bewußtes Denken bezeichnet. In einigen wenigen Fällen vermag der religiöse Glaube das zu bewirken, nicht aber bei der Mehrheit der Menschen. Neben diesen Gründen gibt es noch zwei andere Ursachen für sein Versagen: da ist einmal ein gewisser Zweifel, der ungeachtet aller glühenden Bekenntnisse besteht und sich in der Entrüstung über alle Skeptiker äußert; zum andern ist es die Tatsache, daß die Jenseits-Gläubigen die Schrecken, die der im Glauben etwa Schwankenden nach dem Tode harren, eher zu übersteigern als abzuschwächen pflegen, womit sie die Angst derer vergrößern, die keine absolute Sicherheit im Glauben empfinden.

Was aber sollen wir mit den jungen Menschen anfangen, damit sie in einer Welt bestehen können, in der es nun einmal den Tod gibt? Es gilt drei Dinge zu erreichen, die sich schwer miteinander verbinden lassen.

1. Wir dürfen in den jungen Menschen niemals die Empfindung aufkommen lassen, der Tod sei ein Thema, worüber wir nicht gern sprechen oder woran zu denken wir sie hindern möchten. Andernfalls würden sie daraus schließen, es handle sich dabei um etwas Interessantes und Geheimnisvolles, und sie würden sich umso mehr damit beschäftigen. Hier läßt sich die moderne Methode anwenden, wie sie in der sexuellen Aufklärung üblich ist.

2. Wir müssen dessenungeachtet so handeln, daß wir sie wenn möglich daran hindern, viel oder häufig an das Thema Tod zu denken; es ist dagegen ebensoviel einzuwenden wie gegen die allzu intensive Beschäftigung mit Pornographie, weil sie die Leistungsfähigkeit mindert, eine unnatürliche einseitige Entwicklung und ein Verhalten bewirkt, das für den Betreffenden selbst wie für andere unbefriedigend ist.

3. Wir dürfen uns nicht der Hoffnung hingeben, allein mit Mitteln des bewußten Denkens in irgend jemandem eine befriedigende Einstellung dem Tod gegenüber entwickeln zu können; genauer gesagt: es ist nichts damit gewonnen, wenn ein Glaube, der dem Tod etwas von dem Schrecken nehmen soll, den er andernfalls hätte, nicht, wie es meist der Fall ist, ins Unterbewußtsein eindringt.

Um diesen verschiedenen Absichten Wirkung zu verleihen, werden wir, entsprechend dem Erfahrungsstand des Kindes oder des jungen Menschen, unterschiedliche Methoden anwenden müssen. Wenn kein dem Kinde nahestehender Mensch stirbt, wird man ziemlich leicht bewirken können, daß das Kind den Tod als eine normale Tatsache von geringer gefühlsmäßiger Bedeutung hinnimmt. Solange der Tod etwas Abstraktes und Unpersönliches ist, sollte man nur sachlich davon sprechen, nicht, als handle es sich um etwas Schreckliches. Wenn das Kind fragt: „Werde ich sterben?“, sollte man antworten: „Ja, aber wahrscheinlich noch lange nicht.“ Wichtig ist, nicht das Gefühl aufkommen zu lassen, der Tod sei etwas Mysteriöses. Spielzeug nützt sich allmählich ab — in diese Kategorie etwa sollte man den Tod einreihen. Aber es ist sicher wünschenswert, den Tod womöglich für Kinder in den ersten Lebensjahren als etwas sehr weit Entferntes erscheinen zu lassen.

Anders liegt der Fall, wenn jemand stirbt, der dem Kinde wichtig ist. Nehmen wir beispielsweise an, das Kind verliert einen Bruder. Die Eltern sind unglücklich, und obgleich sie dem Kind wohl nicht zeigen möchten, *wie* unglücklich sie sind, ist es doch richtig und notwendig, daß das Kind *etwas* von ihrem Leid spürt. Echte natürliche Zuneigung ist etwas sehr Wichtiges, und das Kind sollte merken, daß seine Eltern sie empfinden. Überdies würde das Kind, wenn es den Eltern mit übermenschlicher Anstrengung gelingen sollte, ihm ihren Kummer zu verbergen, vielleicht denken: „Wenn ich stürbe, wäre es ihnen auch gleichgültig". Ein solcher Gedanke könnte zum Ursprung mancher krankhaften Entwicklung werden. Deshalb dürfen wir den Schock über ein solches Ereignis, wenn es eintritt, nicht allzusehr abschwächen, so nachteilig er auch bei größeren Kindern sein mag. (In der frühen Kindheit wird er nicht stark empfunden werden.) Das Thema darf also weder vermieden noch allzu ausführlich behandelt werden; alles nur Mögliche muß geschehen — ohne allzu deutlich spürbare Absicht —, um neue Interessen und vor allem neue Zuneigungen zu erwecken. Ich glaube, die sehr starke Zuneigung eines Kindes für eine Einzelperson zeigt häufig an, daß irgend etwas nicht stimmt. Eine solche Zuneigung kann einem Elternteil gegenüber entstehen, wenn der andere Elternteil nicht liebevoll genug ist, oder einem Lehrer gegenüber, wenn beide Eltern lieblos sind. Sie ist gewöhnlich ein Produkt der Angst: der Gegenstand der Zuneigung ist die einzige Person, die dem Kind das Gefühl der Sicherheit gibt. Eine Zuneigung dieser Art ist dem Kinde aber nicht zuträglich. Wo sie besteht, kann der Tod des geliebten Menschen sich auf das ganze weitere Leben des Kindes mit starken Störungen auswirken. Selbst wenn äußerlich alles in Ordnung zu sein scheint, wird jede weitere Zuneigung angsterfüllt sein. Gatte (oder Gattin) und Kinder werden unter unangemessener Besorgtheit zu leiden haben und der Herzlosigkeit bezichtigt werden, wenn sie nur einfach ihr eigenes Leben leben. Ein Elternteil sollte sich daher nicht geschmeichelt fühlen, wenn er zum Gegenstand einer solchen Zuneigung wird. Wenn ein Kind in einer gleichmäßig freundlichen Umgebung lebt und sich glücklich fühlt, wird es ohne starke Erschütterung über den Schmerz über jedweden Verlust, der es treffen kann, hinwegkommen. Gesunder Lebenstrieb und gesunde Hoffnungsfreudigkeit sollten dafür ausreichen, vorausgesetzt, daß die normalen Entwicklungs- und Glücksmöglichkeiten bestehen.

In den Jahren des Heranwachsens bedarf es jedoch positiverer Mittel, damit der junge Mensch die rechte Einstellung dem Tod gegenüber gewinnt, sonst wird seine Jugend davon überschattet. Der junge Mensch sollte nicht viel über den Tod nachdenken, weder über den eigenen noch über den geliebter Menschen, und zwar nicht, weil er vorsätzlich seine Gedanken anderen Dingen zuwendet, denn das ist ein nutzloses Bemühen, das niemals zu echtem Erfolg führt, sondern weil ihn seine zahlreichen anderen Interessen und Beschäftigungen daran hindern. Wenn er trotzdem an den Tod denkt, ist es am besten, er tut es mit einem gewissen Stoizismus, bewußt und ruhig, ohne den Versuch, die Bedeutung des Todes herabsetzen zu wollen, vielmehr mit einem gewissen Stolz, allmählich darüberzustehen. Es ist das gleiche System wie im Falle jedes anderen Schreckbildes: die einzig mögliche Behandlungsart ist entschlossenes Nachdenken über den schreckenerregenden Gegenstand. Man muß sich sagen: „Schön, vielleicht geschieht das — was liegt daran?“ Diese Einstellung gewinnen die Menschen etwa angesichts des Todes auf dem Schlachtfeld, weil sie dann fest überzeugt sind von dem Wert der Sache, für die sie ihr Leben oder das Leben eines ihnen teuren Menschen hingegeben haben. Eine derartige Empfindung ist allezeit wünschenswert. Zeit seines Lebens sollte der Mensch fühlen, daß es wichtige Dinge gibt, für die er lebt, und daß sein Tod oder Tod von Weib oder Kind keineswegs alledem ein Ziel setzt, was ihn in der Welt interessiert. Wenn diese Einstellung schon im jugendlichen Alter zu einem echten, tiefverwurzelten Gefühl werden soll, muß der junge Mensch in diesen Jahren unbedingt einen Impuls zu hochherziger Begeisterung empfangen, und er sollte sein Leben und seine Karriere darauf aufbauen. Die Jugend ist die Periode des Edelmutes, und man sollte sie nützen, um edelmütige Gewohnheiten heranzubilden. Das kann durch den Einfluß des Vaters oder des Lehrers erreicht werden. In einer befriedigenderen bürgerlichen Gemeinschaft wäre häufig die Mutter die Geeignete dazu; heute führen die Frauen jedoch in der Regel ein Leben, das sie in einer allzu persönlichen und ungeistigen Anschauungsweise befangen hält, um die Aufgabe, wie sie mir vorschwebt, erfüllen zu können. Aus dem gleichen Grunde sollten Mädchen wie Knaben im jugendlichen Alter Männer zu ihren Lehrern zählen, bis eine Frauengeneration herangewachsen ist, die in höherem Maße übergeordnete Interessen kennt.

Die Rolle des Stoizismus im Leben ist in jüngster Zeit vielleicht etwas zu gering bewertet worden, vornehmlich von fortschrittlichen Erziehern. Um drohenden Schicksalsschlägen zu begegnen, gibt es zwei Wege: wir können versuchen, das Mißgeschick abzuwenden, oder beschließen, es standhaft zu ertragen. Die erste Methode ist wunderbar, wo immer wir sie durchführen können, ohne in Feigheit zu verfallen; die zweite aber wird früher oder später jeder Mensch brauchen, der nicht zum Sklaven der Angst werden will. Diese Haltung bedeutet Stoizismus. Für einen Pädagogen aber besteht die große Schwierigkeit darin, junge Menschen zu Standhaftigkeit zu erziehen, ohne sadistischen Neigungen nachzugeben. Früher herrschten so strenge Disziplinvorstellungen, daß die Erziehung häufig zum Instrument grausamer Impulse wurde. Ist es wirklich nicht möglich, das erforderliche Mindestmaß von Disziplin zu erreichen, ohne Gefallen daran zu finden, ein Kind zu quälen? Menschen der alten Schule werden natürlich leugnen, irgendein derartiges Vergnügen zu empfinden. Allgemein bekannt ist ja die Geschichte von dem Jungen, dessen Vater, den Rohrstock betrachtend, sagte: „Glaube mir, mein Kind, mich schmerzt es mehr als dich!“, worauf der Junge antwortete: „Soll ich dann nicht lieber dich verprügeln, Vater?“ Samuel Butler hat in *The Way of all Flesh* (Der Weg allen Fleisches) die sadistischen Freuden hartherziger Eltern auf eine jeden mit der modernen Psychologie Vertrauten überzeugende Art geschildert. Was ist da zu tun?

Die Furcht vor dem Tode ist nur eines von vielen Schrecknissen, deren man am besten durch Stoizismus Herr wird. Da ist die Angst vor der Armut, die Angst vor körperlichem Schmerz, die Angst vor dem Kinderkriegen, wie sie unter den Frauen der wohlhabenden Schichten sehr verbreitet ist. All diese Angstgefühle schwächen die Lebenskräfte und sind mehr oder minder verächtlich. Wenn wir aber nun einfach den Standpunkt vertreten, die Menschen sollten kurzerhand von solchen Dingen keine Kenntnis nehmen, dann droht zugleich die Gefahr, daß wir es nicht für notwendig halten, etwas zur Linderung der tatsächlichen Übel zu unternehmen. Lange Zeit hielt man es für richtig, den Frauen während der Geburten keine schmerzstillenden Mittel zu geben; in Japan vertritt man bis zum heutigen Tage diese Auffassung. Frauenärzte behaupteten, Betäubungsmittel seien in diesem Falle schädlich; aber es gab keinerlei erwiesene Begründung für diese Ansicht, die zweifellos auf unbewußtem Sadismus beruhte. Aber je mehr man die mit einer Geburt verbundenen Schmerzen lindern lernte, umso größer wurde der Widerstand der reichen Frauen, auch nur diese verringerten Schmerzen zu ertragen: ihr Mut nahm in höherem Maße ab als die Anforderungen, die an ihn gestellt wurden. Offensichtlich gilt es, eine Mitte zu finden. Man kann unmöglich bewirken, daß das ganze Leben nur reibungslos und angenehm ist, und daher müssen die Menschen fähig sein, dem Unangenehmen im Leben mit angemessener Einstellung standzuhalten. Wir müssen versuchen, das zu erreichen, und dabei alle grausamen Neigungen so wenig wie nur irgend möglich unterstützen.

Wer je mit Kindern zu tun hat, macht sehr bald die Erfahrung, daß allzuviel Sympathie ihnen gegenüber ein Fehler ist. Zu wenig Sympathie ist selbstverständlich ein noch schwererer Fehler, doch ist hier wie allenthalben eben jedes Extrem von Übel. Ein Kind, dem man ständig Mitgefühl zeigt, wird auch beständig bei jedem winzigen Anlaß weinen; das normale Maß von Selbstbeherrschung hat ein durchschnittlicher Erwachsener nur erreicht auf Grund der Erkenntnis, daß er kein Mitgefühl zu erwarten hat, wenn er von irgend etwas unnötiges Aufhebens macht. Kinder begreifen sehr schnell, daß ein Erwachsener, der zuweilen etwas streng ist, es mit ihnen am besten meint; ihr Instinkt verrät ihnen, ob man sie liebt oder nicht; und von *den* Menschen, deren Zuneigung sie empfinden, werden sie alles einstecken, was auf deren echtem Bemühen um ihre Entwicklung beruht, wenn es auch noch so hart wirkt. Somit ist die Sache theoretisch leicht zu lösen: die Erzieher brauchen nur von vernünftiger Zuneigung erfüllt zu sein, dann werden sie schon richtig handeln. Tatsächlich ist die Sache aber komplizierter. Müdigkeit, Ärger, Sorgen, Ungeduld plagen auch den Vater oder Lehrer, und jede pädagogische Theorie ist gefährlich, die es dem Erwachsenen gestattet, solche Gefühle dem Kinde gegenüber abzureagieren unter dem Vorwand, die Strenge diene im Hinblick auf das spätere Leben des Kindes zu seinem Besten. Trotzdem muß man sich die Theorie, wenn sie gut ist, zu eigen machen, und die damit zusammenhängenden Gefahren müssen dem Vater oder Lehrer ins Bewußtsein gerückt werden, damit alles geschieht, um sie abzuwenden.

Wir können jetzt die Folgerungen zusammenfassen, auf die in der vorstehenden Erörterung hingewiesen wurde. Das Wissen um die schmerzlichen Zufälle im Leben sollte man den Kindern weder vorenthalten noch es ihnen aufdrängen; es sollte ihnen vermittelt werden, sobald die Umstände es unvermeidlich machen. Wenn man von schmerzlichen Dingen sprechen muß, sollte man sie aber wahrheitsgemäß und sachlich behandeln; eine Ausnahme macht etwa ein Todesfall in der Familie;

hier wäre es unnatürlich, keinen Kummer zu zeigen. Die Erwachsenen sollten durch ihr Verhalten eine gewisse heitere Tapferkeit beweisen, die die jungen Menschen, dem Beispiel folgend, unbewußt annehmen werden. In den Jahren des Heranwachsens sollte man das Interesse der jungen Menschen für bedeutende uneigennützige Ziele wecken, und die Erziehung sollte ihnen allmählich — indirekt, nicht durch ausdrückliche Ermahnung — die Überzeugung vermitteln, daß sie für Ziele und Zwecke leben, die ihrer eigenen Person übergeordnet sind. Man sollte sie lehren, das Mißgeschick, wenn es sie trifft, zu ertragen in dem Gedanken, daß es trotzdem Dinge gibt, für die zu leben sich lohnt; aber sie sollten nicht nachgrübeln über mögliches kommendes Unglück, nicht einmal in der Absicht, gegebenenfalls dagegen gewappnet zu sein. Diejenigen aber, deren Aufgabe es ist, mit jungen Menschen umzugehen, müssen sich selbst scharf kontrollieren, um an dem erforderlichen Element der Disziplin kein sadistisches Gefallen zu finden; Motiv der Strafmaßnahmen muß stets die Förderung der charakterlichen oder geistigen Anlagen sein. Auch der Geist bedarf einer gewissen Zucht, da anders Genauigkeit und Zuverlässigkeit des Denkens nicht zu erreichen ist. Aber die geistige Disziplin ist ein anderes Thema und gehört nicht in den Rahmen dieses Essays.

Nur noch ein Wort zum Schluß: die beste Disziplin und Zucht ist diejenige, die einem eigenen seelischen Impuls entspringt. Um das zu ermöglichen, sollte das Kind oder der junge Mensch den ehrgeizigen Wunsch empfinden, etwas besonders Großes und Schwieriges zu leisten, und bereit sein, sich dafür anzustrengen. Die Anregung zu einem solchen ehrgeizigen Bestreben geht in der Regel von irgend jemandem in der Umgebung des Kindes aus; somit beruht sogar die Selbstzucht letzten Endes auf einer pädagogischen Einwirkung.

XIV

ÜBER KOMETEN

Wäre ich ein Komet, so würde ich die Menschen unseres heutigen Zeitalters für völlig verkommen und degeneriert halten.

In früherer Zeit, ja, da genossen die Kometen noch allgemeinen, abgrundtiefen Respekt. Einer zeigte den Tod Caesars an, ein anderer wies angeblich auf das nahende Ende des Kaisers Vespasian hin. Das war nun allerdings ein klardenkender Mann, der behauptete, der Komet müsse eine andere Bedeutung haben, da er einen langen, haarigen Schweif besitze, während er selbst, der Kaiser, leider kahl sei; es gab aber nur wenige Leute, die diese extrem rationale Ansicht zu teilen vermochten. Der ehrwürdige Beda sagte, daß „Kometen den Sturz von Königreichen, Pest, Krieg, Wind oder Hitze ankündigen". John Knox sah in den Kometen einen Beweis göttlichen Zorns, und andere schottische Protestanten hielten sie für „eine Mahnung an den König, die Papisten auszurotten".

Auch Amerika, und vor allem Neu-England, meldete seinen Anspruch auf angemessene Beachtung von seiten der Kometen an. Im Jahre 1652 erschien ein Komet gerade in dem Augenblick, als der hervorragende Mr. Cotton erkrankte, um mit dessen Tode wieder zu verschwinden. Nur zehn Jahre später wurden die lasterhaften Bewohner von Boston durch einen Kometen nachdrücklich ermahnt, sich „der Wollust und der Schmach für alle guten Gottesgeschöpfe in Form zügellosen Trinkens und ausschweifender Kleidung zu enthalten". Increase Mather, der bedeutende Theologe, hielt Kometen und Sonnenfinsternisse für Vorboten des Todes von Präsidenten der Universität Harvard und der Gouverneure in Übersee und wies dementsprechend seine gläubige Herde an, zum Herrn zu beten, er möge „nicht Sterne vom Himmel nehmen und ihnen Kometen nachfolgen lassen".

Dieser ganze Aberglaube wurde allmählich durch Halleys Entdeckung zerstreut, daß zumindest ein Komet die Erde in ordnungsgemäßer Ellipse umkreise wie ein vernünftiger Planet die Sonne, und durch Newtons Beweis, daß die Kometen dem Gesetz der Schwerkraft unterliegen. Eine Zeitlang war es den Professoren der Universitäten älterer Schule verboten, diese Entdeckungen zu erwähnen, aber auf die Dauer ließ sich die Wahrheit doch nicht verheimlichen.

Heutzutage kann man sich schwerlich eine Welt vorstellen, in der jeder Mensch, ob hoch oder nieder, gelehrt oder ungebildet, sich Gedanken über die Kometen macht oder zutiefst erschreckt, wann immer einer auftaucht. Heute haben sogar die meisten Menschen noch nie einen Kometen zu Gesicht bekommen. Ich selbst habe zwei gesehen, sie haben mir aber weit weniger Eindruck gemacht, als ich angenommen hatte. Schuld an dieser unserer veränderten Einstellung ist nicht nur der Rationalismus, sondern auch die künstliche Beleuchtung. In den Straßen einer modernen Stadt sieht man bei Nacht ja den Himmel überhaupt nicht mehr, und über Land fahren wir im Auto mit hellen Scheinwerfern. Wir haben den Himmel ausgelöscht, und nur noch einige wenige Wissenschaftler sind mit Sternen und Planeten, Meteoren und Kometen vertraut. Unsere alltägliche Umwelt ist stärker denn je zuvor ein Werk von Menschenhand. Das bedeutet sowohl Gewinn wie Verlust: der Mensch wird in seinem Herrschaftsbereich trivial-weltlich, anmaßend und leicht verrückt. Aber ich glaube kaum, daß heutzutage ein Komet noch die gleiche moralische Heilwirkung hätte wie im Jahre 1662 in Boston; heute würde es zu diesem Zweck einer stärkeren Arznei bedürfen.

XV

WAS IST SEELE?

Zu den schmerzlichsten Begleitumständen der jüngsten Fortschritte der Wissenschaft gehört die Tatsache, daß wir danach jeweils weniger wissen, als wir zu wissen glaubten. In meiner Jugend wußten oder glaubten wir alle zu wissen, daß der Mensch aus einer Seele und einem Körper bestehe, der Körper in Zeit und Raum, die Seele jedoch nur in der Zeit. Ob die Seele nach dem Tode fortlebt, war eine Angelegenheit, in der die Ansichten auseinandergehen mochten; aber daß es überhaupt eine Seele gibt, das galt als unzweifelhaft. Was den Körper betrifft, so hielt der Durchschnittsmensch seine Existenz natürlich für gegeben, und das tat auch der Wissenschaftler; der Philosoph aber vermochte ihn nach dieser oder jener Methode hinwegzuanalysieren, wobei er ihn in der Regel auf Gedanken im Geist des Menschen, der den Körper besaß, zurückführte und auf irgendeine dritte Person, die ihn zufällig wahrnahm. Der Philosoph wurde jedoch nicht ernst genommen, und die Wissenschaft blieb tröstlich materialistisch, selbst in den Händen ganz orthodoxer Naturwissenschaftler.

Heutzutage ist diese schöne alte Klarheit und Unbefangenheit dahin: Physiker versichern uns, daß es so etwas wie Materie, und Psychologen beteuern, daß es so etwas wie Geist nicht gebe. Ein beispielloses Ereignis. Wer hätte je einen Schuster sagen hören, es gebe eigentlich keine Schuhe, oder von einem Schneider die Behauptung vernommen, daß alle Menschen in Wirklichkeit nackt herumlaufen? Was aber auch nicht befremdender gewesen wäre als das, was die Physiker und gewisse Psychologen getan haben. Um bei den letzteren anzufangen: einige versuchen alles, was nach geistiger Wirksamkeit aussieht, auf eine körperliche Wirksamkeit zurückzuführen, ein Verfahren, das seine verschiedenen Schwierigkeiten hat. Ich glaube, noch läßt sich nicht mit Sicherheit sagen, ob diese Schwierigkeiten zu überwinden sind oder nicht. Wohl aber können wir sagen und mit der Physik selbst begründen, daß das, was wir bisher unseren Körper nannten, in Wirklichkeit eine kunstvolle wissenschaftliche Konstruktion ist, dem keine andere sinnlich wahrnehmbare Realität entspricht. Der moderne angebliche Materialist befindet sich daher in einer merkwürdigen Lage, denn er mag wohl mit gewissem Erfolg die Wirksamkeiten des Geistes auf die des Körpers zurückführen, kann aber nicht zugleich die Tatsache hinwegerklären, daß der Körper nur ein vom Geist erfundener zweckdienlicher Begriff ist. Und so drehen wir uns fort und fort im Kreise: Geist ist eine Auswirkung des Körpers, und Körper ist eine Erfindung des Geistes. Das kann offenbar nicht ganz stimmen, so daß wir nach etwas suchen müssen, das weder Geist noch Körper ist und in dem beides seinen Ursprung haben kann.

Beginnen wir beim Körper. Der Durchschnittsmensch hält die Existenz materieller Objekte für gewiß, weil sie mit den Sinnen wahrnehmbar sind. Was immer man auch bezweifeln mag: etwas, woran man sich eine Beule stoßen kann, muß doch bestimmt Wirklichkeit sein. Das ist die Metaphysik des Durchschnittsmenschen. Schön und gut — aber jetzt kommt der Physiker und beweist, daß man niemals gegen irgend etwas anrennt: selbst wer sich den Kopf an einer Mauer stößt, berührt sie nicht wirklich. Wenn man einen Gegenstand zu berühren glaubt, sind da nur gewisse Elektronen und Protonen, Bestandteile des eigenen Körpers, die von bestimmten Elektronen und Protonen in dem Gegenstande, den man zu berühren glaubt, angezogen und abgestoßen werden; aber eine tatsächliche Berührung findet nicht statt. Die durch die anderen Elektronen und Protonen erregten Elektronen und Protonen unseres Körpers sind gestört und leiten die Störung über die Nerven zum Gehirn; die im Gehirn erzielte Wirkung ist notwendig, um uns das Gefühl der Berührung zu geben, und dies Gefühl kann durch geeignete Experimente täuschend erzielt werden. Die Elektronen und Protonen selbst sind jedoch nur ein erster roher Näherungswert, ein Mittel, entweder Wellenketten oder die statistischen Wahrscheinlichkeiten mehrerer verschiedenartiger Ereignisse zusammenzufassen. Damit ist aber die Materie zu geisthaft geworden, um sich noch zum Knüppel zu eignen, mit dem man den Geist totschlagen könnte. Bewegte Materie, die bislang so unzweifelhaft schien, erweist sich als ein für die Erfordernisse der Physik ganz unzulänglicher Begriff.

Nichtsdestoweniger bietet uns die moderne Naturwissenschaft auch keinen wie immer gearteten Hinweis auf die Existenz der Seele oder des Geistes als Wesenheit; tatsächlich werden für den Zweifel am Geist äußerst ähnliche Gründe angeführt wie für den Zweifel an der Materie. Geist und Materie gleichen etwa dem Löwen und dem Einhorn in ihrem Kampf um die Macht; dieser Kampf endete nicht mit dem Sieg des einen oder anderen, vielmehr mit der Entdeckung, daß beide nur Erfindungen der Heraldik sind. Die Welt besteht aus Ereignissen, nicht aus Dingen, die für lange Zeit fortbestehen und deren Eigenschaften sich wandeln. Ereignisse kann man nach ihren Kausalbeziehungen zu Gruppen zusammenfassen. Bei Kausalbeziehungen der einen Art kann die sich daraus ergebende Gruppe von Ereignissen ein physikalisches Objekt genannt werden, und bei Kausalbeziehungen einer anderen Art kann man die sich daraus ergebende Gruppe Geist nennen. Was immer sich im Kopf eines Menschen ereignet, wird zu Gruppen der beiden Arten gehören; betrachtet man es als zur Gruppe der einen Art gehörig, dann ist es ein Bestandteil seines Gehirns, und betrachtet man es als der Gruppe der anderen Art zugehörig, dann ist es ein Bestandteil seines Geistes.

Somit sind sowohl Geist wie Materie nur zweckdienliche Methoden, um Ereignisse zu ordnen. Daher ist die Annahme völlig unbegründet, daß ein Stück Geist oder ein Stück Materie unsterblich sei. Man nimmt an, daß die Sonne pro Minute Millionen von Tonnen an Materie einbüße. Das wesentliche Kennzeichen des Geistes ist das Gedächtnis, und es liegt kein wie auch immer gearteter Grund vor, anzunehmen, daß das einer bestimmten Person zugehörige Gedächtnis den Tod dieser Person überlebt. Es spricht vielmehr alles dafür, das Gegenteil zu glauben, denn das Gedächtnis ist zweifellos an eine bestimmte Gehirnstruktur gebunden, und da diese Struktur mit dem Tode verfällt, ist mit gutem Grund anzunehmen, daß damit auch das Gedächtnis aufhört. Obwohl man den metaphysischen Materialismus nicht für richtig halten kann, ist doch für unser Gefühl die Welt haargenau die gleiche, wie wenn die Materialisten recht hätten. Meiner Meinung nach sind stets zwei wesentliche Anliegen die Triebkraft für die Gegner des Materialismus gewesen: zum ersten wünschten sie zu beweisen, daß der Geist unsterblich sei, und zum zweiten, daß die Welt letzten Endes von einer geistigen und nicht von einer physikalischen Kraft bewegt werde. Und auf beiden Gebieten muß ich den Materialisten rechtgeben. Unser Wunsch und Wille ist zweifellos von beträchtlichem Einfluß auf die Erdoberfläche; der überwiegende Teil des Festlandes auf diesem Planeten sieht heute ganz anders aus, als er aussehen würde, wenn die Menschen ihn nicht nutzbar gemacht hätten, um Nahrung und Wohlstand daraus zu ziehen. Doch unsere Macht ist sehr streng begrenzt. Wir können gegenwärtig in keiner Weise auf die Sonne oder den Mond oder auch nur auf das Innere der Erde einwirken. Und wir haben nicht den leisesten Anlaß, anzunehmen, daß das, was in den Regionen geschieht, in die unsere Kraft nicht hineinreicht, auf irgendwelche geistigen Ursachen zurückzuführen sei. Das heißt, auf einen kurzen und einfachen Nenner gebracht: die Annahme ist unbegründet, daß — abgesehen von der Erdoberfläche — irgend etwas geschieht, weil jemand wünscht, daß es geschehen möge. Und da unsere Macht über die Erdoberfläche ausschließlich auf der Energieversorgung beruht, die die Erde von der Sonne bezieht, sind wir zwangsläufig abhängig von der Sonne und könnten schwerlich auch nur einen unserer Wünsche verwirklichen, wenn die Sonne erkaltete. Es wäre natürlich voreilig, mit Sicherheit behaupten zu wollen, was die Wissenschaft in Zukunft noch erreichen und leisten wird. Vielleicht lernen wir das Leben des Menschen so stark zu verlängern, wie es heute noch unmöglich scheint. Wenn aber etwas Wahres an der modernen Physik ist, und ganz besonders am zweiten Hauptsatz der Thermodynamik, dann dürfen wir uns nicht der Hoffnung hingeben, daß das Menschengeschlecht in Ewigkeit fortbestehen wird. Manche Leute mögen diese Folgerung als düster empfinden; wenn wir jedoch aufrichtig gegen uns selbst sind, müssen wir einräumen, daß Ereignisse, die sich in Millionen von Jahren zutragen werden, hienieden und im Augenblick nicht gerade von erschütterndem Interesse für uns sind. Und wenn die Naturwissenschaft auch unsere Ansprüche im Kosmos stark herabsetzt, so sorgt sie doch zugleich für eine ungeheure Ausweitung unseres Komforts auf Erden. Aus diesem Grunde hat man ja, ungeachtet des Abscheus von seiten der Theologen, die Naturwissenschaft alles in allem ertragen und geduldet.

● Henry David Thoreau

Walden oder das Leben in den Wäldern
Aus dem Amerikanischen von Emma Emmerich und Tatjana Fischer. Vorwort von Walter E. Richartz. detebe 20019

Über die Pflicht zum Ungehorsam gegen den Staat
Ausgewählte Essays. Herausgegeben, übersetzt und mit einem Nachwort von Walter E. Richartz. detebe 20063

● Oscar Wilde

Der Sozialismus und die Seele des Menschen
Ein Essay. Aus dem Englischen von Gustav Landauer und Hedwig Lachmann
detebe 20003

Theorie · Philosophie · Historie · Theologie Politik · Polemik im Diogenes Verlag

● **Also sprach der Erhabene**
Eine Auswahl aus den Reden Gotamo Buddhos. Übertragen von Karl Eugen Neumann
detebe 21443

● **Das Günther Anders Lesebuch**
Herausgegeben von Bernhard Lassahn
detebe 21232

● **Alfred Andersch**
Öffentlicher Brief an einen sowjetischen Schriftsteller, das Überholte betreffend
Reportagen und Aufsätze. detebe 20398

Einige Zeichnungen
Graphische Thesen am Beispiel einer Künstlerin. Mit Zeichnungen von Gisela Andersch.
detebe 20399

Die Blindheit des Kunstwerks
Literarische Essays und Aufsätze
detebe 20593

Ein neuer Scheiterhaufen für alte Ketzer
Kritiken und Rezensionen. detebe 20594

● **Angelus Silesius**
Der cherubinische Wandersmann
Ausgewählt und eingeleitet von Erich Brock.
detebe 20644

● **Heinrich Böll**
Denken mit Heinrich Böll
Gedanken über Lebenslust, Sittenwächter und Lufthändler, ausgewählt und zusammengestellt von Daniel Keel. Mit einem Nachwort von Alfred Andersch. Diogenes Evergreens

● **Willy Brandt**
»...wir sind nicht zu Helden geboren«
Ein Gespräch über Deutschland mit Birgit Kraatz. Broschur

● **Anton Čechov**
Die Insel Sachalin
Ein politischer Reisebericht. Aus dem Russischen von Gerhard Dick. detebe 20270

Denken mit Čechov
Ein Almanach auf alle Tage, zusammengestellt von Peter Urban. Diogenes Evergreens

● **Ida Cermak**
Ich klage nicht
Begegnung mit der Krankheit in Selbstzeugnissen schöpferischer Menschen
detebe 21093

● **Raymond Chandler**
Die simple Kunst des Mordes
Briefe, Essays, Fragmente. Aus dem Amerikanischen von Hans Wollschläger
detebe 20209

● **Manfred von Conta**
Reportagen aus Lateinamerika
Broschur

● **Luciano De Crescenzo**
Geschichte der griechischen Philosophie
Die Vorsokratiker. Deutsch von Linde Birk
Leinen

Geschichte der griechischen Philosophie
Von Sokrates bis Plotin. Deutsch von Linde Birk. Leinen

Also sprach Bellavista
Neapel, Liebe und Freiheit. Deutsch von Linde Birk. Leinen

oi dialogoi
Von der Kunst miteinander zu reden. Deutsch von Jürgen Bauer. Leinen

● **Friedrich Dürrenmatt**
Versuche
Leinen

Theater
Essays, Gedichte und Reden. detebe 20855

Kritik
Kritiken und Zeichnungen. detebe 20856

Literatur und Kunst
Essays, Gedichte und Reden. detebe 20857

Philosophie und Naturwissenschaft
Essays, Gedichte und Reden. detebe 20858

Politik
Essays, Gedichte und Reden. detebe 20859

Zusammenhänge/Nachgedanken
Essay über Israel. detebe 20860

Der Winterkrieg in Tibet
Stoffe I. detebe 21155

Mondfinsternis/Der Rebell
Stoffe II/III. detebe 21156

Die Welt als Labyrinth
Ein Gespräch mit Franz Kreuzer. Broschur

Denken mit Dürrenmatt
Kernsätze für Zeitgenossen, aus seinem Werk gezogen von Daniel Keel
Diogenes Evergreens

● Meister Eckehart
Deutsche Predigten und Traktate
in der Edition von Josef Quint. detebe 20642

● Albert Einstein
Briefe
Aus dem Nachlaß herausgegeben von Helen Dukas und Banesh Hoffmann. detebe 20303

● Albert Einstein & Sigmund Freud
Warum Krieg?
Ein Briefwechsel. Mit einem Essay von Isaac Asimov. detebe 20028

● Henry F. Ellenberger
Die Entdeckung des Unbewußten
Ins Deutsche übertragen von Gudrun Theusner-Stampa. Mit zahlreichen Abbildungen
detebe 21343

● Ralph Waldo Emerson
Natur
Essay. Neu aus dem Amerikanischen übersetzt von Harald Kiczka. Mit einem Nachruf auf Emerson von Herman Grimm
detebe 21657

Essays
Herausgegeben und übersetzt von Harald Kiczka. Mit zahlreichen Anmerkungen und einem ausführlichen Index. detebe 21071

● Epiktet
Handbüchlein der Moral und Unterredungen
Herausgegeben und mit einer Einführung von Wolfgang Kraus. detebe 21554

● Erasmus von Rotterdam
Das Lob der Narrheit
Mit einem Nachwort von Stefan Zweig
detebe 21495

● Konrad Farner
Theologie des Kommunismus?
detebe 21275

● Federico Fellini
Aufsätze und Notizen
Herausgegeben von Christian Strich und Anna Keel. detebe 20125

Denken mit Fellini
Federico Fellini im Gespräch mit Journalisten
Diogenes Evergreens

● Franz von Assisi
Sonnengesang · Testament · Ordensregeln · Briefe · Fioretti
in der Edition von Wolfram von den Steinen, deutsch von Wolfram von den Steinen und Max Kirschstein. detebe 20641

● Der französische Geist
Die Meister des Essays von Montaigne bis Giraudoux. Herausgegeben und mit einer Einführung von Gustav René Hocke. Zweisprachige Ausgabe. Aus dem Französischen von Peter M. Schon. detebe 21634

● Egon Friedell
Abschaffung des Genies
Gesammelte Essays 1905–1918. detebe 21344

Ist die Erde bewohnt?
Gesammelte Essays 1919–1931. detebe 21345

● Nicolas Gfeller
»Du sollst...«
Eine kleine Geschichte der Ethik von Buddha bis Ernst Bloch. Diogenes Evergreens

● E.W. Heine
Der neue Nomade
Ketzerische Prognosen. Leinen

Luthers Floh
Geschichten aus der Weltgeschichte. Leinen

New York liegt im Neandertal
Die abenteuerliche Geschichte des Menschen von der Höhle bis zum Hochhaus
detebe 21453

● **Ernst Herhaus**
Notizen während der Abschaffung des Denkens
detebe 21214

● **Immanuel Kant**
Deines Lebens Sinn
Herausgegeben und mit einer Einführung von Wolfgang Kraus. detebe 21552

● **Lao Tse**
Tao-Te-King
Deutsch von Hans Knospe und Odette Brändli. Diogenes Evergreens

● **François de La Rochefoucauld**
Spiegel des Herzens
Seine sämtlichen Maximen. Herausgegeben und mit einem Vorwort von Wolfgang Kraus. Aus dem Französischen von Fritz Habeck
detebe 21647

● **D. H. Lawrence**
Liebe, Sex und Emanzipation
Essays. Aus dem Englischen von Elisabeth Schnack. detebe 20955

● **Reinhart G. E. Lempp**
Kinder unerwünscht
Anmerkungen eines Kinderpsychiaters
detebe 21072

● **Lobet den Herrn!**
Gebete großer Dichter und Denker. Herausgegeben von Christian Strich. detebe 21498

● **Ludwig Marcuse**
Philosophie des Glücks
von Hiob bis Freud. detebe 20021

Philosophie des Un-Glücks
Pessimismus – Ein Stadium der Reife
detebe 20219

Meine Geschichte der Philosophie
Aus den Papieren eines bejahrten Philosophiestudenten. detebe 20301

Das Märchen von der Sicherheit
Testament eines illusionslosen Optimisten. detebe 20302

Der Philosoph und der Diktator
Plato und Dionys. detebe 21159

Obszön
Geschichte einer Entrüstung. detebe 21158

Denken mit Ludwig Marcuse
Ein Wörterbuch für Zeitgenossen
Diogenes Evergreens

Herausgegeben von Ludwig Marcuse:
Ein Panorama europäischen Geistes
Texte aus drei Jahrtausenden, ausgewählt und vorgestellt von Ludwig Marcuse. Mit einem Vorwort von Gerhard Szczesny
I. Von Diogenes bis Plotin
II. Von Augustinus bis Hegel
III. Von Karl Marx bis Thomas Mann
detebe 21168

● **Thomas Merton**
Im Einklang mit sich und der Welt
Contemplation in a World of Action. Aus dem Amerikanischen und mit einer Einleitung von Georg Tepe. Leinen

● **Mohammed**
Die Stimme des Propheten
Aus dem Koran ausgewählt, herausgegeben und mit einem Vorwort von Wolfgang Kraus
detebe 21551

● **Thomas Morus**
Utopia
Aus dem Lateinischen von Alfred Hartmann
detebe 20420

● **Mystische Texte aus dem Mittelalter**
Von Bernhard von Clairvaux bis Niklaus von der Flüe. Herausgegeben und eingeleitet von Walter Muschg. detebe 21444

● **Johann Nepomuk Nestroy**
Und 's ist alles nicht wahr
Ausgewählt und herausgegeben von Helmut Lohner. Mit einem Nachwort von Egon Friedell. detebe 21649

● **Das Neue Testament**
in 4 Sprachen: Lateinisch, Griechisch, Deutsch und Englisch. detebe 20925

● Friedrich Nietzsche

Vom Nutzen und Nachteil der Historie für das Leben
Herausgegeben und mit einem Nachwort von Michael Landmann. detebe 21196

Brevier
Ausgewählt, herausgegeben und mit einem Vorwort von Wolfgang Kraus. detebe 21550

● Walter Nigg

Große Heilige
Von Franz von Assisi bis Therese Lisieux. Mit ausführlichem Quellennachweis. detebe 21459

Das Buch der Ketzer
Von Simon Magus bis Leo Tolstoi. Mit ausführlichem Quellennachweis. detebe 21460

● Liam O'Flaherty

Ich ging nach Rußland
Ein politischer Reisebericht. Aus dem Englischen von Heinrich Hauser. detebe 20016

● George Orwell

Im Innern des Wals
Ausgewählte Essays I. Aus dem Englischen von Felix Gasbarra und Peter Naujack
detebe 20213

Rache ist sauer
Ausgewählte Essays II. Deutsch von Felix Gasbarra, Peter Naujack und Claudia Schmölders. detebe 20250

Mein Katalonien
Bericht über den Spanischen Bürgerkrieg. Deutsch von Wolfgang Rieger. detebe 20214

Erledigt in Paris und London
Sozialreportage aus dem Jahre 1933. Deutsch von Helga und Alexander Schmitz.
detebe 20533

Auftauchen, um Luft zu holen
Roman. Deutsch von Helmut M. Braem
detebe 20804

Das George Orwell Lesebuch
Essays, Reportagen, Betrachtungen. Herausgegeben und mit einem Nachwort von Fritz Senn. Deutsch von Tina Richter.
detebe 20788

Denken mit Orwell
Sätze für Zeitgenossen, aus seinem Werk gezogen von Fritz Senn. Diogenes Evergreens

Über George Orwell
Herausgegeben von Manfred Papst. Deutsch von Matthias Fienbork. detebe 21225

● Hanspeter Padrutt

Der epochale Winter
Zeitgemäße Betrachtungen. Leinen

● Denken mit Picasso

Kernsätze für Zeitgenossen, aus seinem Werk gezogen von Daniel Keel
Diogenes Evergreens

● Ernest Renan

Das Leben Jesu
Vom Verfasser autorisierte Übersetzung aus dem Französischen. detebe 20419

● Walter E. Richartz

Vorwärts ins Paradies
Aufsätze zu Literatur und Wissenschaft
detebe 20696

● Russische Heiligenlegenden

Herausgegeben und eingeleitet von Ernst Benz. Übersetzt und erläutert von G. Apel, E. Benz, W. Fritze, A. Luther und D. Tschizewskij. detebe 21582

● Arthur Schopenhauer

Zürcher Ausgabe
Studienausgabe der Werke in zehn Bänden nach der historisch-kritischen Edition von Arthur Hübscher. detebe 20421–20430

Aphorismen zur Lebensweisheit
Textidentisch mit Band 8 der ›Zürcher Ausgabe, Werke in zehn Bänden‹. Herausgegeben von Arthur Hübscher. Mit einem Nachwort von Egon Friedell. detebe 21555

Dazu ein Band
Über Arthur Schopenhauer
Essays und Zeugnisse von Jean Paul bis Hans Wollschläger. detebe 20431

● Alexander Sinowjew

Ohne Illusionen
Interviews, Vorträge, Aufsätze. Aus dem Russischen von Alexander Rothstein. Leinen

Ich bin für mich selbst ein Staat
Betrachtungen eines russischen Kosmopoliten
Aufgezeichnet von Adelbert Reif und Ruth Renée Reif. Leinen

Kommunismus als Realität
Deutsch von Katharina Häußler
detebe 20963

Wir und der Westen
Interviews, Vorträge, Aufsätze. Deutsch von Wera Rathfelder. detebe 20997

● Hans Jürgen Syberberg
Der Wald steht schwarz und schweiget
Neue Notizen aus Deutschland. Broschur

● Teresa von Avila
Die innere Burg
in der Neuedition und -übersetzung von Fritz Vogelgsang. detebe 20643

● Thomas a Kempis
Die Nachfolge Christi
Ein kernhafter Auszug aus ›De imitatione Christi‹. Nach dem lateinischen Urtext bearbeitet und mit Anmerkungen herausgegeben von E.A. Kernwart. detebe 21487

● Henry David Thoreau
Walden oder das Leben in den Wäldern
Aus dem Amerikanischen von Emma Emmerich und Tatjana Fischer. Vorwort von Walter E. Richartz. detebe 20019

Über die Pflicht zum Ungehorsam gegen den Staat
Ausgewählte Essays. Herausgegeben, übersetzt und mit einem Nachwort von Walter E. Richartz. detebe 20063

● B. Traven
Land des Frühlings
Reisebericht. Mit zahlreichen Fotos des Autors. detebe 21230

● Juri Tynjanow
Puschkin
Historischer Roman. Aus dem Russischen von Traute und Günther Stein. Mit einem Nachwort von Wladimir Lewin. detebe 21535

● Voltaire
Gedanken regieren die Welt
Eine Auswahl. Herausgegeben und mit einem Vorwort von Wolfgang Kraus. detebe 21553

● Henri Walter
Der Pelikan
Roman. Leinen

● Gerhard Wehr
Carl Gustav Jung
Leben, Werk, Wirkung. detebe 21588

● Hans Weigel
Das Land der Deutschen mit der Seele suchend
detebe 21092

● Urs Widmer
Auf auf, ihr Hirten! Die Kuh haut ab!
Kolumnen. Broschur

Das Normale und die Sehnsucht
Essays und Geschichten. detebe 20057

Vom Fenster meines Hauses aus
Prosa. detebe 20793

● Oscar Wilde
Der Sozialismus und die Seele des Menschen
Ein Essay. Aus dem Englischen von Gustav Landauer und Hedwig Lachmann
detebe 20003

Extravagante Gedanken
Eine Auswahl. Herausgegeben und mit einem Vorwort von Wolfgang Kraus. Auswahl und Übersetzung von Candida Kraus
detebe 21648

● Hans Wollschläger
Die bewaffneten Wallfahrten gen Jerusalem
Geschichte der Kreuzzüge. detebe 20082

Karl May
Grundriß eines gebrochenen Lebens
detebe 20253

Die Gegenwart einer Illusion
Reden gegen ein Monstrum. detebe 20576

Die großen Unbequemen in Wort und Bild bei Diogenes

Werk- und Studienausgaben in Diogenes Taschenbüchern

● **Woody Allen**
Werkausgabe in bisher 6 Einzelbänden
detebe

● **Also sprach der Erhabene**
Eine Auswahl aus den Reden Gotamo Buddhos. detebe 21443

● **Eric Ambler**
Werkausgabe in bisher 19 Einzelbänden
detebe
Über Eric Ambler. Aufsätze von Alfred Hitchcock bis Helmut Heißenbüttel. Herausgegeben von Gerd Haffmans. detebe 20607

● **Alfred Andersch**
Studienausgabe in 18 Einzelbänden
detebe
Einige Zeichnungen. Essay. detebe 20399
Das Alfred Andersch Lesebuch. Herausgegeben von Gerd Haffmans. detebe 20695
Über Alfred Andersch. Herausgegeben von Gerd Haffmans. detebe 20819

● **Sherwood Anderson**
Ich möchte wissen warum. Erzählungen
detebe 20514

● **Angelus Silesius**
Der cherubinische Wandersmann
detebe 20644

● **Honoré de Balzac**
Die großen Romane in 10 Bänden
detebe 20901–20910
Erzählungen in 3 Bänden
detebe 20896, 20897, 20899
Das ungekannte Meisterwerk. Erzählungen
detebe 20477
Das Mädchen mit den Goldaugen. Erzählung
Mit einem Nachwort von Stefan Zweig
detebe 21447
Über Balzac. Herausgegeben von Claudia Schmölders. detebe 20309

André Maurois
Das Leben des Honoré Balzac. Eine Biographie. Aus dem Französischen von Ernst Sander und Bruno Berger. detebe 21297

● **Charles Baudelaire**
Die Tänzerin Fanfarlo. Prosadichtungen
detebe 20387
Die Blumen des Bösen. Gedichte
detebe 20999

● **Gottfried Benn**
Ausgewählte Gedichte. Herausgegeben und mit einem Nachwort von Gerd Haffmans
detebe 20099

Das Gottfried Benn Lesebuch. Ein Querschnitt durch das Prosawerk, herausgegeben von Max Niedermayer und Marguerite Schlüter. detebe 20982

● **Giovanni Boccaccio**
Der Decamerone in 5 Bänden. Sämtliche 100 Novellen in der berühmten Propyläen-Edition. Aus dem Italienischen von Heinrich Conrad. Mit den Kupfern und Vignetten von Gravelot, Boucher und Eisen der Ausgabe von 1757. detebe 21060–21064

● **James Boswell**
Dr. Samuel Johnson Biographie
detebe 20786

● **Ray Bradbury**
Werkausgabe in bisher 11 Einzelbänden
detebe

● **Ulrich Bräker**
Werke in 2 Bänden. Herausgegeben von Samuel Voellmy und Heinz Weder
detebe 20581 und 20582

● **Wilhelm Busch**
Schöne Studienausgabe in 7 Einzelbänden
Herausgegeben von Friedrich Bohne in Zusammenarbeit mit dem Wilhelm-Busch-Museum in Hannover
detebe 20107–20113
Das Wilhelm-Busch-Bilder- und Lesebuch
Herausgegeben von Gerd Haffmans
detebe 20391

● **Calderón**
Das große Welttheater. In einer Nachdichtung von Joseph von Eichendorff. Mit einem Nachwort von Bernhard Michael Steinmetz
detebe 21537

● **Anton Čechov**
Das dramatische Werk in 8 Bänden in der Neuübersetzung und Neutranskription von Peter Urban. detebe
Das erzählende Werk in 10 Bänden. Herausgegeben von Peter Urban
detebe 20261–20270
Briefe in 5 Bänden. Herausgegeben von Peter Urban. detebe 21064–21068

Das Drama auf der Jagd. Roman
detebe 21379
Das Anton Čechov Lesebuch. Herausgegeben von Peter Urban. detebe 21245
Über Čechov. Herausgegeben von Peter Urban. detebe 21244

● Joseph Conrad
Lord Jim. Roman. detebe 20128
Der Geheimagent. Roman. detebe 20212
Herz der Finsternis. Erzählung. detebe 20369

● Charles Dickens
Werkausgabe in 7 Bänden. In der Übersetzung von Gustav Meyrink. detebe
Charles Dickens. Ein Essay von George Orwell. Deutsch von Manfred Papst
detebe 21398

● Friedrich Dürrenmatt
Das dramatische Werk in 17 Bänden
detebe 20831–20847
Das erzählende Werk in 16 Bänden
detebe 20848–20860, 21155–21156 und 21435–21436
Herausgegeben in Zusammenarbeit mit dem Autor. Alle Bände wurden revidiert und mit neuen Texten ergänzt
Über Friedrich Dürrenmatt. Herausgegeben von Daniel Keel. detebe 20861
Elisabeth Brock-Sulzer
Friedrich Dürrenmatt. Stationen seines Werkes. Mit Fotos, Zeichnungen, Faksimiles
detebe 21388

● Meister Eckehart
Deutsche Predigten und Traktate
detebe 20642

● Joseph von Eichendorff
Aus dem Leben eines Taugenichts. Novelle
Mit einem Vorwort von Thomas Mann
detebe 20516

● Ralph Waldo Emerson
Essays. Herausgegeben und übersetzt von Harald Kiczka. detebe 20071

● William Faulkner
Werkausgabe in 27 Einzelbänden
detebe
Briefe. Herausgegeben und übersetzt von Elisabeth Schnack und Fritz Senn
detebe 20958
Über William Faulkner. Herausgegeben von Gerd Haffmans. detebe 20098

● Federico Fellini
Werkausgabe der Drehbücher und Schriften in bisher 16 Bänden. Herausgegeben von Christian Strich. detebe

● F. Scott Fitzgerald
Studienausgabe in bisher 12 Einzelbänden
detebe

● Gustave Flaubert
Werkausgabe in 7 Bänden
detebe 20721–20725 und 20386
Über Gustave Flaubert. Herausgegeben von Gerd Haffmans und Franz Cavigelli
detebe 20726

● Theodor Fontane
Werkausgabe in 5 Bänden. Herausgegeben von Hans-Heinrich Reuter
detebe 21073–21077

● Franz von Assisi
Die Werke. detebe 20641

● Egon Friedell
Werkausgabe in bisher 4 Einzelbänden
detebe

● Goethe
Gedichte I. detebe 20437
Gedichte II. Gedankenlyrik / Westöstlicher Diwan. detebe 20438
Faust. Der Tragödie erster und zweiter Teil
detebe 20439
Die Leiden des jungen Werther. Roman
detebe 21366

● Nikolai Gogol
Meistererzählungen. detebe 21091
Die toten Seelen. Roman. detebe 20384

● Iwan Gontscharow
Ein Monat Mai in Petersburg. Erzählungen
detebe 20625
Briefe von einer Weltreise. Herausgegeben von Erich Müller-Kamp. detebe 21008

● Jeremias Gotthelf
Ausgewählte Werke in 13 Bänden. Herausgegeben von Walter Muschg
detebe 20561–20572 und 21407
Gottfried Keller über Jeremias Gotthelf
detebe 20573

● Dashiell Hammett
Sämtliche Werke in 10 Bänden. detebe

● Heinrich Heine
Gedichte. Ausgewählt von Ludwig Marcuse
detebe 20383

O. Henry
Gesammelte Geschichten in 6 Bänden
detebe 20871–20876

Hermann Hesse
Meistererzählungen. Herausgegeben und mit einem Nachwort von Volker Michels
detebe 20984

Patricia Highsmith
Werkausgabe in bisher 24 Einzelbänden
detebe
Über Patricia Highsmith. Zeugnisse von Graham Greene bis Peter Handke. Herausgegeben von Franz Cavigelli und Fritz Senn
detebe

Homer
Ilias und Odyssee. Übersetzung von Heinrich Voss. Edition von Peter Von der Mühll
detebe 20778–20779

Victor Hugo
Der letzte Tag im Leben eines Verurteilten. Aus dem Französischen und Vorwort von W. Scheu. detebe 21234
Der Glöckner von Notre-Dame. Roman. Deutsch von Philipp Wanderer. Mit einem Nachwort von Arthur Riha. detebe 21390
Die Elenden in 5 Bänden. Deutsch von Paul Wiegler und Wolfgang Günther. Mit einem Nachwort von Hans Grössel und einem Aufsatz von Charles Baudelaire
detebe 21438–21442
Das Teufelsschiff. Roman. Aus dem Französischen von Hans Kauders. Mit einem Nachwort von Christian Schäfer. detebe 21549

Otto Jägersberg
Werkausgabe in bisher 8 Einzelbänden
detebe

Juan Ramón Jiménez
Herz, stirb oder singe. Gedichte
detebe 20388

Immanuel Kant
Deines Lebens Sinn. Eine Auswahl aus dem Gesamtwerk. Herausgegeben und mit einem Vorwort von Wolfgang Kraus. detebe 21552

Gottfried Keller
Zürcher Ausgabe. In der Edition von Gustav Steiner. detebe 20521–20528
Über Gottfried Keller. Herausgegeben von Paul Rilla. detebe 20535

François de La Rochefoucauld
Spiegel des Herzens. Seine sämtlichen Maximen. Herausgegeben und mit einem Vorwort von Wolfgang Kraus. Aus dem Französischen von Fritz Habeck. detebe 21647

D. H. Lawrence
Sämtliche Erzählungen und Kurzromane in 8 Einzelbänden. detebe 20184–20191
Liebe, Sex und Emanzipation. Essays
detebe 20955
John Thomas & Lady Jane. Roman
detebe 20299
Briefe. Auswahl von Richard Aldington. Vorwort von Aldous Huxley. Übersetzung und Nachwort von Elisabeth Schnack
detebe 20954
Reisetagebücher in 4 Bänden
detebe 21311–21314
Die gefiederte Schlange. Roman. Deutsch von Georg Goyert. detebe 21464
Robert Lucas
Frieda von Richthofen. Ihr Leben mit D.H. Lawrence, dem Dichter der Lady Chatterley
detebe 21356

Doris Lessing
Der Zauber ist nicht verkäuflich. Afrikanische Geschichten. detebe 20886
Hunger nach dem großen Leben. Erzählung
detebe 21536

Jack London
Werkausgabe in bisher 5 Einzelbänden. detebe

Carson McCullers
Werkausgabe in 7 Einzelbänden
detebe 20140–20146
Über Carson McCullers. Herausgegeben von Gerd Haffmans. detebe 20147

Ross Macdonald
Werkausgabe in bisher 16 Einzelbänden
detebe

Heinrich Mann
Meistererzählungen. Herausgegeben von Christian Strich. Mit einem Nachwort von Hugo Loetscher. detebe 20981

Ludwig Marcuse
Werkausgabe in bisher 13 Einzelbänden
detebe
Ein Panorama europäischen Geistes
Texte aus drei Jahrtausenden. Herausgegeben von Ludwig Marcuse in 3 Bänden
detebe 21168

● W. Somerset Maugham
Werkausgabe in 23 Einzelbänden
detebe

● Guy de Maupassant
Erzählungen in 5 Einzelbänden
detebe

● Herman Melville
Moby-Dick. Roman. detebe 20385
Billy Budd. Erzählung. detebe 20787

● Prosper Mérimée
Carmen. Novelle. Aus dem Französischen von Arthur Schurig. detebe 21188
Die Venus von Ille und andere Novellen
Deutsch von Arthur Schurig. detebe 21246
Eine tragische Liebschaft und andere Novellen. Deutsch von Adolf Laun, Arthur Schurig, Ossip Kalenter und Adolf V. Bystram
detebe 21247

● Conrad Ferdinand Meyer
Jürg Jenatsch / Der Heilige. Mit einem Essay von Hans Mayer. detebe 20965

● Margaret Millar
Werkausgabe in bisher 11 Einzelbänden
detebe

● Mohammed
Die Stimme des Propheten. Aus dem Koran ausgewählt, herausgegeben und mit einem Vorwort von Wolfgang Kraus. detebe 21551

● Molière
Komödien in 7 Einzelbänden in der Neuübersetzung von Hans Weigel
detebe 20199–20205
Über Molière. Herausgegeben von Christian Strich, Rémy Charbon und Gerd Haffmans
detebe 20067

● Thomas Morus
Utopia. detebe 20420

● Fanny Morweiser
Werkausgabe in bisher 7 Einzelbänden
detebe

● Johann Nepomuk Nestroy
Und 's ist alles nicht wahr. Ausgewählt und herausgegeben von Helmut Lohner. Mit einem Nachwort von Egon Friedell. detebe 21649

● Sean O'Casey
Purpurstaub. Komödie. detebe 20002
Dubliner Trilogie: Der Schatten eines Rebellen / Juno und der Pfau / Der Pflug und die Sterne. Komödien. detebe 20034
Autobiographie in 6 Einzelbänden
detebe 20394 und 20761–20765
Das Sean O'Casey Lesebuch
Herausgegeben von Urs Widmer
detebe 21126

● Frank O'Connor
Gesammelte Erzählungen in 6 Einzelbänden
detebe

● Sean O'Faolain
Ausgewählte Erzählungen in 3 Einzelbänden
detebe

● Liam O'Flaherty
Armut und Reichtum. Erzählungen
detebe 20232
Ich ging nach Rußland. Reisebericht
detebe 20016
Der Denunziant. Roman. detebe 21191
Tiergeschichten. Gesammelt und übersetzt von Elisabeth Schnack. detebe 21253

● George Orwell
Werkausgabe in 11 Bänden. detebe
Das George Orwell Lesebuch. Herausgegeben und mit einem Nachwort von Fritz Senn
detebe 20788
Über George Orwell. Herausgegeben von Manfred Papst. Deutsch von Matthias Fienbork. detebe 21225

● Konstantin Paustowski
Das Sternbild der Jagdhunde. Erzählungen I
detebe 20627
Die Windrose. Erzählungen II
detebe 20647

● Luigi Pirandello
Meistererzählungen. Auswahl und Nachwort von Lisa Rüdiger. detebe 21527

● Edgar Allan Poe
Erzählungen in 4 Bänden: Die schwarze Katze – Die Maske des roten Todes – Der Teufel im Glockenstuhl – Der Untergang des Hauses Usher. Herausgegeben von Theodor Etzel. Deutsch von Gisela Etzel, Wolf Durian u.a. detebe 21182–21185
Die denkwürdigen Erlebnisse des Arthur Gordon Pym. Roman. Deutsch von Gisela Etzel. Mit einem Nachwort von Jörg Drews
detebe 21267

● Alexander S. Puschkin
Meistererzählungen. Mit einem Essay von Maxim Gorki. detebe 21526

● Walter E. Richartz
Werkausgabe in bisher 10 Einzelbänden
detebe

● Herbert Rosendorfer
Werkausgabe in bisher 5 Einzelbänden
detebe

● Arthur Schopenhauer
Werkausgabe in 10 Bänden nach der historisch-kritischen Ausgabe von Arthur Hübscher. detebe 20421–20430
Aphorismen zur Lebensweisheit. Textidentisch mit Band 8 der ›Zürcher Ausgabe, Werke in zehn Bänden‹. Herausgegeben von Arthur Hübscher. Mit einem Nachwort von Egon Friedell. detebe 21555
Über Schopenhauer. Herausgegeben von Gerd Haffmans. detebe 20431

● William Shakespeare
Sonette. Deutsch von Karl Kraus
detebe 20381
Dramatische Werke in 10 Bänden. Illustrationen von Heinrich Füßli
detebe 20631–20640
Shakespeare's Geschichten. Sämtliche Stücke von William Shakespeare nacherzählt von Walter E. Richartz und Urs Widmer
detebe 20791 und 20792

● Alan Sillitoe
Studienausgabe in bisher 10 Einzelbänden
detebe

● Georges Simenon
Werkausgabe in bisher 138 Einzelbänden
detebe
Das Georges Simenon Lesebuch. Ein Querschnitt durch das Gesamtwerk. Herausgegeben von Daniel Keel. detebe 20500
Über Simenon. Zeugnisse und Essays von Patricia Highsmith bis Alfred Andersch. Herausgegeben von Claudia Schmölders und Christian Strich. detebe 20499

● Henry Slesar
Werkausgabe in bisher 15 Einzelbänden
detebe

● Muriel Spark
Werkausgabe in bisher 11 Einzelbänden
detebe

● Stendhal
Werke in 10 Bänden
detebe 20966–20975
Über Stendhal. Herausgegeben von Irene Riesen. detebe 20976

● Laurence Sterne
Tristram Shandy. Roman. detebe 20950

● R. L. Stevenson
Werke in 12 Bänden in der Edition und Übersetzung von Curt und Marguerite Thesing
detebe 20701–20712

● Teresa von Avila
Die innere Burg. detebe 20643

● Henry D. Thoreau
Walden oder Leben in den Wäldern. Vorwort von Walter E. Richartz. detebe 20019
Über die Pflicht zum Ungehorsam gegen den Staat. Essays. Nachwort von Walter E. Richartz. detebe 20063

● Leo Tolstoi
Anna Karenina. Roman. detebe 21371
Gesammelte Erzählungen in 6 Bänden
detebe 21357–21362

● B. Traven
Werkausgabe in 15 Bänden
detebe 21098-21112
Land des Frühlings. Reisebericht. Mit zahlreichen Fotos des Autors. detebe 21230

● Lydia Tschukowskaja
Ein leeres Haus. Roman. detebe 20008
Untertauchen. Roman. detebe 20393

● Iwan Turgenjew
Meistererzählungen. Herausgegeben und aus dem Russischen von Johannes von Guenther
detebe 21051

● Mark Twain
Gesammelte Werke in 5 Bänden. Herausgegeben, mit Anmerkungen und einem Nachwort von Klaus-Jürgen Popp. detebe 21338
Tom Sawyers Abenteuer. Roman
detebe 21369
Huckleberry Finns Abenteuer. Roman
detebe 21370
Kannibalismus auf der Eisenbahn und andere Erzählungen. Aus dem Amerikanischen von Günther Klotz. detebe 21488
Der gestohlene weiße Elefant und andere Erzählungen. Deutsch von Günther Klotz
detebe 21489
Die Eine-Million-Pfund-Note und andere Erzählungen. Deutsch von Ana Maria Brock und Otto Wilck. detebe 21490
Der Prinz und der Bettelknabe. Eine Erzählung für junge Menschen jeden Alters
detebe 21507

● Jules Verne
Werkausgabe in bisher 24 Einzelbänden
detebe

● Voltaire
Gedanken regieren die Welt. Auswahl und Übersetzung von Candida Kraus
detebe 21553

● Robert Walser
Der Spaziergang. Erzählungen und Aufsätze. Nachwort von Urs Widmer. detebe 20065
Maler, Poet und Dame. Aufsätze über Kunst und Künstler. Herausgegeben von Daniel Keel. detebe 20794

● Evelyn Waugh
Werke in bisher 11 Einzelbänden
detebe

● H. G. Wells
Der Krieg der Welten. Roman. detebe 20171
Die Zeitmaschine. Roman. detebe 20172

● Oscar Wilde
Der Sozialismus und die Seele des Menschen
Essay. detebe 20003
Sämtliche Erzählungen. Mit Zeichnungen von Aubrey Beardsley. Herausgegeben und mit einem Nachwort von Gerd Haffmans
detebe 20985
Das Bildnis des Dorian Gray. Roman
Deutsch von W. Fred. detebe 21411
De profundis. Briefe aus dem Zuchthaus sowie Die Ballade vom Zuchthaus zu Reading
detebe 21499
Extravagante Gedanken. Eine Auswahl. Herausgegeben und mit einem Vorwort von Wolfgang Kraus. Auswahl und Übersetzung von Candida Kraus. detebe 21648

● Hans Wollschläger
Die bewaffneten Wallfahrten gen Jerusalem
Geschichte der Kreuzzüge. detebe 20082
Die Gegenwart einer Illusion. Essays
detebe 20576
Karl May. Biographie. detebe 20253